U0506531

炉锤之间

先秦两汉时期
热锻薄壁青铜器研究

李洋 著

上海古籍出版社

　　本书为武汉大学自主科研项目（人文社会科学）研究成果，得到"中央高校基本科研业务费专项资金"资助以及中国博士后科学基金资助。

序

　　青铜器既是研究中国古代历史的重要资料,又是研究中国科技史的关键对象。不同学科背景的研究者都能从青铜器研究中获得一些有用的信息,如何综合利用这些信息解决青铜器研究中的重点、难点课题是一项具有创新性和挑战性的工作。

　　在先秦两汉时期,青铜器多采用铸造工艺,因此有一类采用热锻、淬火、冷加工等其他工艺,且器壁较薄的青铜器引起了科技考古学者的关注,本书作者也是其中一员。在参考前人研究工作的基础上,本书提出将这类青铜器命名为"热锻薄壁青铜器",并对其进行了界定和详细论述,应该说这还只是对热锻薄壁青铜器研究具有开创性的初步工作,当然随着研究的继续深入,学术界对其认识必定会更全面。

　　不同于以往专注于热锻薄壁青铜器制作工艺的研究,本书不但立足于科技考古数据的收集,还重视考古学信息的整理。以热锻薄壁青铜器的制作工艺为线索,对其主要类型、性质、用途、使用者身份、时空分布等多方面的特征进行了系统研究,并将观察到的现象置于中国古代社会发展的重要变革期——先秦两汉时期这一大的历史背景下进行解析。本书在以下方面获得了新的认识,提出了新的观点:

（1）先秦两汉时期存在两套相对独立的热锻薄壁青铜器技术传统，即低锡热锻薄壁青铜器技术传统和高锡热锻薄壁青铜器技术传统。并且将冷加工、热处理、刻划、锤印、錾刻、连接、修补等工艺应用于一些热锻薄壁青铜器的制作中。

（2）先秦两汉时期，热锻薄壁青铜器的使用特点不同于这一时期的铸造青铜器，如器物类型有限且多集中出现于某一特定时空内，并偏重于实用功能，而且使用者的身份等级往往较高。

（3）先秦两汉时期热锻薄壁青铜器从有限使用到流行进而普及化的发展历程，还伴随着工艺从一元（低锡）技术传统到二元（低锡和高锡）技术传统的转变过程，造成这些发展的主要动因可能是掌握这一青铜技术传统的特定人群所面临的生存需求。

这些认识勾勒出了先秦两汉时期热锻薄壁青铜器及其工艺体系的基本轮廓，丰富了这一时期青铜器的研究内容，也体现出多学科交叉与融合的优势。随之而来的是一系列新的学术课题，可以预见这一领域研究在未来还有很大的发展空间。

当然，本书在一些具体结论上尚有值得商榷或改进之处，如在"热锻薄壁青铜器"的定名与界定上仍有完善的空间，也需要获得学术界更广泛的认可；不同时空下热锻薄壁青铜器的工艺细节和技术特征的观察如果能更深入，或可揭示出其工艺体系更清晰的发展脉络；有关工艺起源、技术传播、发展动因等方面的讨论和观点，相对于发现数量和文献记载显得有些超前，需要更多的理论和材料支撑。此外，本书及以往研究中关于青铜热锻温度等工艺参数大多引自一篇发表于1939年的论文（Chadwick, R.），这反映出青铜器科技考古领域的一些基础实验数据比较匮乏，在今后的研究中如能利用更先进、更准确的实验测试仪器进行模拟实验，应能补齐这一短板。

本书是李洋博士近年来关于热锻薄壁青铜器研究工作的一个

阶段性成果,充分体现他重视多学科交叉与融合,重视多源数据的整合和梳理等较前沿的研究理念。在今后的工作中,希望他能够继续发挥多学科交叉的学科背景优势,在问题意识的引导下,利用现代材料表征技术,解决考古学、科技史、历史学等学科共同关注的重要学术问题,在青铜器科技考古领域取得新的成果。

潘春旭

2017年9月6日

目 录

第一章

绪　论

第一节　概论、选题的意义及重要性

众所周知,铸造是中国古代制作青铜器的主要成型工艺[1],以往对于中国古代青铜工艺研究也多集中于此。近年来,有一类特别的青铜器引起国内学术界的关注。这类器物的壁很薄,一般厚0.5—1.5毫米,甚至更薄。类似的器物或残片在多地不同时期的墓葬中均有发现。从事科技考古的研究者,对一些标本进行的科学检测表明,这些器物大多采用了热锻打成型工艺。其中,含锡量高于18 wt%的器物在热锻打之后往往还经过了淬火或退火等热处理,类似的工艺也见于在印度[2]、

───────────

[1]　Chase, T.. "Chinese bronzes: casting, finishing, patination and corrosion". In: Scott, D.A., Podany, J., Considine, B., eds. *Ancient and historic metals*. California, USA: The Getty Conservation Institute, 1994, pp. 63–74.

[2]　a. Srinivasan, S., Glover, I. C.. "Wrought and quenched, and cast high-tin bronzes in Kerala state, India". *Journal of Historical Metallurgy*, 1995, 29.

　　b. Srinivasan, S.. "Present and past of south Indian crafts for making mirrors, lamps, bells, vessels, cymbals and gongs; links with prehistoric high-tin bronzes from Mohenjodaro, Taxila, South Indian Megaliths and later finds". *South Asian Studies*, 1997, 13.　　（转下页）

泰国①、伊朗②、菲律宾③、韩国④ 等地出土的类似青铜器中。关于这类器物的名称,有研究者称之为"薄壁铜器"⑤,也有研究者称之为"热锻青铜器"⑥,但大多数研究者没有给予其专门的名称。为便于描述,本书根据这类器物的器壁厚度和工艺特点,将其定名为"热锻薄壁青铜器",关于这一术语的界定详见本章第四节。

　　以目前的资料看,中国最早出现的热锻薄壁青铜器为出土于青海贵南尕马台墓地的铜泡⑦,年代约为齐家文化晚期⑧。西周中期以前的热锻薄壁青铜器发现十分有限,多发现于西北地区和中

（接上页）

c. Srinivasan, S.. "The use of tin and bronze in prehistoric southern Indian metallurgy". *JOM*, 1998, 50.

d. Datta, P. K., Chattopadhyay, P. K., Ray, A.. "New evidence for high-tin bronze in ancient Bengal". *SAS Bulletin*, 2007, 30.

① Bennett, A., Glover, I. C.. "Decorated high-tin bronzes from Thailand's prehistory". In: Glover, I., eds. *Southeast Asian Archaeology 1990*. Hull University, Centre for Southeast Asian Studies, 1992, pp. 187-208.

② Melikian-Chirvani, A. S.. "The white bronzes of early Islamic Iran". *Metropolitan Museum Journal*, 1974, 9.

③ Goodway, M., Conklin, H. C.. "Quenched high tin bronzes from the Philippines". *Archeomaterials*, 1987, 2.

④ Park, J. S., Park, C. W., Lee, K. J.. "Implication of peritectic composition in historical high-tin bronze metallurgy". *Materials Characterization*, 2009, 60.

⑤ 陈坤龙、梅建军、岳连建:《陕西西安出土的两件薄壁铜容器的科学分析》,见陕西省考古研究所:《西安北郊秦墓》,西安: 三秦出版社,2006年,第378—384页。

⑥ 秦颖、李世彩、晏德付等:《湖北及安徽出土东周至秦汉时期热锻青铜容器的科学分析》,《文物》2015年第7期。

⑦ a.青海省文物考古研究所、北京大学考古文博学院:《贵南尕马台》,北京: 科学出版社,2016年,第131—132页。

b.徐建炜、梅建军、孙淑云等:《青海贵南尕马台墓地出土铜的初步科学分析》,见青海省文物考古研究所、北京大学考古文博学院:《贵南尕马台》,北京: 科学出版社,2016年,第178—186页。

⑧ 近年来,有研究者认为尕马台遗存晚于齐家文化,为齐家文化向卡约文化的过渡阶段。见陈小三:《河西走廊及其邻近地区早期青铜时代遗存研究——以齐家、四坝文化为中心》,长春: 吉林大学博士学位论文,2012年,第101—102页。

原地区。两周之际,热锻薄壁青铜器开始较集中地出现于中原地区。春秋中期开始,热锻薄壁青铜器发现数量进一步增多,器物类型逐渐丰富,并且存在两套完全不同的热锻薄壁青铜器技术传统,即此前已有的热锻薄壁低锡青铜技术传统和新出现的热锻薄壁高锡青铜技术传统,这两套传统并存的状况一直延续至汉代。汉代以后,公开报道的资料均为热锻薄壁高锡青铜器。直至现代,在广西、北京、湖北、山西等地区,以铜锣等响乐器为代表的热锻薄壁高锡青铜器及其传统制作工艺仍得以保留[①]。

很显然,先秦两汉时期是中国古代热锻薄壁青铜器发现数量最多的时期。尤其东周至西汉时期,是热锻薄壁青铜器发现数量从少到多的重要时期,也是热锻薄壁青铜技术传统从一元(低锡)体系向二元(低锡和高锡)体系转变的关键时期。东周至西汉时期还是中国古代青铜技术传统向铁器技术传统转变的主要时期,这是学术界已达成的共识[②]。以往中国古代青铜器研究多以青铜礼器的兴衰或铸造青铜技术的发展为依据,将东周时期视为其研究的最后阶段,不太重视东周时期及以后青铜技术发展的新动向。以先秦两汉时期热锻薄壁青铜器为对象的专题研究,一方面可以丰富中国古代青铜器的研究内容;另一方面也为学术界考察青铜

---

　　① a. 孙淑云、罗坤馨、王克智:《中国传统响铜器的制作工艺》,《中国科技史料》1991年第4期。

　　b. 何堂坤、李德银、李恒贤:《宋代锣钹磬的科学分析》,《考古》2009年第7期。

　　c. 段岭南:《长子县西南呈村响铜乐器制作技艺与传承》,广州:中山大学硕士学位论文,2011年。

　　d. 关雪敏:《广西博白响铜器制作工艺研究》,南宁:广西民族大学硕士学位论文,2014年。

　　② a. 华觉明:《中国古代金属技术——铜和铁造就的文明》,郑州:大象出版社,1999年,第294—389页。

　　b. 白云翔:《先秦两汉铁器的考古学研究》,北京:科学出版社,2005年,第47页。

　　c. 谭德睿、孙淑云:《中国传统工艺全集——金属技术》,郑州:大象出版社,2007年,第15页。

技术在铁器技术传统产生后的发展与流变提供了新的视角。此外，从更大的历史图景下审视，先秦两汉时期在中国古代社会发展历程中的重要性，也决定了这一课题在考古学研究中的重要地位。

《天工开物》对于热锻薄壁高锡青铜器的生产过程有较为详细的记载，但其成书年代较晚，更早的文献中关于热锻薄壁青铜器及其生产的记载甚少。而且，热锻薄壁青铜器研究涉及工艺技术，因此，为获得较准确的信息，利用科技考古手段对其制作工艺进行研究是必要的。近年来，多位研究者的工作揭开了这类器物制作工艺的神秘面纱，为我们进行系统研究奠定了坚实的基础。经过收集和整理，经科学检测的先秦两汉时期热锻薄壁青铜器约160件，再将与之共出的同类薄壁青铜器，以及表面有热锻加工痕迹的薄壁青铜器计算在内，这已是一批相当丰富的实物资料。正因如此，对热锻薄壁青铜器的工艺特点、主要类型、性质用途、使用者身份、时空分布、发展历程及其发展动因等问题进行系统研究，不仅成为可能，更是一项亟需进行的工作。

第二节　国内外研究现状与进展综述

由于热锻薄壁青铜器研究需要借助科技考古手段，早年金石学著录中或许收录了个别热锻薄壁青铜器，但无法进行专门研究。也正是因为科学检测在热锻薄壁青铜器研究中的重要性，掌握了科学检测手段的国外研究者很早就涉及了中国古代热锻薄壁青铜器研究。19世纪初，法国人Darcet开始研究中国的铜锣、铜钹等热锻薄壁青铜器，在对7件铜锣和22件铜钹的化学成分测试后发现它们含有22 wt%的锡，认为这些高锡青铜器不太可能是铸造而成，因为铸造的高锡青铜器太脆，从而推测其制作工艺为热锻后又经过淬火处理，同时他还注意到《天工开物》中未提起淬火工艺应用于这类铜锣的制造中，并认为可能是当时的工匠欺骗了作者[1]。此后，Champion P. 在1869年出版的论文中记载了自己在中国作坊中的亲眼所见，当时的铜锣制作工艺确实是先将铸造好的毛坯热锻成型，再重新加热至通红，然后在冷水中淬火，最后还要经过轻微敲打达到调音、定音的效果，他指出即便经过了淬火处理，铜锣仍很脆，因此铜锣正确的敲击方式是不敲中间而敲外圈，他还对当时铜锣的成分进行了检测，其含锡量也达到了17 wt%[2]。一个多世纪后，Goodway M. 等人[3] 对中国古代不同类型铜锣的科学检测结果进一步证实了这些认识。

国内学术界有关热锻薄壁青铜器的研究肇始于20世纪80年代，何堂坤对滇池地区几件青铜器进行科学检测后发现出土于云南江川李家山墓地的2件臂甲为热锻而成，壁厚1.2毫米，年代约为战国末期至西汉早期[4]。此后，热锻薄壁青铜器被较多地发现，相关科学检测数据见于一些出土青铜器的科学检测报告，其中涉及先秦两汉时期热锻薄壁青铜器研究的有：青海贵南尕马台墓地[5]、河南安阳殷墟花园庄东地M54[6]、成都金沙遗址[7]、甘肃崇信

---

[1] a. Biot J. B.. *Traité de physique expérimentale et mathématique*. Paris, 1816, p515.

b. Darcet. "Observations de M. Darcet sur la Note précédente". *Annates de Chimie et de Physique*, 1933, 54, pp. 331−335.

[2] Champion P.. in: Julien S., *Industries Anciennes et Modernes de l''Empire Chinois*. Paris, 1869, pp. 66−74.

[3] Goodway M.. "High-tin bronze Gong making". *JOM*, 1988, 40(4).

[4] 何堂坤：《滇池地区几件青铜器的科学分析》，《考古》1985年第4期。

[5] 徐建炜、梅建军、孙淑云等：《青海贵南尕马台墓地出土铜器的初步科学分析》，见青海省文物考古研究所、北京大学考古文博学院：《贵南尕马台》，北京：科学出版社，2016年，第178—186页。

[6] 刘煜、贾莹、成小林等：《M54出土青铜器的金相分析》，见中国社会科学院考古研究所：《安阳殷墟花园庄东地商代墓葬》，北京：科学出版社，2007年，第297—301页。

[7] a. 肖璘、杨昌军、韩汝玢：《成都金沙遗址出土金属器的实验分析与研究》，《文物》2004年第4期。

b. 魏国峰、毛振伟、秦颖等：《金沙遗址出土铜片的加工工艺研究》，《有色金属》2007年第1期。

于家湾墓地[①]、陕西宝鸡石鼓山M1[②]、陕西韩城梁带村芮国墓地M27[③]、甘肃礼县圆顶山秦国墓地[④]、云南曲靖八塔台墓地[⑤]、湖北襄阳余岗墓地[⑥]、安徽蚌埠双墩春秋M1[⑦]、湖北郧县乔家院墓地[⑧]、河南新郑郑韩故城热电厂墓地[⑨]、四川宣汉罗家坝墓地[⑩]、内蒙古林西井沟子墓地[⑪]、云南弥渡合家山青铜器窖藏[⑫]、云南楚雄万家坝

① 张冶国、马清林：《崇信于家湾周墓出土青铜器分析研究》，见甘肃省文物考古研究所：《崇信于家湾周墓》，北京：文物出版社，2009年，第180—195页。

② 陈坤龙、梅建军、邵安定：《陕西宝鸡石鼓山新出西周铜甲的初步科学分析》，《文物》2015年第4期。

③ 陈坤龙、梅建军、孙秉君：《梁带村两周墓地出土青铜器初步检测分析》，《考古与文物》2009年第9期。

④ a. 潜伟：《甘肃礼县大堡子秦公墓几件青铜器的显微分析》，《考古与文物》2002年先秦增刊。

b. 邵安定、孙淑云、梅建军等：《甘肃礼县大堡子秦公墓出土金属器的科学分析与研究》，《文物》2015年第10期。

⑤ a. 李晓岑、韩汝玢：《八塔台青铜时代墓葬出土金属器的分析鉴定》，见云南省文物考古研究所：《曲靖八塔台与横大路》，北京：科学出版社，2003年，第235—241页。

b. 赵凤杰、李晓岑、刘成武等：《云南曲靖八塔台墓地铜器分析》，《中原文物》2013年第1期。

⑥ 秦颖、李世彩、晏德付等：《湖北及安徽出土东周至秦汉时期热锻青铜容器的科学分析》，《文物》2015年第7期。

⑦ 秦颖、李世彩、晏德付等：《湖北及安徽出土东周至秦汉时期热锻青铜容器的科学分析》，《文物》2015年第7期。

⑧ 秦颖、李世彩、晏德付等：《湖北及安徽出土东周至秦汉时期热锻青铜容器的科学分析》，《文物》2015年第7期。

⑨ 张宏英、李秀辉、李延祥等：《郑韩故城热电厂墓地出土青铜器的初步分析》，《中国文物科学研究》2014年第1期。

⑩ 宋艳：《宣汉罗家坝出土部分青铜器的合金成分和金相组织》，见四川省文物考古研究院、达州市文物管理所、宣汉县文物管理所：《宣汉罗家坝》，北京：文物出版社，2015年，第356—368页。

⑪ 李延祥、李丽辉：《井沟子西区墓地青铜器初步研究》，见内蒙古自治区文物考古研究所、吉林大学边疆考古研究中心：《林西井沟子——晚期青铜时代墓地的发掘与综合研究》，北京：科学出版社，2010年，第331—363页。

⑫ 负雅丽、李晓岑、李庆华等：《云南省弥渡县合家山出土铜器的技术研究》，《考古与文物》2011年第5期。

墓地①、山西定襄中霍东周墓②、江苏高庄战国墓M7③、河南陕县后
川墓地④、湖北荆州包山楚墓⑤、云南昆明羊甫头墓地⑥、贵州赫章可
乐墓地⑦、河南洛阳西郊四号墓⑧、辽宁建昌东大杖子墓地⑨、湖北荆
州左冢⑩、山东新泰周家庄墓地⑪、湖南常德沅水下游楚墓⑫、湖北丹

---

① 李晓岑、韩汝玢、孙淑云：《云南楚雄万家坝出土铜、锡器的分析及有关问题》，
《文物》2008年第9期。
② 张登毅、李延祥、郭银堂：《山西定襄中霍墓地出土铜器的初步科学分析》，《文
物保护与考古科学》2016年第1期。
③ a. 何堂坤：《刻纹铜器科学分析》，《考古》1993年第5期。
b. 孙淑云、王金潮、田建花等：《淮阴高庄战国墓出土铜器的分析研究》，《考古》
2009年第2期。
④ 李敏生：《陕县东周墓出土部分铜器的成分分析》，见中国社会科学院考古研
究所：《陕县东周秦汉墓》，北京：科学出版社，1994年，第222—223页。
⑤ 何堂坤：《包山楚墓金属器初步考察》，见湖北省荆沙铁路考古队：《包山楚
墓》，北京：文物出版社，1991年，第417—430页。
⑥ 李晓岑、韩汝玢、杨帆：《昆明羊甫头出土金属器的初步研究》，见云南省文物
考古研究所、昆明市博物馆、官渡区博物馆：《昆明羊甫头墓地》，北京：科学出版社，
2005年，第996—1009页。
⑦ 赵凤杰、李晓岑、张元：《贵州可乐墓地出土铜器的技术研究》，《中国文物科
学研究》2012年第3期。
⑧ 袁晓红：《洛阳东周王城四号墓出土部分青铜器的金相分析》，《文物》2011年
第8期。
⑨ 王贺、柏艺萌、肖俊涛：《辽宁建昌东大杖子墓地出土薄壁铜容器的检测与分
析》，《边疆考古研究》2015年第2期。
⑩ a. 罗武干、秦颍、黄凤春等：《左冢楚墓群出土金属器研究》，见湖北省文物考
古研究所、荆门市博物馆、襄荆高速公路考古队：《荆门左冢楚墓》，北京：文物出版社，
2006年，第242—251页。
b. 秦颍、李世彩、晏德付等：《湖北及安徽出土东周至秦汉时期热锻青铜容器的科
学分析》，《文物》2015年第7期。
⑪ a. 李延祥、李建西、李秀辉等：《金属器分析》，见山东省文物考古研究所、
新泰市博物馆：《新泰周家庄东周墓地》，北京：文物出版社，2014年，第490—
513页。
b. 丁忠明、吴来明、刘延常：《青铜制作技术分析》，见山东省文物考古研究所、新
泰市博物馆：《新泰周家庄东周墓地》，北京：文物出版社，2014年，第514—523页。
⑫ 湖南省常德市文物局、常德博物馆、鼎城区文物管理处等：《沅水下游楚墓》，
北京：文物出版社，2010年，第795—804页。

江口吉家院墓地[①]、湖北襄阳陈坡M10[②]、重庆涪陵小田溪M9[③]、湖北枣阳九连墩[④]、西安北郊秦墓[⑤]、安徽南陵[⑥]、贵州威宁银子坛墓地[⑦]、广东广州西汉南越王墓[⑧]、云南江川李家山墓地[⑨]、安徽潜山彭岭墓地[⑩]、云南晋宁石寨山墓地[⑪]、安徽天长三角圩墓地[⑫]、广

①　a. 戎岩、廖华军、罗武干等:《吉家院墓地出土铜器金相考察》,《咸阳师范学院学报》2013年第5期。
　b. 廖华军:《吉家院墓地出土青铜器的初步研究》,北京:中国科学院研究生院硕士学位论文,2008年。
②　a. 孟祥伟、孙淑云、梅建军:《湖北襄阳陈坡M10出土金属器检测报告》,见湖北省文物考古研究所、襄阳市文物考古研究所、襄阳市襄州区文物管理处:《襄阳陈坡》,北京:科学出版社,2013年,第402—415页。
　b. 孟祥伟、梅建军、董亚巍等:《湖北襄阳陈坡M10出土金属器的初步科学分析》,见湖北省文物考古研究所、襄阳市文物考古研究所、襄阳市襄州区文物管理处:《襄阳陈坡》,北京:科学出版社,2013年,第416—428页。
③　姚智辉:《晚期巴蜀青铜器技术研究及兵器斑纹工艺探讨》,北京:科学出版社,2006年。
④　秦颖、李世彩、晏德付等:《湖北及安徽出土东周至秦汉时期热锻青铜容器的科学分析》,《文物》2015年第7期。
⑤　陈坤龙、梅建军、岳连建:《陕西西安出土的两件薄壁铜容器的科学分析》,见陕西省考古研究所:《西安北郊秦墓》,西安:三秦出版社,2006年,第378—384页。
⑥　贾莹、刘平生、黄允兰:《安徽南陵出土部分青铜器研究》,《文物保护与考古科学》2012年第1期。
⑦　李晓岑、赵凤杰、李飞等:《贵州银子坛墓地出土铜锡器的初步分析》,《中国文物科学研究》2013年第2期。
⑧　孙淑云:《西汉南越王墓出土铜器、银器及铅器鉴定报告》,见广州市文物管理委员会、中国社会科学院考古研究所、广东省博物馆:《西汉南越王墓》,北京:文物出版社,1991年,第397—410页。
⑨　a. 何堂坤:《滇池地区几件青铜器的科学分析》,《考古》1985年第4期。
　b. 李晓岑、张新宁、韩汝玢等:《云南江川县李家山墓地出土金属器的分析和研究》,《考古》2008年第8期。
⑩　秦颖、李世彩、晏德付等:《湖北及安徽出土东周至秦汉时期热锻青铜容器的科学分析》,《文物》2015年第7期。
⑪　李晓岑、韩汝玢、蒋志龙:《云南晋宁石寨山出土金属器的分析和研究》,见云南省文物考古研究所、昆明市博物馆、晋宁县文物管理所:《晋宁石寨山——第五次发掘报告》,北京:文物出版社,2009年,第209—221页。
⑫　晏德付、秦颖、陈茜等:《天长西汉墓出土部分金属器的研究》,见安徽省文物考古研究所:《天长三角圩墓地》,北京:科学出版社,2013年,第432—438页。

东广州小谷围墓地港尾岗M8[①]、安徽肥东[②]、河南南阳卧龙乡[③]、北京延庆西屯M151[④]等。这些研究的重点集中于制作工艺的探讨，为热锻薄壁青铜器积累了丰富的实物资料和检测数据。有的研究以热锻薄壁青铜器所采用的特殊工艺为线索，探讨其制作和使用的历史背景，如：陈坤龙等人对陕西宝鸡石鼓山M1出土西周铜甲的研究，他们发现石鼓山出土的整体式铜甲采用了热锻、冲压、刻纹等工艺，推测这或许暗示其与同时期流行于欧洲中、东部的瓮棺文化存在某种关联。并认为可将石鼓山铜甲视作在西方技术传统的影响下，结合中原本地皮甲的传统形制和装饰特点而进行的新的创造[⑤]。

就目前研究现状而言，尚缺乏对先秦两汉时期热锻薄壁青铜器的专门整理和研究，故存在若干薄弱环节，包括：（1）由于学术惯性使然，一些研究者甚至未将热锻薄壁青铜器视为可进行专门研究的对象，学术界长期以来对这类器物的描述缺乏专业术语。（2）以往研究侧重从工艺技术的角度进行考察，忽视了热锻薄壁青铜器的使用类型、性质用途、使用者身份等考古学信息，对热锻薄壁青铜器制作工艺与使用情况之间的关系认识不够。（3）因为缺乏系统的整理，对热锻薄壁青铜器的时空分布、发展历程及其发展动因了解甚少。相对于热锻薄壁青铜器的已发现数量、潜在数

---

① 吕良波：《广州小谷围出土刻纹铜奁的科学分析》，《广西民族大学学报（自然科学版）》2015年第4期。

② 秦颖、李世彩、晏德付等：《湖北及安徽出土东周至秦汉时期热锻青铜容器的科学分析》，《文物》2015年第7期。

③ 何堂坤、刘绍明：《南阳汉代铜舟科学分析》，《中原文物》2010年第4期。

④ 杨菊、李延祥：《北京延庆西屯墓地出土汉代铜器的科学分析》，《中国文物科学研究》2012年第3期。

⑤ 陈坤龙、梅建军、邵安定：《陕西宝鸡石鼓山新出西周铜甲的初步科学分析》，《文物》2015年第4期。

量、工艺特殊性以及所体现的工艺技术传统,可以说学术界对于热锻薄壁青铜器的研究缺乏足够重视,本书关于先秦两汉时期热锻薄壁青铜器的研究只是相关工作的开始。

第三节　研究内容、思路与方法

本书根据考古发现和科技考古的研究数据,对热锻薄壁青铜器的内涵进行了界定,在系统收集有关资料的基础上,深入考察了先秦两汉时期热锻薄壁青铜器的制作工艺、主要类型、性质用途、使用者身份、时空分布等方面的特征,并论述它们的发展历程及其发展动因,尝试阐明这类器物在中国青铜器及其工艺体系中的历史地位与研究意义。以期从研究视角、思路和方法上,为中国古代青铜工艺尤其是铁器技术出现后青铜工艺流变的研究提供一些借鉴与参考。

在研究思路与方法上,本书特别强调以下三个"结合":

(1)考古学研究与科技考古学研究相结合。重视热锻薄壁青铜器标本的考古学信息,结合科技考古学研究所获得的数据,进行系统整理和综合研究,最终解决考古学界与科技考古学界共同关注的课题。

(2)"一手"资料收集与"二手"资料整理相结合。在以往科技考古学研究中,研究者都比较重视"一手"资料的收集与检测,对于"二手"资料的整理尚不系统。目前,本书所涉及热锻薄壁青铜器的科技考古学研究已有所积累,且不同研究者利用各种仪器设备所获得的数据具备一定的可比较性,因此既有条件,也有必要对其进行重新梳理,以获得更系统的认识。

(3)实物资料与历史文献相结合。结合历史文献的相关记载,对热锻薄壁青铜器科技考古研究所反映的相关信息更全面、更深入地分析。一方面可丰富本书的研究内容；另一方面为历史文献中相关记载提供新的阐释。

第四节　术语的界定与说明

在以往的研究中，研究者虽然注意到这类器物在形制外观、制作工艺、主要类型和性质用途等方面不同于一般的铸造青铜器。但是，学术界对于"热锻薄壁青铜器"的定义尚未有清晰的规范。然而，在实际考古发掘中，疑似热锻薄壁青铜器残片的发现数量并不少见。因此，在对"热锻薄壁青铜器"进行研究之前，有必要从以下两个方面对其内涵进行具体且明确的界定。

（1）根据统计，大多数热锻薄壁青铜器的壁厚在0.5—1.5毫米的范围内。从外观的角度看，这类青铜器的器壁很薄。在以往的研究中，一些研究列出了具体的壁厚数据，还有一些研究只是使用"较薄"、"薄"、"很薄"或"极薄"等形容词进行描述。因此，明确薄壁青铜器器壁厚度的具体数值范围是界定这类器物的重要标准之一。当然，其中个别器物的器壁厚度可能略大于此数值，如果满足其他条件，也可将其归于热锻薄壁青铜器。

（2）从制作工艺的角度看，以往研究表明，这类青铜器大多采用了热锻打工艺以达到使器壁更薄的目的，这反映出其制作过程中已具备明确的工艺思想。因此，器壁厚度小于1.5毫米的铸造青铜器，不属于本书所论述的对象。

由此可见，本书所谓的"热锻薄壁青铜器"是指采用热锻打工艺，且器壁一般厚约0.5—1.5毫米的一类青铜器。在收集和整理相关资料时，具体通过以下两个途径确定器物是否为热锻薄壁青铜器：

（1）根据科学检测数据确定热锻薄壁青铜器。目前利用金相组织确定是否为热锻组织的方法已经很成熟,结合器壁厚度,可以较准确地确定器物为热锻薄壁青铜器。再以这些经科学检测的器物为线索,在相应的考古发掘报告和简报中整理出与之共出的同类薄壁青铜器,将其也视为热锻薄壁青铜器。

(2)根据加工痕迹确定热锻薄壁青铜器。凭借肉眼可以较准确地观察到一些器物表面存在与热锻有关的加工痕迹,如锻痕、锤印纹饰等,考古发掘报告和简报中往往也会有与之相关的报道。其中一些标本的科学检测数据也证实这些器物确为热锻而成。与之相对的是,一些薄壁青铜器的表面可见范缝、垫片等与铸造相关的痕迹,可据此排除这些器物为热锻薄壁青铜器的可能性。

需要说明的是,对于一些器壁较薄但无法通过上述途径确定为热锻薄壁青铜器的器物,从严谨性出发,本书暂未将这部分器物纳入研究的范畴。

第二章
标本来源与测试方法

第一节　标　本　来　源

根据本书的研究内容和目的,所涉及热锻薄壁青铜器的标本主要来源于以下四个方面:

1. 已报道的、经其他研究者通过科学检测确定的器物

据不完全统计,经其他研究者进行科学检测确定为热锻薄壁青铜器的器物,并已报道的器物共计135件,来源于40余篇检测报告或研究论文。器物信息详见附表1。这类器物的科学检测数据较全面,但个别标本的考古学信息或缺失,或有误。

2. 经作者科学检测确定的器物

本书作者在前期工作中对河南、湖北等地出土和馆藏的先秦两汉时期青铜器进行了检测,确定为热锻薄壁青铜器的器物有19件,包括河南南阳夏响铺鄂侯墓地、淅川徐家岭M11、淅川郭庄战国墓地、淅川申明铺战国墓地、湖北随州文峰塔墓地、襄阳鏖战岗墓地等地出土青铜器,以及襄阳博物馆馆藏青铜器。标本的考古信息详见表2-1。其中,湖北随州文峰塔墓地出土的4件标本的科学检测数据已发表在《江汉考古》2014年第4期上。这类器物

的科学检测数据较全面,但因相关考古资料尚未公布,故个别标本的考古学信息有所缺失。

表2-1 自测器物信息表

标本编号	出土编号	器物名称	器物来源	年代	取样部位
NYXXP-1	M6:1	饰片	河南南阳夏响铺	两周之际	边缘残片
NYXXP-2	M6:12	兽首形盾钖	河南南阳夏响铺	两周之际	边缘残片
NYXXP-3	M6:15	半月形盾钖	河南南阳夏响铺	两周之际	边缘残片
NYXXP-4	M6:28	盾钖	河南南阳夏响铺	两周之际	边缘残片
NYXXP-5	M6:64	长方形盾钖	河南南阳夏响铺	两周之际	边缘残片
NYXXP-6	M1:未编号	饰片	河南南阳夏响铺	春秋早期	边缘残片
WFM1-13-1	M1:165-1	饰件	湖北随州文峰塔	春秋晚期	残片
WFM1-14-1	M1:165-2	饰件	湖北随州文峰塔	春秋晚期	残片
WFM1-15-1	M1:90	盾钖(铜金叠合饼状器)	湖北随州文峰塔	春秋晚期	残片
WFM2-1-1	M2:54	饰件	湖北随州文峰塔	战国早期	残片
XCXJL-1	M11:未编号	勺	河南淅川徐家岭	战国早期	勺部残片
XY-2	暂无编号	盒	湖北襄阳博物馆	战国晚期	残片

（续表）

标本编号	出土编号	器物名称	器物来源	年代	取样部位
XY-3	暂无编号	盒	湖北襄阳博物馆	战国晚期	残片
XY-4	暂无编号	铆	湖北襄阳蠡战岗	战国晚期	残片
XCGZ-1	M2∶68	匜	河南淅川郭庄	战国晚期	残片
XCGZ-2	M2∶69	盘	河南淅川郭庄	战国晚期	底部残片
XCGZ-4	M7∶1	盘	河南淅川郭庄	战国晚期	底部残片
XCGZ-5	M7∶2	匜	河南淅川郭庄	战国晚期	残片
XCSMP-1	M32∶未编号	盆	河南淅川申明铺	战国晚期	残片

3. 根据科学检测标本在原发掘报告和简报中发现的同类器物

以上述经科学检测确认的热锻薄壁青铜器为线索,在相应的考古发掘报告和简报中整理出与之共出的同类薄壁青铜器,这些器物也被视为本书所研究的热锻薄壁青铜器范畴。这类器物因未进行科学检测,故缺失相关检测数据,但其考古学信息较全面。

4. 根据加工痕迹确定的器物

在一些考古发掘报告和简报中,有关于青铜器表面存在锻痕、锤印纹饰等加工痕迹的报道,这些加工痕迹一般被认为与热锻加工有直接关联。因此,可根据这些加工痕迹确定其为热锻薄壁青铜器。这类器物中的一部分未进行科学检测,故缺失相关科学检测数据,但其考古学信息较全面。并且,可根据某些加工痕迹推测出有用的制作工艺信息。

第二节　检测标本的制备

金相组织和化学成分分析所用标本采用常规金相标本制备方法进行处理，即将青铜器标本进行切割、镶嵌、研磨、抛光和浸蚀。金相组织检测标本用三氯化铁+盐酸+酒精溶液浸蚀[1]。

第三节　主要测试仪器与设备

1.形貌与组织观察仪器

（1）光学显微镜（OM）

主要用来观察标本的金相组织特征。实验中所用为日本OLYMPUS公司生产COVER-018型立式金相显微镜。

（2）扫描电子显微镜（SEM）

主要用来观察光学显微镜不能清晰确认或观察的截面标本的微观形貌特征。实验中所用为荷兰FEI公司的Sirion型热场发射扫描电镜和日本HITACHI公司的S4800型冷场发射扫描电镜。

2.成分分析仪器

能谱仪（EDS）主要用于标本的成分分析。实验中所用为美国EDAX公司GENESIS 7000型EDS系统，装配在荷兰FEI公司的Sirion型热场发射扫描电子显微镜上。

---

[1]　孙淑云、韩汝玢、李秀辉：《中国古代金属材料显微组织图谱》，北京：科学出版社，2011年，第5页。

第三章

西周及更早热锻薄壁
青铜器的发现

第一节　商代以前热锻薄壁青铜器的发现

青海贵南尕马台墓地

出土铜泡25件,大多残破。用薄铜片制成。圆形,中部凸起,边缘两侧均对称钻有2个小孔,个别铜泡边缘饰有一周凸起的连珠纹。标本M25:1边缘有一周凸起的连珠纹,径长3.5厘米,小孔孔径1.5毫米,壁厚1毫米。标本M27:3,略残,径长3.8厘米,壁厚1毫米。标本M35:16,径长4厘米,壁厚2毫米。标本M27:27边缘有一周凸起的连珠纹。标本M23:2和M27:4均残损[1]。经科学检测可知,标本M27:4为锡青铜热锻而成,含锡量为5.9 wt%,见图3-1[2]。

---

[1]　青海省文物考古研究所、北京大学考古文博学院:《贵南尕马台》,北京:科学出版社,2016年,第131—132页。
[2]　徐建炜、梅建军、孙淑云等:《青海贵南尕马台墓地出土铜器的初步科学分析》,见青海省文物考古研究所、北京大学考古文博学院:《贵南尕马台》,北京:科学出版社,2016年,第178—186页。

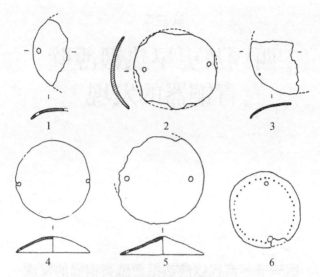

图3-1　青海贵南尕马台墓地出土铜泡

1. 标本M23：2; 2. 标本M35：16; 3. 标本M27：4; 4. 标本M25：1;
5. 标本M27：3; 6. 标本M27：27

发掘者认为这些墓葬的年代约为齐家文化晚期[1]，也有研究者提出尕马台遗存的年代略晚于齐家文化[2]。

第二节　商代热锻薄壁青铜器的发现

1. 河南安阳殷墟

（1）花园庄东地M54

圆盘形器　7件。均残，呈圆形薄片状，表面錾刻有纹饰，器

①　青海省文物考古研究所、北京大学考古文博学院：《贵南尕马台》，北京：科学出版社，第131—132页。

②　陈小三：《河西走廊及其邻近地区早期青铜时代遗存研究——以齐家、四坝文化为中心》，长春：吉林大学博士学位论文，2012年，第101—102页。

形极薄,有些部位不足0.3毫米。其中5件形制相近,且发掘时因破碎叠压在一起,故原报告统一编号为M54：478,边缘均錾刻有三圈点纹。经修复后,标本M54：478B-1,直径22厘米。标本M54：478B-2,直径19.6厘米,见图3-2。另2件形制相近,且发掘时因破碎叠压在一起,故原报告统一编号为M54：599,边缘均錾刻有三圈点纹,且中心錾刻有六角星图案。经修复后,标本M54：599A,直径42.6厘米。标本M54：599B,直径38厘米,见图3-3[①]。经科学检测可知,标本M54：599残片被发现是经热锻、冷錾、刻纹和整形等工艺制作而成[②]。发掘者认为该墓葬的年代为殷墟二期偏晚阶段,其绝对年代相当于祖庚、祖甲时期[③]。

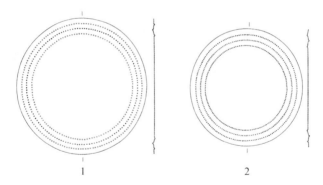

图3-2　河南安阳殷墟花园庄东地M54出土圆盘形器

1. 标本M54：478B-1; 2. 标本M54：478B-2

①　a. 中国社会科学院考古研究所：《安阳殷墟花园庄东地商代墓葬》,北京：科学出版社,2007年,第169—170页。

b. 王浩天、白荣金：《殷墟錾纹圆盘形铜器的复原》,见中国社会科学院考古研究所：《安阳殷墟花园庄东地商代墓葬》,北京：科学出版社,2007年,第305—313页。

②　刘煜、贾莹、成小林等：《M54出土青铜器的金相分析》,见中国社会科学院考古研究所：《安阳殷墟花园庄东地商代墓葬》,北京：科学出版社,2007年,第297—301页。

③　中国社会科学院考古研究所：《安阳殷墟花园庄东地商代墓葬》,北京：科学出版社,2007年,第222—227页。

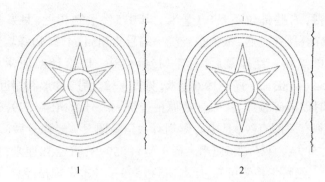

1　　　　　　　　　　2

图3-3　河南安阳殷墟花园庄东地M54出土圆盘形器

1. 标本M54：599A；2. 标本M54：599B

（2）大司空M303

圆盘形器（原报告称"圆形器"）　3件。均残，呈圆形薄片状，素面。标本M303：182，直径16厘米，厚1.5毫米，见图3-4。

标本M303：148，直径16厘米，壁厚1毫米。因与箍形器同出，且在其南侧的车马坑M230中出土了相同形制、大小的圆盘形器，故发掘者推测圆盘形器为车马器，并认为该墓葬的年代约为殷墟四期①。

2. 四川广汉三星堆

祭祀坑K2出土铜箔饰件若干，器物被火烧成饼状粘贴一起，从少数剥离开的箔饰来

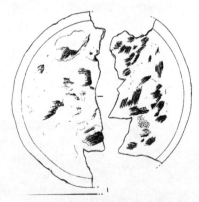

**图3-4　河南安阳殷墟大司空M303
出土圆盘形器（M303：182）**

————————

①　中国社会科学院考古研究所安阳工作队：《殷墟大司空M303发掘报告》，《考古学报》2008年第3期。

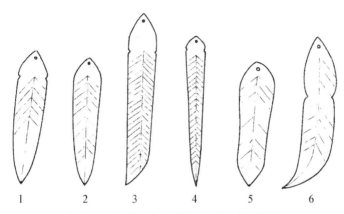

图3-5　四川广汉三星堆K2出土鱼形箔饰

1. 标本K2③:194-10; 2. 标本K2③:194-11; 3. 标本K2③:194-6;
4. 标本K2③:194-7; 5. 标本K2③:194-8; 6. 标本K2③:194-9

看,种类有鱼形、璋形、叶脉纹形、兽面形、兽形、鸟形等。这些箔饰均用铜箔锤印而成,厚度0.1—0.2毫米,有的表面见刻纹,有的绘黑漆[①]。

鱼形箔饰　59件。头端均有一小穿孔,鱼形,身上錾有鱼刺纹。原报告分为五型。

A型　2件。均残。身较宽。标本K2③:194-10,残长8.1厘米。标本K2③:194-11,残长7.3厘米,见图3-5。

B型　25件。均残。身较长,形似鲶,腮部两侧各有一小缺口。标本K2③:194-6,残长9.8厘米,见图3-5。

C型　30件。均残。头大,体窄,腮部两侧各有一小缺口。标本K2③:194-7,残长8.6厘米,见图3-5。

D型　1件。残。圆头,体短,腰微束,尾端弧形内收呈尖角。

---

① 四川省文物考古研究所:《三星堆祭祀坑》,北京:文物出版社,1999年,第315—325页。

标本K2③:194-8,残长7.2厘米,见图3-5。

　　E型　1件。残。头较大,身、尾宽而短,尾向一侧弯曲,腮向两侧内凹。标本K2③:194-9,残长8.8厘米,见图3-5。

　　璋形箔饰　5件。均残。原报告分为三型。

　　A型　1件。射部残缺。器形窄长,两侧较直。射前端有叉形刀,锋尖一高一低,射本部两侧有齿饰,邸部正中有一小穿孔,末端斜直。标本K2③:144-5,长6.1厘米,宽0.7厘米,见图3-6。

　　B型　2件。邸部均残。其中1件较长,另1件稍宽而短。

　　标本K2③:194-2,器形两侧较直,射前端有叉形刀,射本部齿饰向两侧宽出。邸部前端有一小穿孔。残长6.5厘米,宽1.2厘米,见图3-6。

　　标本K2③:194-3,器形较短,射部由后向前渐宽出,前端有刀叉口,叉口较宽较浅,射本部向两侧宽出。残长5.2厘米,宽1.4厘米,见图3-6。

　　C型　2件。均残。

　　标本K2③:194-4,射前端残,射部由后向前略宽出,射本部

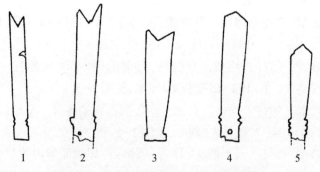

图3-6　四川广汉三星堆K2出土璋形箔饰

1. 标本K2③:144-5; 2. 标本K2③:194-2; 3. 标本K2③:194-3;
4. 标本K2③:194-4; 5. 标本K2③:194-5

两侧各出两齿,邸正中凿有一穿孔,末端残。残长6厘米,宽1.1厘米,见图3-6。

标本K2③:194-5,射前端残,射部由后向前端渐宽出,两侧直,射本部两侧各出三齿,邸残。残长4.5厘米,宽1.1厘米,见图3-6。

叶脉纹形箔饰　17件。均残。一端圆,另一端平直或作弧形内凹,一面錾有叶脉纹。标本K2③:194-16,微内凹的一端戳有两个孔眼。长5厘米,宽3.4厘米,见图3-7。

圆形箔饰　1件。略呈圆形。标本K2③:194-20,直径1.8—2厘米。

鱼鳞纹箔饰　2件。均残。形制难以辨认,箔片上饰有锤印鱼鳞纹。标本K2③:194-18,鱼鳞纹较细小。长3.3厘米,宽3.4厘米。标本K2③:194-19,鱼鳞纹较粗大。长2.7厘米,宽2.7厘米,见图3-8。

彩绘箔饰　1片。一面有黑彩几何形纹饰,纹饰模糊,不易辨清。标本K2③:194-17,残,见图3-8。

兽面形箔饰　1件。兽面由双夔龙组成,卷角,S形身尾,额部有两个长方孔。标本K2③:193-59,兽面下部残,宽7.2厘米,残高2.2厘米,见图3-8。

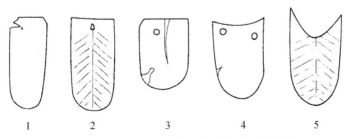

图3-7　四川广汉三星堆K2出土叶脉纹形箔饰

1. 标本K2③:194-15; 2. 标本K2③:194-13; 3. 标本K2③:194-12;
4. 标本K2③:194-16; 5. 标本K2③:194-14

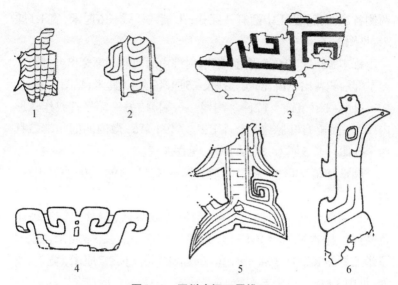

图3-8　四川广汉三星堆K2

1. 鱼鳞纹箔饰（K2③：194-18）；2. 鱼鳞纹箔饰（K2③：194-19）；
3. 彩绘箔饰（K2③：194-17）；4. 兽面纹箔饰（K2③：193-59）；
5. 兽形箔饰（K2③：193-58）；6. 鸟形箔饰（K2②：70-19）

　　兽形箔饰　1件。兽双身展开，新月形弯耳，身躯较窄，臀肥宽，腿向内屈，身上饰有锤印几何形纹饰。标本K2③：193-58，颈以上残，残长13.2厘米，宽10厘米，见图3-8。

　　鸟形箔饰　2件。其中1件残损较甚。标本K2②：70-19，颈以下残，冠上和喙尖各有一小圆穿。残长17厘米，宽7.4厘米，见图3-8。

　　发掘者认为二号祭祀坑的年代为殷墟二期至殷墟三、四期之间①。

_____

　　①　四川省文物考古研究所：《三星堆祭祀坑》，北京：文物出版社，1999年，第424—432页。

3. 四川成都金沙遗址

Ⅰ区"梅苑"地点出土的热锻薄壁青铜器包括：璋、板、眼睛形器、龙形器、镂空饰等，另有薄壁铜残片若干。

璋 1件。标本2001CQJC：713，呈长条形，双阑，无齿，长方形柄，中有小穿孔，Ｖ形刃。器身极薄。长4.05厘米，宽1.2厘米，见图3-9。

圆角长方形板 12件。10件完整。大小基本相同。器呈圆角长方形，板上有一圆圈痕迹。素面。标本2001CQJC：882，长13.3厘米，宽11.7厘米，壁厚1.55毫米，见图3-9。

桃形板 1件。标本2001CQJC：392，器下端呈桃形，上端内凹，两角上翘呈尖三角形。中部有一纹饰因锈蚀不能分辨。长9.9厘米，宽9.1厘米，见图3-9。

不规则形板 1件。标本2001CQJC：752，残。平面呈不规则圆形，边缘处有距离不等的3个小方孔。残长7.8厘米，宽7.1厘米，壁厚1.5毫米，见图3-9。

眼睛形器 25件。仅2件完整，其余均残损严重。器呈片状。原报告分为两型。

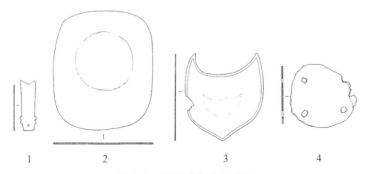

图3-9 四川成都金沙遗址

1. 璋（2001CQJC：713）；2. 圆角长方形板（2001CQJC：882）；
3. 桃形板（2001CQJC：392）；4. 不规则形板（2001CQJC：752）

A型　外形如鸟。器身中部略宽，前后端渐小，前端向下弯曲成勾啄状，后端向上弯曲。瞳孔、眼角及周缘墨绘。标本2001CQJC∶393，长26.3厘米，宽8.4厘米，见图3-10。

B型　器身外轮廓呈菱形，中部略外弧。分为2亚型。

Ba型用墨绘表现眼睛、眼角、眼眶。标本2001CQJC∶692，长17厘米，宽9.9厘米，见图3-10。

Bb型用穿孔表现眼睛、眼角。标本2001CQJC∶1272，眼睛以圆形穿孔表现，眼角以三角形穿孔表现。长21.4厘米，宽9.4厘米，壁厚1毫米，见图3-10。

龙形器　7件。均残。弧形，圆眼中空，张口露齿。标本2001CQJC∶506，颈部残断。长9.76厘米，宽5.4—6.43厘米，壁厚1.5—2毫米，见图3-10。

镂空饰　2件。均残。器身较薄，纹饰曲线流畅，可能为鸟的羽翅。标本2001CQJC∶615，长15.5厘米，见图3-10①。

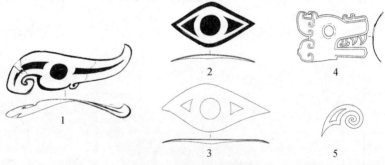

图3-10　四川成都金沙遗址

1.眼睛形器（2001CQJC∶393）；2.眼睛形器（2001CQJC∶692）；3.眼睛形器（2001CQJC∶1272）；
4.龙形器（2001CQJC∶506）；5.镂空饰（2001CQJC∶615）

① 成都市文物考古研究所：《成都金沙遗址Ⅰ区"梅苑"地点发掘一期简报》，《文物》2004年第4期。

　　肖璘等人对其中13件铜器进行了科学检测,发现11件铜器为热锻而成,包括1件圆角长方形板、2件眼睛形器和8件薄壁残片。除1件眼睛形器和1件残片为锡青铜外,另外9件热锻薄壁器物为锡铅青铜[①]。

　　魏国锋等人也对其中2件树形纹饰的薄铜片进行了科学检测,发现均为热锻而成,含锡量约22 wt%[②]。

　　发掘者认为金沙遗址祭祀区的延续时间较长,大约从商代晚期至春秋早期[③]。

第三节　西周时期热锻薄壁青铜器的发现

1. 甘肃崇信于家湾墓地

　　M104出土5件薄壁铜盆,形制基本相同,均为平折沿,沿上有等距离的三组冲孔,每组两孔,浅腹,素面,器壁极薄,厚度仅0.51—1.65毫米。其中2件出土时盆内装满了海贝和蛤蜊壳。标本86CYM104∶49,器形较大,敛口,垂腹,平底。口径20厘米,沿宽1.2厘米,高4.5厘米。标本86CYM104∶50,器形较小,腹较直,圜底。口径12.5厘米,沿宽1.1厘米,高3.2厘米。标本86CYM104∶24,口微敛,下腹略鼓,圜底。口径12厘米,沿宽1.1厘米,高3.4厘米。标本86CYM104∶48,敞口,斜直腹,圜底。口径12.3厘米,沿宽1厘米,高3厘米。标本86CYM104∶51,敞口,斜直腹,圜底略平。口径12厘米,沿宽1.1厘米,高3.2厘米。见图3-11。

――――――――――

　　① 肖璘、杨昌军、韩汝玢:《成都金沙遗址出土金属器的实验分析与研究》,《文物》2004年第4期。

　　② 魏国锋、毛振伟、秦颖等:《金沙遗址出土铜片的加工工艺研究》,《有色金属》2007年第1期。

　　③ 成都市文物考古研究所:《成都金沙遗址Ⅰ区"梅苑"地点发掘一期简报》,《文物》2004年第4期。

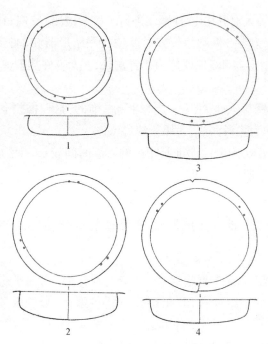

图3-11　甘肃崇信于家湾墓地出土铜盆

1. 标本M104∶49；2. 标本M104∶50；3. 标本M104∶24；4. 标本M104∶48

　　此外，M114、M127、M128、M136、M144、M147、M154和M160也出土了类似形制的薄壁铜盆[1]，详见表3-1。

　　标本M128∶1、M136∶5、M140∶1、M144∶1和M154∶18经科学检测，其中除标本M128∶1为铸后经过加热和冷加工外，其他4件均为热锻而成，标本M136∶5和M154∶18热锻后还经过了冷加工[2]。

　　① 甘肃省文物考古研究所：《崇信于家湾周墓》，北京：文物出版社，2009年，第72—73页。
　　② 张冶国、马清林：《崇信于家湾周墓出土青铜器分析研究》，见甘肃省文物考古研究所：《崇信于家湾周墓》，北京：文物出版社，2009年，第180—195页。

表3-1　甘肃崇信于家湾墓地出土铜盆的墓葬信息表

墓 葬 编 号	年　　代	数量（单位：件）
M104	西周中期	5
M114	西周早期	残片8
M127	不详	残片1
M128	西周早期	残片1
M136	不详	残片1
M144	西周早期	残片1
M147	西周早期	残片1
M154	西周中期	残片1
M160	西周中期	残片1

2.河南平顶山应国墓地

（1）M232

盾钖　1件。呈圆泡状，器身中部隆起，部分较矮，器壁极薄，表面见锤印纹饰。标本M232：12-1，直径14厘米。另有3件组合璜形盾钖，壁厚为2毫米，因未见锤印纹饰，且未经科学检测，故暂不纳入本书探讨之列①。发掘者认为该墓葬的年代约为西周早期晚段②。

（2）M86

组合型兽面纹舆饰　3组（6件）。每组皆由两个对称的薄铜

---

① 河南省文物考古研究所、平顶山市文物管理局：《平顶山应国墓地Ⅰ》，郑州：大象出版社，2012年，第31—32页。
② 河南省文物考古研究所、平顶山市文物管理局：《平顶山应国墓地Ⅰ》，郑州：大象出版社，2012年，第85页。

片拼合而成,犹如一面组合型兽面纹铜面具,壁厚均为1.3毫米。表面见锤印纹饰,正面隆起,背面相应凹陷。可分为以下两型:

长方形组合舆饰　1组(2件)。由两个长方形薄片饰相对拼合而成,其中一件的对角各有一对小穿孔。标本M86∶110,通高38.6厘米,通宽9.4厘米,重251克。标本M86∶110-1,为长方形片饰。长18.2厘米,宽9.4厘米,重131.8克,见图3-12。标本M86∶110-2,为长方形片饰。长18.6厘米,宽9.3厘米,重119.2克,见图3-12。

平行四边形组合舆饰　2组(4件)。皆残,经修复。形制、大小基本相同,纹饰大同小异。由两个平行四边形薄片饰相对拼合而成,每一角近两侧各有一对小穿孔。其表面所饰组合饰样为上有双犄角的凸目兽面纹。标本M86∶109,通高38.64厘米,通宽18.2厘米,重217克。标本M86∶121-1,为平行四边形片饰。平行

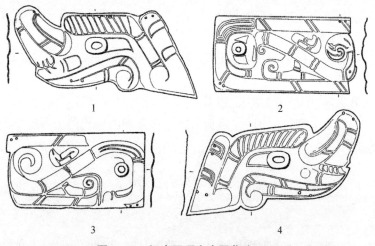

图3-12　河南平顶山应国墓地M86

1. 平行四边形组合舆饰(M86∶121-1); 2. 长方形组合舆饰(M86∶110-2);
3. 长方形组合舆饰(M86∶110-1); 4. 平行四边形组合舆饰(M86∶109-2)

四边形对角线最长26厘米，最短18厘米，宽10厘米，重150.5克，见图3-12。标本M86：109-2，为平行四边形片饰。平行四边形对角线最长25.6厘米，最短17.6厘米，宽10.2厘米，重140.41克，见图3-12[①]。

　　发掘者认为该墓葬的年代约为西周中期早段偏晚，但组合型兽面纹舆饰的年代约为西周早期[②]。

　　（3）M1

　　翣（原报告称为"透雕铜片"）8件。相互叠压，编号M1：24，清理后发现两两一组，由一长条形铜片将其缀合，翣体均见锤印兽带纹和镂孔共同组成的兽面纹，一般长约22厘米，宽约36厘米，壁厚不足1毫米，第一层和第三层的纹饰类似变形饕餮纹，见图3-13。另外，还有一些长条形、月牙形和不规则形的残边铜片，上面大多饰有锤印纹，有的边缘和拐角处有一至两个穿孔。发掘者认为该墓葬的年代约为西周末期[③]。

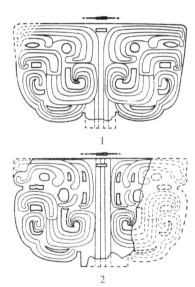

图3-13　河南平顶山应国墓地M1出土铜翣（M1：24）

1.第一层；2.第三层

---

　　① 河南省文物考古研究所、平顶山市文物管理局：《平顶山应国墓地Ⅰ》，郑州：大象出版社，2012年，第474—476页。

　　② 河南省文物考古研究所、平顶山市文物管理局：《平顶山应国墓地Ⅰ》，郑州：大象出版社，2012年，第518、524页。

　　③ 河南省文物考古研究所、平顶山市文管会：《平顶山市北滍村两周墓地一号墓发掘简报》，《华夏考古》1988年第1期。

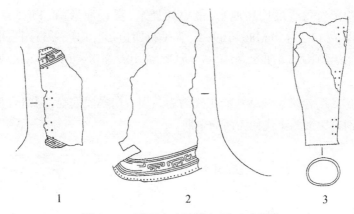

图 3-14 陕西宝鸡石鼓山 M1 出土甲片

1. 标本 M1:13-1; 2. 标本 M1:13-2; 3. 标本 M1:13-3

3. 陕西宝鸡石鼓山

M1 出土 1 组 3 件铠甲片。弧形薄片状,甚力残破。M1:13-1,
短边沿有一排卵孔,长边沿有两排卵孔。两短边饰勾连云纹。
残长 23.5 厘米,残宽 10 厘米。M1:13-2,边沿弧形上翘,外边
沿连续单排卵孔,内饰勾连云纹。残长 40 厘米,残宽 21 厘米。
M1:13-3,筒状,疑为腿甲,接口处两边沿卵孔 3 组,每组 6 个。表
面饰斜线、弧线图案。残长 29 厘米,见图 3-14[①]。该墓共出数十个
小残片,陈坤龙等人对其中两件小残片取样进行科学检测,标本
TJ01 长约 4 厘米,宽约 2.5 厘米,壁厚 0.6—0.8 毫米,为锡青铜热锻
而成,含锡量 14.8 wt%。标本 TJ02 长约 1.5 厘米,宽约 1 厘米,壁厚
0.4—0.5 毫米,为锡青铜热锻而成,含锡量 13.2 wt%。另外还对 3
件大残片进行了成分测试,均为锡青铜,含锡量分别为 14.2 wt%、

---

① a. 石鼓山考古队:《陕西省宝鸡市石鼓山西周墓》,《考古与文物》2013 年第 1 期。
　b. 石鼓山考古队:《陕西省宝鸡市石鼓山西周墓葬发掘简报》,《文物》2013 年第 2 期。

15 wt%、12.2 wt%。发掘者认为该墓葬的年代约为西周早期[①]。

4.陕西韩城梁带村芮国墓地

（1）M502

铠甲片1组，厚0.2—0.3毫米，这些铜片表面见锤印纹饰，其边沿往往见数量不等的小穿孔，可能是作为绳索系结之用。按形制可分为5种，包括：龟壳形、对角突齿形、叶片形、长方形、长条形等。

龟壳形甲片，可复原者1件。标本M502：156-1，近似圆角方形，上边似平齐，两侧有凹腰，下边中间有一三角形小尖突，两侧突出部分各有上下排列的两小穿，饰有勾云纹一对。高10.2厘米，宽9.3厘米，见图3-15。

对角突齿形甲片，可复原者2件。略呈圆角方形，两个凸齿上各有两个小孔，体饰有勾云纹一对。标本M502：156-2，边长8—8.2厘米，小凸嘴长1厘米，宽1.7—2厘米，见图3-15。

叶片形甲片，完整者或可复原者3件。标本M502：156-4，高5.5厘米，宽6—6.2厘米。标本M502：156-7，宽5.8厘米。标本M502：156-9，残高3.4厘米，宽6厘米，见图3-15。

长方形甲片，完整者或可复原者3件。标本M502：156-6，上端为方角，近角部有一小穿孔，下端为方圆角，下边中间位置有一三角形小尖突。饰有回字形方框，内侧四角各有一勾形纹。高8.5厘米，宽7.5厘米。标本M502：156-10，略小，纹路略窄一些，见图3-15。

长条形甲片，完整者1件。标本M502：156-8，窄长，四角各有两个小穿孔，两对穿孔尚存缝缀的印痕，表面无纹饰。长10.7厘

[①] 陈坤龙、梅建军、邵安定：《陕西宝鸡石鼓山新出西周铜甲的初步科学分析》，《文物》2015年第4期。

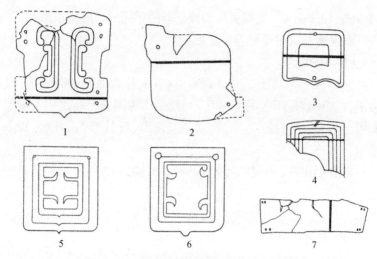

图 3-15　陕西韩城梁带村 M502 出土甲片

1. 标本 M502：156-1; 2. 标本 M502：156-2; 3. 标本 M502：156-4; 4. 标本 M502：156-7; 5. 标本 M502：156-6; 6. 标本 M502：156-10; 7. 标本 M502：156-8

米,宽 2.4—3.2 厘米,见图 3-15[①]。

马甲胄　多件。由薄铜片制作而成,均残碎。可看出局部形制的有 2 件,呈 R 形,表面见锤印平行线、勾云纹、回字纹等纹饰,还有形制不一的镂空。标本 M502：157-1,残长 35 厘米,宽 17 厘米。标本 M502：157-2,残长 22 厘米,宽 21—28 厘米,见图 3-16[②]。

翼　4 件。翼整体由薄铜片组合而成。翼体略呈倒梯形,竖有三个角,呈"山"字形,其中左右侧角向外卷,呈大刀形,戴圭

①　陕西省考古研究院、渭南市文物保护考古研究所、韩城市景区管理委员会:《梁带村芮国墓地——二〇〇七年度发掘报告》,北京:文物出版社,2010 年,第 21—22 页。

②　陕西省考古研究院、渭南市文物保护考古研究所、韩城市景区管理委员会:《梁带村芮国墓地——二〇〇七年度发掘报告》,北京:文物出版社,2010 年,第 29 页。

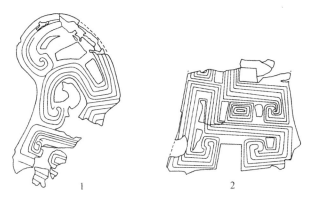

图3-16　陕西韩城梁带村M502出土马甲胄
1.标本M502：157-1；2.标本M502：157-2

呈玉圭形，体较窄。可复原成形的一对铜翣表面见锤印凤鸟纹、重环纹等纹饰，见成对穿孔，翣体借助穿孔与木架相连。标本M502：25-1，中间主体长62厘米，下宽13.5厘米，首宽11厘米，两叉根部宽6.5厘米，外侧距55厘米，冠上两鸟喙间距约60厘米。标本M502：25-2，与前器基本无差别，唯左侧冠上凤鸟的喙呈方形。类似翣的铜片饰有多件，仅1件形制较清晰。标本M502：88，通高21厘米，宽20.5厘米，见图3-17[1]。

发掘者认为M502的年代约为西周晚期[2]。

（2）M586

马甲胄　4副（8件）。由薄铜片制作而成。形制相同，呈R形，出土时两两扣合，其间夹有木质及粗布，表面见锤印勾云纹，还有形制不一的镂空和小穿孔。标本M586：59，残高37厘米，下宽约

①　陕西省考古研究院、渭南市文物保护考古研究所、韩城市景区管理委员会：《梁带村芮国墓地——二〇〇七年度发掘报告》，北京：文物出版社，2010年，第32—33页。
②　陕西省考古研究院、渭南市文物保护考古研究所、韩城市景区管理委员会：《梁带村芮国墓地——二〇〇七年度发掘报告》，北京：文物出版社，2010年，第212页。

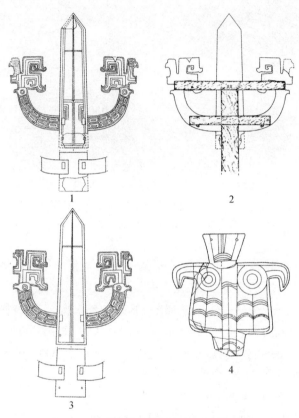

图 3-17　陕西韩城梁带村 M502 出土翣

1. 标本 M502:25-1 正面; 2. 标本 M502:25-1 背面;
3. 标本 M502:25-2; 4. 标本 M502:88

22 厘米。标本 M586:77,高 38.5 厘米,下宽 28 厘米,见图 3-18[①]。

　　翣　4 件。均为山字形薄铜片,两两一组,一组翣角与翣体分离,一组翣角与翣体为连体,均见锤印纹饰及穿孔。

——————————

　　① 陕西省考古研究院、渭南市文物保护考古研究所、韩城市景区管理委员会:《梁带村芮国墓地——二〇〇七年度发掘报告》,北京:文物出版社,2010 年,第 67 页。

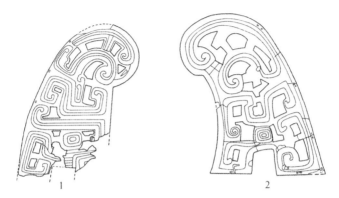

图3-18　陕西韩城梁带村M586出土马甲胄

1. 标本M586：59；2. 标本M586：77

　　分体翣　2件。三叉分体。M586：49,中间铜片作长条形,圭首残失,下端略似长方形。残高约18厘米,宽约22厘米,见图3-19。

　　连体翣　2件。三叉连体。M586：46,中间的圭首残断,两侧首作近刀形,尖端外翘。残高约12厘米,宽约12—17.5厘米,见图3-19[1]。

　　发掘者认为M586的年代约为西周晚期,略早于M502[2]。

　　5.河南三门峡虢国墓地

　　（1）M2001

　　盾钖　21件。器壁较薄,腐蚀状况严重。12件一起出土于椁室东北角,编号为M2001：499,另外9件分别散置于椁室各处,编号为M2001：53,它们形制基本相同,其正面中间向上隆起,背面相应凹陷,周边有数个穿孔。按照大小分为两种,较大者外径近20厘米,如标本M2001：53-1,外径19.3厘米,高2.4厘米,壁厚0.5毫米,

──────────
　　①　陕西省考古研究院、渭南市文物保护考古研究所、韩城市景区管理委员会:《梁带村芮国墓地——二〇〇七年度发掘报告》,北京:文物出版社,2010年,第69—70页。
　　②　陕西省考古研究院、渭南市文物保护考古研究所、韩城市景区管理委员会:《梁带村芮国墓地——二〇〇七年度发掘报告》,北京:文物出版社,2010年,第213页。

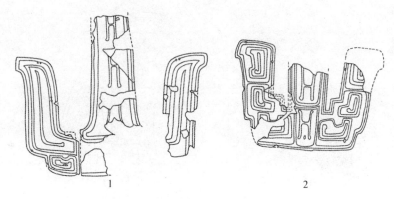

图 3-19　陕西韩城梁带村 M586

1. 分体夒（M586:49）; 2. 连体夒（M586:46）

见图 3-20; 标本 M2001:53-8, 外径 17.4 厘米, 高 2.3 厘米, 壁厚 0.5 毫米, 见图 3-20。较小者外径约 12 厘米, 如标本 M2001:53-2, 外径 12.1 厘米, 高 2 厘米, 壁厚 0.5 毫米[1]。另该墓出土多件大小与形状不同的铜薄片饰, 推测被用于装饰盾牌、箭箙和轭肢木胎等, 如标本 M2001:54-4, 出土于椁室东北角的盾牌北侧, 应为盾牌饰物[2]。

　　夒残片　6件。皆为薄片, 大多残片为长方形, 正面大多分布有数个形状不一的镂孔, 沿镂孔边缘饰有多组锤印浅平行线纹, 整体组合成变形兽面纹, 推测为夒体。如标本 M2001:54-1, 残长 21.7 厘米, 残宽 7 厘米, 壁厚 0.7 毫米。还有一种残片为圭形或长条形, 推测为夒角, 见图 3-20。如标本 M2001:54-3, 残长 24.7 厘米, 宽 6.8 厘米, 壁厚 1 毫米, 见图 3-20[3]。

---

　　① 河南省文物考古研究所、三门峡市文物工作队:《三门峡虢国墓: 第一卷》, 北京: 文物出版社, 1999年, 第87页。
　　② 河南省文物考古研究所、三门峡市文物工作队:《三门峡虢国墓: 第一卷》, 北京: 文物出版社, 1999年, 第126页。
　　③ 河南省文物考古研究所、三门峡市文物工作队:《三门峡虢国墓: 第一卷》, 北京: 文物出版社, 1999年, 第120—121页。

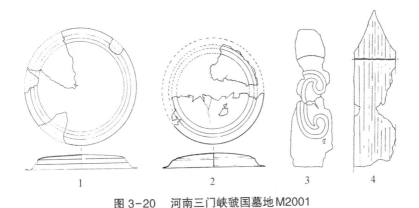

图 3-20　河南三门峡虢国墓地 M2001

1. 盾钖（M2001∶53-1）; 2. 盾钖（M2001∶53-8）; 3. 翣残片（M2001∶54-1）;
4. 翣残片（M2001∶54-3）

发掘者认为该墓葬的年代为西周晚期晚段[①]。

（2）M2012

薄壁方盒　1件。标本 M2012∶94，已残碎，无法复原。出土时为长方形，用薄铜片制成，表面见锤印纹饰，盒壁的接口由长条形的铜片连接。长12厘米，宽10.5厘米[②]。发掘者认为该墓葬的年代为西周晚期[③]。

（3）M2118

马甲胄　6件。形制、大小及纹饰均相同。标本 M2118∶9-1，复原后整体呈尺字形，由厚1毫米的铜片制成，表面饰有锤印弧形条纹和几何形镂孔图案，周边有多组两两成对的钉孔。长33厘

---

①　河南省文物考古研究所、三门峡市文物工作队:《三门峡虢国墓：第一卷》，北京：文物出版社，1999年，第225页。

②　河南省文物考古研究所、三门峡市文物工作队:《三门峡虢国墓：第一卷》，北京：文物出版社，1999年，第264页。

③　河南省文物考古研究所、三门峡市文物工作队:《三门峡虢国墓：第一卷》，北京：文物出版社，1999年，第313页。

图3-21 河南三门峡虢国墓地M2118出土马甲胄（M2118:9-1）

米,最宽处为18厘米,见图3-21①。

马蹄形甲片 4件。均发现于盗洞之中,形制相同,大小不一,均为马蹄形薄铜片,上有穿孔,厚度均为1毫米。标本M2118:055-1,高3.4厘米,宽4.4厘米;标本M2118:055-2,高4.7厘米,宽5.1厘米;标本M2118:055-3,高3.8厘米,宽5.5厘米;标本M2118:055-4,高5.4厘米,宽4.1厘米,见图3-22②。

发掘者认为该墓葬的年代为西周晚期③。

（4）M2119

翣 3件。形制、大小相同。标本M2119:5,已残破。器身为薄铜片,下方近长方形,顶部向上接一圭形铜片和二刀形铜片,山字形。通长46.6厘米,残宽22厘米④。

翣残片 6件。标本M2119:20,近刀形薄铜片,表面有镂空,为铜翣上部附件。长38.2厘米,宽7.2—8.6厘米,厚1毫米⑤。标本M2119:16,长方形,表面有镂空,上端为鸟形,为铜翣上部附件⑥。

---

① 河南省文物考古研究所、三门峡市文物工作队:《三门峡虢国墓:第一卷》,北京:文物出版社,1999年,第435—436页。

② 河南省文物考古研究所、三门峡市文物工作队:《三门峡虢国墓:第一卷》,北京:文物出版社,1999年,第439页。

③ 河南省文物考古研究所、三门峡市文物工作队:《三门峡虢国墓:第一卷》,北京:文物出版社,1999年,第403—404页。

④ 河南省文物考古研究所、三门峡市文物工作队:《三门峡虢国墓:第一卷》,北京:文物出版社,1999年,第438页。

⑤ 河南省文物考古研究所、三门峡市文物工作队:《三门峡虢国墓:第一卷》,北京:文物出版社,1999年,第438页。

⑥ 河南省文物考古研究所、三门峡市文物工作队:《三门峡虢国墓:第一卷》,北京:文物出版社,1999年,第438页。

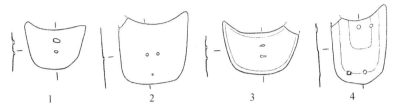

图3-22　河南三门峡虢国墓地M2118出土马蹄形甲片

1. 标本M2118∶055-1; 2. 标本M2118∶055-2; 3. 标本M2118∶055-3;
4. 标本M2118∶055-4

发掘者认为该墓葬的年代为西周晚期[1]。

（5）追缴文物

翼　1件,标本SG∶304,残破,用薄铜片制成,上部近横长方形,顶端中部向上接一圭形铜片,表面饰有冲压而成的对称双线卷云纹[2]。

砌刀形翼片饰　4件,形制、大小相同[3]。

6. 湖北枣阳郭家庙曾国墓地

M21出土盾钖8件,形制、大小基本相同。均为浅圆盘状,素面。因器壁较薄,残破严重仅能辨其形状和直径。标本GM21∶61-1,直径12厘米,高约1.5厘米[4]。发掘者认为该墓葬的年代为西周末期[5]。

---

[1]　河南省文物考古研究所、三门峡市文物工作队:《三门峡虢国墓: 第一卷》,北京: 文物出版社,1999年,第403—404页。

[2]　河南省文物考古研究所、三门峡市文物工作队:《三门峡虢国墓: 第一卷》,北京: 文物出版社,1999年,第497页。

[3]　河南省文物考古研究所、三门峡市文物工作队:《三门峡虢国墓: 第一卷》,北京: 文物出版社,1999年,第497—498页。

[4]　襄樊市考古所、湖北省文物考古研究所、湖北孝襄高速公路考古队:《枣阳郭家庙曾国墓地》,北京: 科学出版社,2005年,第30—31页。

[5]　襄樊市考古所、湖北省文物考古研究所、湖北孝襄高速公路考古队:《枣阳郭家庙曾国墓地》,北京: 科学出版社,2005年,第310—321页。

第四章

东周时期热锻薄壁
青铜器的发现

第一节　春秋时期热锻薄壁青铜器的发现

　　1. 湖北枣阳郭家庙曾国墓地

　　M3出土热锻薄壁盾钖1件
和马甲胄3件。

　　盾钖　1件。形制与该墓
地西周晚期的M21所出基本相
同。标本GM3:13-4,由0.4毫
米厚的铜片制成,正面有锤印
凸起的涡纹,背面形成内凹的
涡纹。直径19.8厘米,高1.2厘
米,见图4-1[①]。

　　马甲胄　3件。形制、大小

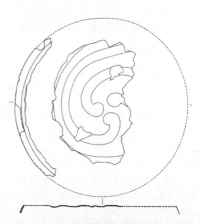

图4-1　湖北枣阳郭家庙M3出土盾
钖(GM3:13-4)

---

① 襄樊市考古所、湖北省文物考古研究所、湖北孝襄高速公路考古队:《枣阳郭
家庙曾国墓地》,北京:科学出版社,2005年,第101—102页。

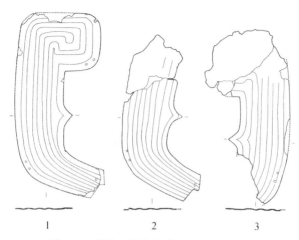

图4-2　湖北枣阳郭家庙M3出土马甲胄

1. 标本GM3：13-1；2. 标本GM3：13-2；3. 标本GM3：13-3

相同。出土时叠放在一起。1件较完整，另2件残破较甚。平面呈
"3"字形，用厚约0.5毫米的铜片制成，通体锤印竖条纵向凸凹环
状条纹，周边有6个椭圆形小穿孔。通体数条纵向环状条纹，条纹
正面隆起，背面则相应内凹。标本GM3：13-1，通长24.7厘米，最
宽处11.5厘米。标本GM3：13-2，通长22.6厘米，最宽处8厘米。
标本GM3：13-3，通长23.3厘米，最宽处11.4厘米。见图4-2[①]。

发掘者认为该墓葬的年代为春秋早期前段[②]。

2. 河南平顶山应国墓地

（1）M8

马甲胄　　5件。因器壁太薄，破碎严重，无法提取。由壁厚约

_____

① 襄樊市考古所、湖北省文物考古研究所、湖北孝襄高速公路考古队：《枣阳郭
家庙曾国墓地》，北京：科学出版社，2005年，第108—109页。

② 襄樊市考古所、湖北省文物考古研究所、湖北孝襄高速公路考古队：《枣阳郭
家庙曾国墓地》，北京：科学出版社，2005年，第310—321页。

1毫米的薄铜片制成,每件由两层铜片相叠压而成。其轮廓呈慢弧形,表面见锤印条纹和几何形镂孔。标本M8：53-5,长约52厘米,宽24厘米。发掘者认为该墓葬的年代约为春秋早期[①]。

（2）M10

出土热锻薄壁青铜器有铊、盘、匜、斗等。

铊(原报告称为"舟") 3件。其中一件缺盖。因器壁较薄,均严重破损。其中的2件舟,器盖仰置与器身相套在一起。形制、大小基本相同。椭圆形口微敛,两端各附一环形钮,弧腹下收,平底略上凹。通体素面。标本M10：6,底部残破,可复原。通高9厘米,口部长径20.8厘米,短径18.8厘米,见图4-3。

盘 1件。因器壁较薄,锈蚀严重,仅存碎片。标本M10：54,据其残片可知,盘为敞口,窄卷沿,浅腹。腹部设两对扁体环形钮,其中一对环形钮上各衔一圆形环。盘底面用錾子的锐刃刻出不连贯的纤细花纹,具体纹样不清。据发掘时所测,其口径为40—45厘米。

匜 1件。因器壁较薄而残破成许多碎片。标本M10：51,据残片可知,匜为瓢形,直口浅腹,前有槽状流,后端有一扁环形钮衔一圆形环。匜的器身具体尺寸不明。流的口部正面,用錾子刻出纤细花纹。其中一块残片上为两只鸿雁与两棵小树,另一块残片则为两条鱼和一个倒三角形,见图4-3。

斗 1件。因锈蚀严重,斗身不存,唯其柄端铜帽首得以保全。标本M10：50,圆柱形帽上端封闭,并设一环形钮衔接一圆形环。据其残片可知,斗身正面用錾子刻出兽面纹。帽首錾口直径1.2厘米。圆环外径3厘米,见图4-3。

---

① 河南省文物考古研究所、平顶山市文物管理局：《平顶山市应国墓地八号墓发掘简报》,《华夏考古》2007年第1期。

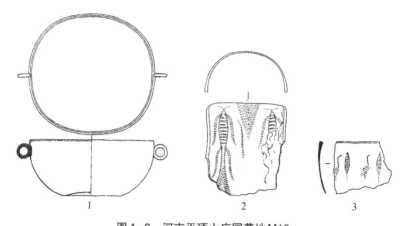

图4-3 河南平顶山应国墓地M10

1. 钏（M10∶6）；2. 匜（M10∶51）；3. 斗（M10∶50）

发掘者认为该墓葬的年代约为春秋晚期[①]。

3. 陕西韩城梁带村芮国墓地

（1）M28

铠甲片 140余件。按形制可分为7种，包括：长方形、叶片形、马蹄形、矩形、对角突齿形、菱形、逗点形等。这些铜片均为薄铜片制成，不同形制标本的壁厚见表4-1。它们表面见锤印纹饰，其边沿往往见数量不等的小孔。

长方形甲片 80余片。形制呈长方形，上端方正，下端两角为圆角方形，中间有桃形凸尖。上端中部均有两个小孔，有的呈三角形，有的呈圆形，孔背面周围均有毛茬，未经打磨。体部均饰有冲压的几何形或简化兽面纹。甲片长12.5—13厘米，宽9厘米，壁厚0.85—1.3毫米。标本M28∶61A-12，饰有锤印几何纹。长

[①] 河南省文物考古研究所、平顶山市文物局：《平顶山应国墓地十号墓发掘简报》，《中原文物》2007年第4期。

13厘米,宽9厘米,壁厚0.8毫米,孔径0.2厘米,孔距0.8厘米,重40克,见图4-4。标本M28:61A-14,因锈蚀边沿微有残缺。

表4-1　陕西韩城梁带村M28出土铠甲片的壁厚

名　称　及　编　号	壁厚(毫米)
长方形甲片(M28:61A-12)	0.8
叶片形甲片(M28:83)	0.9
叶片形甲片(M28:63)	0.8
叶片形甲片(M28:94)	0.8
马蹄形甲片(M28:85)	0.8
矩形甲片(M28:811)	0.7
对角突齿形甲片(M28:804)	0.7
菱形甲片(M28:812)	0.7
逗号形甲片(M28:86)	0.7
逗号形甲片(M28:87)	0.7

叶片形甲片　23件。有大小之分。大者19件。形制似马蹄状,上圆下方,上端中间下凹为叶片(桃股)形,下端向上呈小连弧形,体上端中部有两个三角形小孔,孔背面周围均有毛茬,未经打磨。体部均饰有与甲片相似的单或双道阴线形锤印纹饰。甲片形制均相似,但大小稍异,壁厚0.9—1.1毫米。标本M28:83,形制完整,体上下各有一对小圆孔,并饰有锤印马蹄形纹。长5.6厘米,宽5厘米,见图4-4。标本28:74,长5.3厘米,宽4.5厘米,壁厚0.9毫米。标本M28:63,体饰锤印马蹄形纹,边沿宽0.3厘米。上下两端各有两个三角形小孔。长5.5厘米,宽5,壁厚0.8毫米。标本M28:64,左下角残。标本M28:90,体上窄下微宽,上圆下方,体饰锤印的马蹄

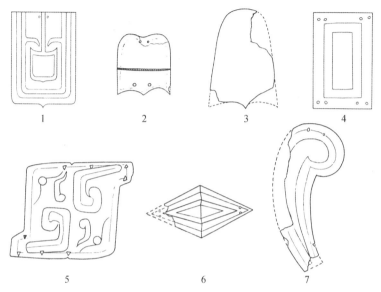

图 4-4　陕西韩城梁带村 M28

1. 长方形甲片（M28：61A-12）; 2. 叶片形甲片（M28：83）; 3. 马蹄形甲片（M28：85）;
4. 矩形甲片（M28：811）; 5. 对角突齿形甲片（M28：804）; 6. 菱形甲片（M28：812）;
7. 逗号形甲片（M28：86）

形纹, 体中部两侧各有两个三角形小孔。长 5.5 厘米, 中宽 5 厘米, 厚 0.8 毫米。小者 3 件。上圆, 下端上弧, 形制呈小马蹄形, 上下各有一对小圆孔, 体饰锤印的马蹄形纹。标本 M28：81, 长 4.7 厘米, 宽 4 厘米。标本 M28：82, 长 4.8 厘米, 宽 4 厘米。1 件大小不明。

马蹄形甲片　2 件。形制与树叶形相似, 个体比树叶形甲片大, 上端呈圆形, 下端上弧。标本 M28：85, 下端两角已残, 体瘦长, 上端呈圆形, 下端呈连弧形。长 9.2 厘米, 上端宽 4.5 厘米, 下端宽 6.5 厘米, 壁厚 0.8 毫米, 见图 4-4。

矩形甲片　4 件。体呈长方形, 四角各有一对横或纵向排列的系结小圆孔, 饰有冲压的长方形回字纹。标本 M28：811, 四角编系的小圆孔横向排列。长8.8厘米，宽5.5厘米，壁厚0.7毫米，见图4-4。标本M28：810，一角微残，与前者不同的是四角编系的小圆孔纵向排列。长8.6厘米，宽5.3厘米。

对角突齿形甲片　13件。体略呈四方形，两个对角有小凸齿，另两个角则无凸齿，呈圆角，凸齿上和甲体的左右两侧各有两个三角形小孔，甲体的左右两侧各有一个三角形缺口。体饰有锤印的暗云纹。标本M28：804，体宽8.8—9.2厘米，小凸嘴长1—1.5厘米，宽2厘米，壁厚0.7毫米，见图4-4。标本M28：805，体宽8.8厘米，小凸嘴长1—1.5厘米，宽2厘米。

菱形甲片　6件。体呈菱形，两端各有一对编系的小圆孔，有的横向排列，有的纵排，体饰锤印菱形回字纹。标本M28：812，一端缺，两端编系的小孔横向排列。残长8.2厘米，复原长10厘米，宽4.8厘米，厚0.7毫米，见图4-4。标本M28：813，一端缺，两端编系的小孔纵向排列。复原长9.8厘米，宽5厘米。标本M28：814，两端缺，残长5.5厘米，复原长10厘米，宽4.4厘米。

逗点形甲片　5件。体呈逗号形，大端顶边沿有一对圆形小孔，饰有与体形平行的冲压纹。标本M28：86，一侧残，小端稍残，大端有两个小穿孔，小端有一个小穿孔，长13.5厘米，大端宽6厘米，小端宽2厘米，壁厚0.7毫米，见图4-4。标本M28：87，体残，残长9.5厘米，大端宽5.5厘米，小端宽2.5厘米，壁厚0.7毫米[1]。

马甲胄　20件。呈R形，均由薄铜片制成，甲片下端微宽，呈方形，上端微窄，圆首微向一侧卷曲。饰有锤印方形云纹或蟠螭

---

[1]　陕西省考古研究院、渭南市文物保护考古研究所、韩城市景区管理委员会：《梁带村芮国墓地——二〇〇七年度发掘报告》，北京：文物出版社，2010年，第119—123页。

纹,有的有镂空,周边多有小钉孔,背面未经打磨,均有毛茬。体长45厘米,底边宽约30厘米。标本M28:212A,长43.2厘米,大端宽29.4厘米,小端宽26.4厘米,壁厚0.6毫米,见图4-5。标本M28:212B,大端一角残损,长43.8厘米,大端宽31.2厘米,小端宽27.6厘米,见图4-5。标本M28:206A,长41.4厘米,大端宽30厘米,小端宽25.8厘米,见图4-5。标本M28:214A,长42厘米,大端宽30.6厘米,小端宽25.8厘米,见图4-5。标本M28:214B,长41.4厘米,大端宽30厘米,小端宽24厘米,见图4-5。标本M28:215,

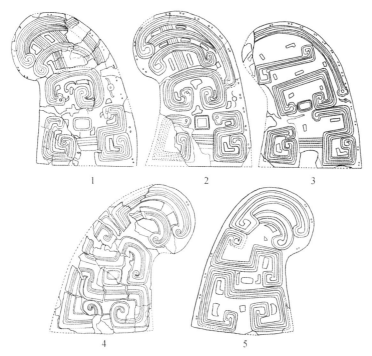

图4-5　陕西韩城梁带村M28出土铠甲片

1. 标本M28:212A;2. 标本M28:212B;3. 标本M28:206A;
4. 标本M28:214A;5. 标本M28:214B

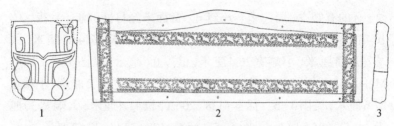

图4-6　陕西韩城梁带村M28

1. 兽面牌饰（M28：52）; 2. 长方形铜片（M28：110）; 3. 小铜片（M28：2）

长37厘米,大端宽33.5厘米[①]。

兽面牌饰　3件。均用薄铜片制成,呈长方形,上端两角为方形,下端两角为圆角,角的内侧各有两个用于系结的小孔,饰有冲压的兽面纹。标本M28：52,高18.2厘米,见图4-6[②]。

长方形铜片　2件。均用薄铜片制成,呈窄长方形,一端微宽,一端微窄。一侧直边,一侧呈波曲状。曲面一侧边沿左右两角圆钝,上下边部各有相对称的5个小孔,饰有锤印纹饰,并见圆泡形石饰。标本M28：110,长80.5厘米,大端宽25厘米,小端宽22.5厘米,壁厚0.9—1厘米（为原报告数据,存疑）,见图4-6[③]。

小铜片　1件。标本M28：2,在填土中发现。用薄铜片制成,呈窄长条形,素面。长9.3厘米,宽1.8厘米,壁厚0.3毫米,见图4-6[④]。

① 陕西省考古研究院、渭南市文物保护考古研究所、韩城市景区管理委员会:《梁带村芮国墓地——二〇〇七年度发掘报告》,北京:文物出版社,2010年,第138—139页。

② 陕西省考古研究院、渭南市文物保护考古研究所、韩城市景区管理委员会:《梁带村芮国墓地——二〇〇七年度发掘报告》,北京:文物出版社,2010年,第143页。

③ 陕西省考古研究院、渭南市文物保护考古研究所、韩城市景区管理委员会:《梁带村芮国墓地——二〇〇七年度发掘报告》,北京:文物出版社,2010年,第143—144页。

④ 陕西省考古研究院、渭南市文物保护考古研究所、韩城市景区管理委员会:《梁带村芮国墓地——二〇〇七年度发掘报告》,北京:文物出版社,2010年,第138、143页。

翣　4件。用薄如纸片的铜片制成。翣体略呈倒梯形，上竖有三个角，形呈"山"字形，其中左右侧角首向外卷，呈大刀形，戴圭呈玉圭形，体较窄。翣体上饰有锤印方形卷云纹。翣的背面残存有木板朽骸。标本M28：815，保存较好，首宽51厘米，通高约45厘米，其中体高31厘米，戴圭残高14厘米，侧角残高13厘米，壁厚0.6—0.7毫米。标本M28：817，残宽约53厘米，残体通高37厘米。标本M28：818，首宽约50厘米，体高约30厘米，角高12—15厘米，通高约45厘米。标本M28：816无法辨别①。

翣角　8件。均为翣左右侧角。用薄铜片制作而成，体窄长方，柄稍窄，首较宽并向一侧卷，略呈卷首大刀形。柄下部有4个三角形小孔，左右上下等距布列。首部饰有锤印方形双卷云纹，柄部有锤印窄带形竖线纹。标本M28：223，通长28.4厘米，首部宽10厘米，长10厘米，柄长16.8厘米，宽6—6.4厘米，见图4-7。标本M28：226，残为两段，局部稍残缺。通长27.6厘米，体宽7.6厘米，首部宽10.8厘米，长11厘米，柄长12.8厘米，宽7.6厘米，壁厚0.6毫米，见图4-7②。

类似翣的铜片饰　5件。用铜薄片制作而成，略为长方形，体上左右两侧有竖耳，耳孔呈长方形，耳下各有一对铆钉耳的小孔，体下有左中右三足，足根呈三角形，体部有锤印纹饰。标本M28：163，保存较好，耳、足部有残缺，通长31.6厘米，耳高4.8厘米，宽7.6厘米，两孔高3厘米，宽0.8厘米，足上宽下窄，铆钉在体上，高14厘米，宽1.2—2厘米，见图4-7。类似的器物在M19、

---

① 陕西省考古研究院、渭南市文物保护考古研究所、韩城市景区管理委员会：《梁带村芮国墓地——二○○七年度发掘报告》，北京：文物出版社，2010年，第145页。
② 陕西省考古研究院、渭南市文物保护考古研究所、韩城市景区管理委员会：《梁带村芮国墓地——二○○七年度发掘报告》，北京：文物出版社，2010年，第145页。

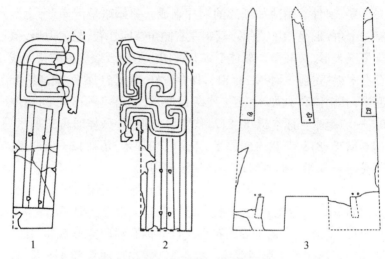

图4-7　陕西韩城梁带村M28

1. 翣角（M28∶223）；2. 翣角（M28∶226）；3. 铜片饰（M28∶163）

M26、M27中均有发现①。

　　发掘者认为M28的年代约为春秋早期的偏晚阶段②。

　　（2）M17

　　翣　4件。翣首形制、纹饰相同，大小稍异。翣整体由薄铜片组合而成。翣体略呈倒梯形，翣首均由两个镂空凤鸟纹的方框形铜片拼合而成，见成对小穿孔，未发现翣柄痕迹，翣体上竖有三个角，形呈"山"字形，其中左右侧角首向外卷，呈大刀形，戴圭呈玉圭形，体较窄。标本M17∶3，通高29.2厘米，宽31.2厘米，左右片各高15.6厘米，宽17厘米，左右小鸟形角高5—5.4厘米，长4.6—

---

　　①　陕西省考古研究院、渭南市文物保护考古研究所、韩城市景区管理委员会：《梁带村芮国墓地——二〇〇七年度发掘报告》，北京：文物出版社，2010年，第146页。
　　②　陕西省考古研究院、渭南市文物保护考古研究所、韩城市景区管理委员会：《梁带村芮国墓地——二〇〇七年度发掘报告》，北京：文物出版社，2010年，第213页。

6.6厘米,戴圭长16.6厘米,宽3.2厘米,见图4-8。标本M17:4,翣
首高20.8厘米,宽31.6厘米,左右片各宽16.4厘米,左右小鸟形角
高5.2厘米,长6.4厘米,见图4-8。标本M17:5,通高32厘米,宽
31.8厘米,左右片各高21厘米,宽17厘米,左右小鸟形角高5.4厘
米,长6.2—6.4厘米,戴圭长16.8厘米,宽3.4厘米,见图4-8。标

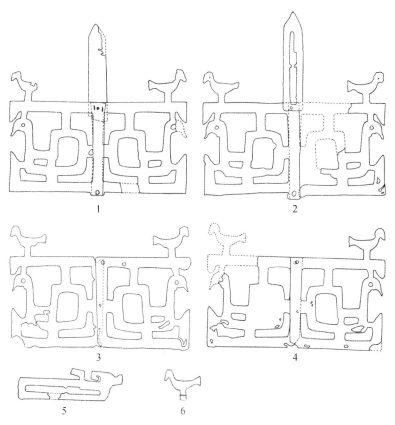

图4-8 陕西韩城梁带村M17

1. 翣(M17:3); 2. 翣(M17:4); 3. 翣(M17:5); 4. 翣(M17:2);
5. 翣角(M17:13); 6. 翣角(M17:8)

本M17：2，左右侧角已残缺，翠首高15.4厘米，角高5.2厘米，宽31.2厘米，通高20.8厘米，见图4-8。

翠角 4件。均由薄铜片制成，分镂空铜翠角和鸟形铜翠角两种形制。

镂空翠角 2件。标本M17：13，体呈窄长方形，中间为窄长方形镂孔，首端外侧有短齿。长18.5厘米，宽3.8—5.4厘米，见图4-8。

鸟形翠角 2件。标本M17：8，体呈小鸟形，长6.5厘米，高5.1厘米，见图4-8[①]。

发掘者认为M17的年代约为春秋早期后段，与M19年代相当[②]。

（3）M35

翠 1件。标本M35：9，因锈蚀严重，形制、件数已辨别不清楚，但据观察碎片的布列情况，形制与M28的翠首相似，翠角与翠体为分体。

翠角 4件。均由薄铜片制成，其中2件锈蚀严重未能修复，形制不清。另2件体呈开口的卡钳形，体饰有锤印竖线形纹，下端有两对小孔。标本M35：11，残长16.5厘米，柄宽5—6厘米，见图4-9。标本M35：12，通长26厘米，首长10.2厘米，宽8.5厘米，柄宽4.5厘米，长15.5厘米，见图4-9。标本M35：10，残长19.4厘米，柄宽6.5—8.1厘米，齿宽3—3.1厘米，见图4-9[③]。

---

① 陕西省考古研究院、渭南市文物保护考古研究所、韩城市景区管理委员会：《梁带村芮国墓地——二〇〇七年度发掘报告》，北京：文物出版社，2010年，第162—163页。

② 陕西省考古研究院、渭南市文物保护考古研究所、韩城市景区管理委员会：《梁带村芮国墓地——二〇〇七年度发掘报告》，北京：文物出版社，2010年，第215页。

③ 陕西省考古研究院、渭南市文物保护考古研究所、韩城市景区管理委员会：《梁带村芮国墓地——二〇〇七年度发掘报告》，北京：文物出版社，2010年，第173页。

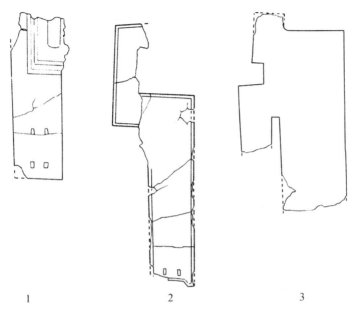

图4-9 陕西韩城梁带村M35出土翣角

1. 标本 M35：11；2. 标本 M35：12；3. 标本 M35：10

发掘者认为M35的年代约为春秋早期的偏晚阶段[①]。

（4）M51

翣 4件。均由薄如纸片的铜片拼合而成，两两一组，一组刀形角，一组圭型角。

刀形角翣 2件。翣体略呈倒梯形，翣首由两块镂空的凤鸟纹薄铜片拼组而成，两块翣片内侧边部各有3个缀连的小孔，首呈横长方形。翣体上竖有三个角，形呈"山"字形，其中左右侧角首向外卷，呈大刀形，戴圭呈玉圭形，体较窄。标本M51：2，保存较

① 陕西省考古研究院、渭南市文物保护考古研究所、韩城市景区管理委员会：《梁带村芮国墓地——二〇〇七年度发掘报告》，北京：文物出版社，2010年，第213页。

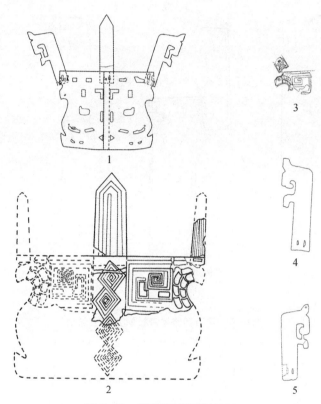

图4-10　陕西韩城梁带村M51

1. 刀形角斝（M51∶2）; 2. 圭形角斝（M51∶18）; 3. 斝残片（M51∶19）;
4. 斝角（M51∶11）; 5. 斝角（M51∶9）

好。通高30.4厘米，宽21.6厘米，其中体高17.6厘米，左右角各长
13.6厘米，首部宽5.6厘米，根部宽2.8厘米，戴圭残高12厘米，宽
2.8厘米，见图4-10。

圭形角斝　2件。斝体略呈长方形，斝首由两块镂空的凤鸟纹
薄铜片拼组而成，两块斝片内侧边部各有3个缀连的小孔，首呈横
长方形。斝体上竖有三个角，形呈"山"字形，其中左右侧角首略

向外斜,呈玉圭形,体较窄,戴圭呈玉圭形,体较宽。标本M51：18,翣片薄如铜版纸,腐朽严重。翣首宽43.6厘米,残高34.4厘米,复原高约在46.6厘米,见图4-10。标本M51：19已残,见图4-10。

　　翣角　3件。均呈刀形,下端中部均有两个不规则的窄长方形小穿孔。标本M51：11,通长20.5厘米,柄端宽4.4厘米,首端宽7.2厘米,壁厚1毫米,见图4-10。标本M51：9,长16.6厘米,宽3.6厘米,首宽7.2厘米,见图4-10[①]。

　　发掘者认为M51的年代约为春秋早期的偏晚阶段,并晚于M19和M27[②]。

　　（5）M18

　　翣　4件。翣整体由薄铜片组合而成。翣体略呈倒梯形,翣首由两块镂空的凤鸟纹铜片拼组而成,翣首上端见成对小穿孔,部分翣首背面见布纹残迹。翣体上竖有三个角,形呈“山”字形,其中左右侧角首向外卷,呈大刀形,戴圭呈玉圭形,体较窄。标本M18：1,通高32.5厘米,翣首高18厘米,宽27厘米,左角高18.5厘米,宽7厘米,右角残高17厘米,宽7厘米,戴圭残高13.2厘米,宽4厘米,见图4-11。标本M18：2,通高31.6厘米,宽26.5厘米,左角高18厘米,首部宽7厘米,跟部宽4厘米,右角形制、大小与左角同,戴圭高16.5厘米,宽4.2厘米,见图4-11。标本M18：3,通高32.8厘米,宽26.4厘米,左角高19.5厘米,宽4.2厘米,右角形制、大小与左角同,戴圭残高13.5厘米,复原后高18.5厘米,宽4厘米,图4-11。标本M18：4,通高32厘米,宽27.5厘米,左角高18厘米,宽

　　① 陕西省考古研究院、渭南市文物保护考古研究所、韩城市景区管理委员会：《梁带村芮国墓地——二〇〇七年度发掘报告》,北京：文物出版社,2010年,第199—200页。
　　② 陕西省考古研究院、渭南市文物保护考古研究所、韩城市景区管理委员会：《梁带村芮国墓地——二〇〇七年度发掘报告》,北京：文物出版社,2010年,第215页。

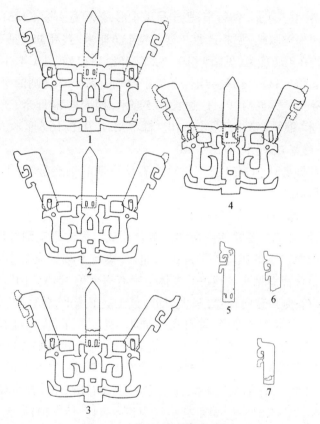

图4-11 陕西韩城梁带村M18

1. 翣(M18：1); 2. 翣(M18：2); 3. 翣(M18：3); 4. 翣(M18：4);
5. 翣角(M18：12); 6. 翣角(M18：37); 7. 翣角(M18：43)

4.4厘米，右角形制、大小与左角同，戴圭残高13.5厘米，复原后高为17.6厘米，宽4厘米，见图4-11。

翣角 8件。由薄铜片制成，形制与翣的侧角相同，呈大刀形。标本M18：12，长16.4厘米，宽3.2—4.3厘米，壁厚1毫米，图4-11。标本M18：37，长12.4厘米，柄宽3厘米，角首宽5厘米，壁厚1毫米,图4-11。标本M18∶43,残长10.8厘米,柄宽2.9厘米,角首宽4.9厘米,壁厚1.1毫米,见图4-11[①]。

发掘者认为M18的年代约为春秋早期的偏晚阶段,并晚于M51[②]。

(6) M27

陈坤龙等人对M27出土的1件甲片(标本M27∶385)进行了科学检测,发现其为锡铅青铜经热锻而成,含锡量11.96 wt%,含铅量8.55 wt%[③]。但在M27现已公布的简报中暂未见报道甲片及类似器物,发掘者认为该墓葬的年代约为春秋早期的偏早阶段[④]。

4.河南南阳夏响铺鄂国贵族墓地

本书作者对河南南阳夏响铺鄂国贵族墓地出土的部分铜器进行了科学检测,发现M6出土的4件盾钖和1件饰片、M1出土的1件饰片为锡青铜热锻而成,再经冷加工。含锡量在7.76—12.81 wt%的范围内[⑤]。在该墓地的部分墓葬中,类似的薄壁盾钖和饰片较多见,但因发掘资料尚未完全公布,具体数量暂不详。发掘者认为M6的年代约为两周之际,M1的年代约为春秋早期。

5.云南曲靖八塔台墓地

李晓岑等人对云南曲靖八塔台墓地出土的部分铜器进行了科学

---

① 陕西省考古研究院、渭南市文物保护考古研究所、韩城市景区管理委员会:《梁带村芮国墓地——二〇〇七年度发掘报告》,北京:文物出版社,2010年,第189—191页。

② 陕西省考古研究院、渭南市文物保护考古研究所、韩城市景区管理委员会:《梁带村芮国墓地——二〇〇七年度发掘报告》,北京:文物出版社,2010年,第215页。

③ 陈坤龙、梅建军、孙秉君:《梁带村两周墓地出土青铜器初步检测分析》,《考古与文物》2009年第9期。

④ 陕西省考古研究院、渭南市文物保护考古研究所、韩城市文物旅游局:《陕西韩城梁带村遗址M27发掘简报》,《考古与文物》2007年第6期。

⑤ 李洋:《河南南阳夏响铺鄂国贵族墓地出土铜器的初步科学分析》,待刊。

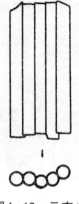

图4-12　云南曲靖八塔台墓地出土管饰(M172∶1)

检测,1件铜残片(M225∶1)为锡青铜热锻而成,含锡量为11.0 wt%[1]。

赵凤杰等人也对云南曲靖八塔台墓地出土的部分铜器进行了科学检测,发现1件薄片泡饰(M203∶9)、1件饰件(M280∶1)和3件管饰(M160∶1、M172∶2和M203∶8)均为锡青铜或锡砷青铜热锻而成。因样品大多锈蚀严重,多作定性分析[2]。

类似的薄片泡饰在该墓地春秋时期的墓葬中共出土4件。圆形薄片,泡饰中部为圆弧形顶。素面[3]。

类似的管饰在该墓地共出土99件。成排的细小铜管,当为镶嵌于其他器物上的饰件,个别有细绳穿过,不明其因。标本M172∶1,24件,长3.6厘米,见图4-12[4]。

该墓地春秋时期的墓葬出土兽面纹薄片饰1件。为圆角方形,极薄,锤印兽面纹,似为猴面或枭面,无穿孔,用途不明[5]。

上述各类器物的相关信息详见表4-2。

---

[1]　李晓岑、韩汝玢:《八塔台青铜时代墓葬出土金属器的分析鉴定》,见云南省文物考古研究所:《曲靖八塔台与横大路》,北京:科学出版社,2003年,第235—241页。

[2]　赵凤杰、李晓岑、刘成武等:《云南曲靖八塔台墓地铜器分析》,《中原文物》2013年第1期。

[3]　云南省文物考古研究所:《曲靖八塔台与横大路》,北京:科学出版社,2003年,第96、98页。

[4]　云南省文物考古研究所:《曲靖八塔台与横大路》,北京:科学出版社,2003年,第101、103页。

[5]　云南省文物考古研究所:《曲靖八塔台与横大路》,北京:科学出版社,2003年,第99、104页。

表4-2 云南曲靖八塔台墓地出土东周时期热锻薄壁青铜器列表

墓葬编号	分期	年　代	出土热锻薄壁青铜器（单位：件）
M280	一期	春秋早期	饰件1
M296	一期	春秋早期	薄片泡饰1
M203	二期	春秋中晚期	薄片泡饰1、管饰3
M216	二期	春秋中晚期	薄片泡饰1
M219	二期	春秋中晚期	兽面纹薄片饰1
M225	二期	春秋中晚期	铜片1
M243	二期	春秋中晚期	薄片泡饰1
M84	未定	未定	管饰27
M160	未定	未定	管饰7
M172	未定	未定	管饰24
M188	未定	未定	管饰25
M222	未定	未定	管饰3

6. 甘肃礼县圆顶山秦国墓地

M1出土铜翼2件。形制、大小相同。薄片呈山字形，翼角与翼体为连体，中部镂孔组成兽面。标本98LDM1∶32通长32.4厘米，宽23.6厘米，壁厚0.4毫米。简报中的照片可见该标本有明显的弯曲现象，表明其韧性较好，见图4-13[①]。

潜伟对大堡子M1和M2出土的部分青铜器科学检测发现，2件残铜片为热锻而成，样品GS2（M1）含锡量14.10 wt%，含铅量

---

① 甘肃省文物考古研究所、礼县博物馆：《礼县圆顶山春秋秦墓》，《文物》2002年第2期。

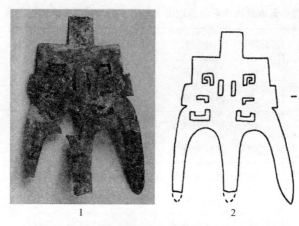

图4-13　甘肃礼县圆顶山M1出土翣（98LDM1：32）

1.47 wt%。样品GS3（M1）含锡量12.90 wt%，含铅量3.82 wt%[1]。

　　邵安定等人对大堡子出土的部分青铜器科学检测发现，M2出土的棺饰片中，2件为锡铅青铜热锻后又经冷加工而成，样品1734含锡量16 wt%，含铅量3.2 wt%，样品1735含锡量14.5 wt%，含铅量3.2 wt%。K1出土的1件铜器残片，即标本1745，虽然几乎完全锈蚀，但根据残留的金属基体可知为锡铅青铜热锻而成[2]。

　　发掘者认为M1、M2和K1的年代约为春秋早期[3]，但近年来大多数学者认为这些墓葬和祭祀坑的年代约为春秋中晚期[4]。

　　① 潜伟：《甘肃礼县大堡子秦公墓几件青铜器的显微分析》，《考古与文物》2002年先秦增刊。
　　② 邵安定、孙淑云、梅建军等：《甘肃礼县大堡子秦公墓出土金属器的科学分析与研究》，《文物》2015年第10期。
　　③ 甘肃省文物考古研究所、礼县博物馆：《礼县圆顶山春秋秦墓》，《文物》2002年第2期。
　　④ a. 甘肃省文物考古研究所、礼县博物馆：《甘肃礼县圆顶山98LDM2、2000LDM4春秋秦墓》，《文物》2005年第2期。
　　b. 祝中熹：《试论礼县圆顶山秦墓的时代与性质》，《考古与文物》2008年第1期。

7. 湖北襄阳余岗墓地

（1）M236

铫　1件。标本M236：5，残损严重，残存龙首形錾。素面。錾高4.6厘米[1]。

（2）M237

铫　1件。标本M237：4，平面呈椭圆形，微敛口，微鼓腹，小平底，龙形环耳。内壁刻划有龙、凤、蛇纹。口径14.1厘米，底径6.7厘米，通高7.5厘米，见图4-14[2]。

（3）M241

铫　1件。标本M241：5，残破严重，残存龙形环。素面[3]。

（4）M279

铫　1件。标本M279：7，保存较完整。平面呈椭圆形，微敛

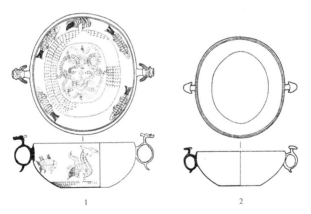

图4-14　湖北襄阳余岗墓地出土铫

1. 标本M237：4；2. 标本M279：7

---

[1]　襄阳市文物考古研究所：《余岗楚墓》，北京：科学出版社，2011年，第349、352页。
[2]　襄阳市文物考古研究所：《余岗楚墓》，北京：科学出版社，2011年，第349、355页。
[3]　襄阳市文物考古研究所：《余岗楚墓》，北京：科学出版社，2011年，第360页。

口，微鼓腹，小平底，龙形环耳。素面。口径14.6厘米，底径6.8厘米，通高6.4厘米，见图4-14[①]。

秦颍等人对1件铆（M241∶5）进行了科学检测，标本M241∶5壁厚0.75毫米，为锡青铜热锻而成，含锡量11.0 wt%，含铅量1.68 wt%[②]。

发掘者认为M236、M237、M241和M279的年代为春秋中期后段[③]。

8.山西上马墓地

（1）M4078

马甲胄　2件。均残，标本M4078∶32，修复后整体呈R形，用壁厚1毫米的铜片制成，表面见几何形镂空图案，上有数个穿孔。长33厘米，最宽处18厘米，见图4-15[④]。发掘者认为该墓葬的年代约为春秋早期早段[⑤]。

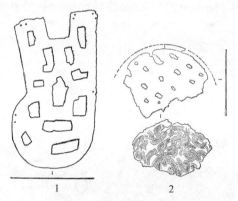

图4-15　山西上马墓地

1.马甲胄（M4078∶32）；2.包金饰（M1005∶32）

①　襄阳市文物考古研究所：《余岗楚墓》，北京：科学出版社，2011年，第397页。
②　秦颍、李世彩、晏德付等：《湖北及安徽出土东周至秦汉时期热锻青铜容器的科学分析》，《文物》2015年第7期。
③　襄阳市文物考古研究所：《余岗楚墓》，北京：科学出版社，2011年，第89—92页。
④　山西省考古研究所：《上马墓地》，北京：文物出版社，1994年，第87、89页。
⑤　山西省考古研究所：《上马墓地》，北京：文物出版社，1994年，第170—175页。

（2）M1005

包金饰　2件。均残，标本M1005：32，修复后整体呈圆盘状，上有多个不规则形穿孔，表面包印有蟠螭纹的金箔，直径15厘米，见图4-15[①]。发掘者认为该墓葬的年代约为春秋晚期晚段。[②]

9. 江苏六合程桥东周墓

（1）M1

填土中出土了5片刻纹铜片，厚度约0.8毫米，刻划有疑似贵族燕饮狩猎图案，见图4-16[③]。

（2）M2

匜　1件。方流，环把，器壁极薄，已残破[④]。

发掘者认为这两座墓的年代均为春秋晚期[⑤]。

图4-16　江苏六合程桥M1出土刻纹铜片

10. 安徽蚌埠双墩春秋M1

匜　1件。检测标本编号为M1：282，定名为盘，器壁厚0.85毫米，经科学检测为锡青铜热锻而成，含锡量为12.54 wt%[⑥]。但在原发

①　山西省考古研究所：《上马墓地》，北京：文物出版社，1994年，第92—94页。

②　山西省考古研究所：《上马墓地》，北京：文物出版社，1994年，第170—175页。

③　江苏省文物管理委员会、南京博物院：《江苏六合程桥东周墓》，《考古》1965年第3期。

④　南京博物院：《江苏六合程桥二号东周墓》，《考古》1974年第2期。

⑤　a. 江苏省文物管理委员会、南京博物院：《江苏六合程桥东周墓》，《考古》1965年第3期。

　　b. 南京博物院：《江苏六合程桥二号东周墓》，《考古》1974年第2期。

⑥　a. 胡飞、秦颖：《蚌埠双墩春秋一号墓部分青铜器成分及金相分析》，《有色金属》2011年第1期。

　　b. 秦颖、李世彩、晏德付等：《湖北及安徽出土东周至秦汉时期热锻青铜容器的科学分析》，《文物》2015年第7期。

掘报告中此编号的器物为一
薄壁匜,圆形器身呈钵形,大口
微内敛,前有短流上翘,流下有
一环形小鋬,与之相称的后部
铆接一兽形环鋬,平底。器壁
薄,素面,整体器形简洁。通
高13厘米,流长3.4厘米,口径
23.4—26.5厘米,通长31.3厘
米,见图4-17[①]。

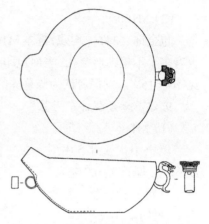

图4-17　安徽蚌埠双墩春秋M1出土
匜(M1:282)

发掘者认为该墓葬的年
代为春秋中晚期[②]。

11. 湖北郧县乔家院墓地

(1) M5

盘　1件。标本M5:14,宽折沿,折腹,小平底,腹壁上有一对对
称的鼻钮衔环,环耳饰变形勾连云纹。薄胎,素面。口径40.7厘米,底
径24厘米,高12.3厘米,壁厚0.7—0.8毫米,见图4-18[③]。经科学检测
可知,其为锡铅青铜热锻而成,含锡量14.92 wt%,含铅量2.91 wt%[④]。

匜　1件。标本M5:15,器口平面呈椭圆形,弧腹,圈底近平,
一侧有一凹形流,流上翘,另一侧腹上部有一鼻钮,鼻钮截面呈弧
形。胎极薄,通体素面。口长径16.6厘米,高8厘米,壁厚0.6—0.7

---

①　安徽省文物考古研究所、蚌埠市博物馆:《钟离君柏墓》,北京:文物出版社,
2013年,第62、65页。

②　安徽省文物考古研究所、蚌埠市博物馆:《钟离君柏墓》,北京:文物出版社,
2013年,第359—365页。

③　湖北省文物考古研究所、湖北省文物局南水北调办公室:《湖北郧县乔家院春
秋殉人墓》,《考古》2008年第4期。

④　秦颖、李世彩、晏德付等:《湖北及安徽出土东周至秦汉时期热锻青铜容器的
科学分析》,《文物》2015年第7期。

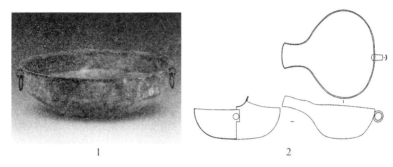

图4-18　湖北郧县乔家院M5

1. 盘(M5:14); 2. 匜(M5:15)

毫米,见图4-18[1]。经科学检测可知,其为锡铅青铜热锻而成,含锡量13.07 wt%,含铅量5.06 wt%[2]。

（2）M6

盘　1件。标本M6:12,形制与M5:14大体相同,大小有别,具体大小尺寸未报道,壁厚0.85毫米[3]。经科学检测可知,其为锡铅青铜热锻而成,含锡量14.86 wt%,含铅量4.32 wt%[4]。

发掘者认为这两座墓葬的年代均为春秋晚期[5]。

12. 湖北随州文峰塔M1

本书作者对湖北随州文峰塔墓地M1出土的部分铜器进

①　湖北省文物考古研究所、湖北省文物局南水北调办公室:《湖北郧县乔家院春秋殉人墓》,《考古》2008年第4期。

②　秦颍、李世彩、晏德付等:《湖北及安徽出土东周至秦汉时期热锻青铜容器的科学分析》,《文物》2015年第7期。

③　湖北省文物考古研究所、湖北省文物局南水北调办公室:《湖北郧县乔家院春秋殉人墓》,《考古》2008年第4期。

④　秦颍、李世彩、晏德付等:《湖北及安徽出土东周至秦汉时期热锻青铜容器的科学分析》,《文物》2015年第7期。

⑤　湖北省文物考古研究所、湖北省文物局南水北调办公室:《湖北郧县乔家院春秋殉人墓》,《考古》2008年第4期。

行了科学检测，发现2件饰件和1件盾钖（原简报中称为铜金叠合饼状器）为锡青铜热锻而成，2件饰件（标本WFM1-13-1和WFM1-14-1），壁厚0.2—0.3毫米，含锡量分别为13.54 wt%和14.28 wt%。盾钖标本（WFM1-15-1）取自于原简报中称为铜金叠合饼状器的器物，后经研究所谓铜金叠合饼状器实际上是数件表面贴金的盾钖叠压而成。整体锈蚀严重，但根据残留的金属基体可知为锡青铜热锻而成[1]。发掘者认为该墓葬的年代约为春秋晚期[2]。

13. 河南新郑郑韩故城热电厂墓地

张宏英等人对河南新郑郑韩故城热电厂墓地出土的部分铜器进行了科学检测，发现3件残片为锡铅青铜热锻而成，标本M673:4含锡量为14.8 wt%，含铅量为7.4 wt%，标本M667:6含锡量为11.9 wt%，含铅量为6.2 wt%，标本M688:12含锡量为16.9 wt%，含铅量为4.4 wt%[3]。发掘者认为该墓地的年代约为春秋时期。

第二节　战国时期热锻薄壁青铜器的发现

1. 河南淅川徐家岭墓地

本书作者对河南淅川徐家岭墓地出土的部分铜器进行了科学检测，发现M11出土的1件勺（仅存勺部）为锡青铜热锻而成，含锡量14.27 wt%，壁厚0.3—0.4毫米。

发掘者认为该墓葬的年代均为战国早期[4]。

---

① 李洋、后加升、樊志威等：《随州文峰塔M1、M2出土金属器的科学分析》，《江汉考古》2014年第4期。

② 湖北省文物考古研究所、随州市博物馆：《随州文峰塔M1（曾侯与墓）、M2发掘简报》，《江汉考古》2014年第4期。

③ 张宏英、李秀辉、李延祥等：《郑韩故城热电厂墓地出土青铜器的初步分析》，《中国文物科学研究》2014年第1期。

④ 河南省文物管理局南水北调文物保护办公室、南阳市文物考古研究所：《河南淅川县徐家岭11号楚墓》，《考古》2008年第5期。

2. 湖北随州文峰塔 M2

本书作者对湖北随州文峰塔墓地 M2 出土的部分铜器进行了科学检测,发现 1 件饰件(标本 WFM2-1-1)为锡青铜热锻而成,壁厚 0.3—0.4 毫米,含锡量为 9.59 wt%[1]。发掘者认为该墓葬的年代约为战国早期[2]。

3. 湖北襄阳余岗墓地

(1) M173

匜 1 件。标本 M173:4,平面横椭圆形,敛口,弧腹内收,平底,前有长方形流上翘,后有钮衔环。内壁刻划宴饮、狩猎、鸟、鱼等纹,口长径 21.1 厘米,高 11.4 厘米,见图 4-19[3]。

(2) M289

盒 1 件。标本 M289:2,体、盖形制相同,相扣合,口微敛,弧腹内收,凹圜底,盖略大于体,各有双环耳。素面。口径 20 厘米,通高 19.4 厘米,见图 4-19[4]。

秦颖等人对盒标本 M289:2 进行了科学检测,壁厚 0.8 毫米,为锡青铜热锻而成,含锡量 20.25 wt%[5]。

发掘者认为 M173 和 M289 的年代为战国早期后段[6]。

---

① 李洋、后加升、樊志威等:《随州文峰塔 M1、M2 出土金属器的科学分析》,《江汉考古》2014 年第 4 期。

② 湖北省文物考古研究所、随州市博物馆:《随州文峰塔 M1(曾侯與墓)、M2 发掘简报》,《江汉考古》2014 年第 4 期。

③ 襄阳市文物考古研究所:《余岗楚墓》,北京:科学出版社,2011 年,第 59、259、262—263 页。

④ 襄阳市文物考古研究所:《余岗楚墓》,北京:科学出版社,2011 年,第 56、58、403、405 页。

⑤ 秦颖、李世彩、晏德付等:《湖北及安徽出土东周至秦汉时期热锻青铜容器的科学分析》,《文物》2015 年第 7 期。

⑥ 襄阳市文物考古研究所:《余岗楚墓》,北京:科学出版社,2011 年,第 89—92 页。

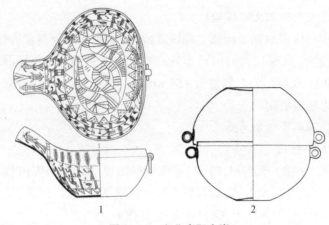

图4-19　湖北襄阳余岗

1.匜(M173∶4); 2.盒(M289∶2)

4.四川宣汉罗家坝墓地

（1）M33

鉴　1件。标本M33∶25,残损严重无法修复,形制不清[1]。经科学检测可知,其为锡青铜热锻而成,再经冷加工,基体锈蚀较严重[2]。发掘者认为该墓葬的年代为春秋晚期至战国早期[3]。

（2）M64

出土釜甑和盆各1件。

釜甑　1件。标本M64∶45,釜部残。甑部为敛口,弧腹。口下部有两竖环耳,腹上部有一圆圈纹。口径20厘米,残高9厘米,

① 四川省文物考古研究院、达州市文物管理所、宣汉县文物管理所:《宣汉罗家坝》,北京: 文物出版社,2015年,第147页。

② 宋艳:《宣汉罗家坝出土部分青铜器的合金成分和金相组织》,见四川省文物考古研究院、达州市文物管理所、宣汉县文物管理所:《宣汉罗家坝》,北京: 文物出版社,2015年,第356—368页。

③ 四川省文物考古研究院、达州市文物管理所、宣汉县文物管理所:《宣汉罗家坝》,北京: 文物出版社,2015年,第327—334页。

见图4-20[①]。经科学检测可知,其为锡铅青铜热锻而成,再经冷加工,含锡量13.8 wt%,含铅量7.4 wt%[②]。

　　盆　1件。标本M64:39,器壁较薄,窄平沿,侈口,斜直腹。腹上部饰有两环耳。口径32.2厘米,残高6.4厘米,见图4-20[③]。

　　发掘者认为该墓葬的年代为战国中期[④]。

　　(3)M28

　　盆　1件。标本M28:11,残损严重,器壁较薄,斜立沿,侈口[⑤]。经科学检测可知,其为锡青铜热锻而成,再经冷加工,含锡量13.3 wt%[⑥]。发掘者认为该墓葬的年代为战国中期[⑦]。

　　(4)M44

　　盆　1件。标本M44:1,残损严重,器壁较薄,窄平沿,深腹[⑧]。经科学检测可知,其为锡青铜热锻而成,再经冷加工,含锡量13.65 wt%[⑨]。

---

　　①　四川省文物考古研究院、达州市文物管理所、宣汉县文物管理所:《宣汉罗家坝》,北京:文物出版社,2015年,第281—282页。
　　②　宋艳:《宣汉罗家坝出土部分青铜器的合金成分和金相组织》,见四川省文物考古研究院、达州市文物管理所、宣汉县文物管理所:《宣汉罗家坝》,北京:文物出版社,2015年,第356—368页。
　　③　四川省文物考古研究院、达州市文物管理所、宣汉县文物管理所:《宣汉罗家坝》,北京:文物出版社,2015年,第282页。
　　④　四川省文物考古研究院、达州市文物管理所、宣汉县文物管理所:《宣汉罗家坝》,北京:文物出版社,2015年,第327—334页。
　　⑤　四川省文物考古研究院、达州市文物管理所、宣汉县文物管理所:《宣汉罗家坝》,北京:文物出版社,2015年,第110页。
　　⑥　宋艳:《宣汉罗家坝出土部分青铜器的合金成分和金相组织》,见四川省文物考古研究院、达州市文物管理所、宣汉县文物管理所:《宣汉罗家坝》,北京:文物出版社,2015年,第356—368页。
　　⑦　四川省文物考古研究院、达州市文物管理所、宣汉县文物管理所:《宣汉罗家坝》,北京:文物出版社,2015年,第327—334页。
　　⑧　四川省文物考古研究院、达州市文物管理所、宣汉县文物管理所:《宣汉罗家坝》,北京:文物出版社,2015年,第201页。
　　⑨　宋艳:《宣汉罗家坝出土部分青铜器的合金成分和金相组织》,见四川省文物考古研究院、达州市文物管理所、宣汉县文物管理所:《宣汉罗家坝》,北京:文物出版社,2015年,第356—368页。

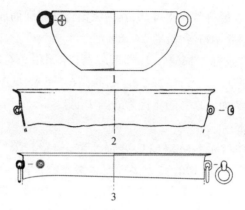

图4-20　四川宣汉罗家坝墓地

1. 釜甑(M64∶45); 2. 盆(M64∶39); 3. 盘(M61-1∶10)

发掘者认为该墓葬的年代为战国中期[①]。

（5）M46

盆　1件。标本M46∶22，残损严重，器壁较薄，窄平沿，深腹[②]。经科学检测可知，其为锡铅青铜热锻而成，含锡量13.6 wt%，含铅量8.65 wt%[③]。发掘者认为该墓葬的年代为战国中期[④]。

（6）M61

盘（原报告第312页将其定为盆，而第356—368页又将其定为鉴）　1件。标本M61-1∶10，残，折沿近平，直腹，沿下有两环耳。

---

①　四川省文物考古研究院、达州市文物管理所、宣汉县文物管理所：《宣汉罗家坝》，北京：文物出版社，2015年，第327—334页。

②　四川省文物考古研究院、达州市文物管理所、宣汉县文物管理所：《宣汉罗家坝》，北京：文物出版社，2015年，第216页。

③　宋艳：《宣汉罗家坝出土部分青铜器的合金成分和金相组织》，见四川省文物考古研究院、达州市文物管理所、宣汉县文物管理所：《宣汉罗家坝》，北京：文物出版社，2015年，第356—368页。

④　四川省文物考古研究院、达州市文物管理所、宣汉县文物管理所：《宣汉罗家坝》，北京：文物出版社，2015年，第327—334页。

腹上部有两圆圈纹。口径31.2厘米,残高3.6厘米,见图4-20[1]。经科学检测可知,其为锡青铜热锻而成,含锡量12.6 wt%[2]。发掘者认为该墓葬的年代为战国中期[3]。

（7）M53

盆　1件。标本M53：8,残损严重,器壁较薄,侈口,窄平沿[4]。经科学检测可知,其为锡青铜热锻而成,再经冷加工,含锡量11.35 wt%[5]。发掘者认为该墓葬的年代为战国晚期[6]。

5. 内蒙古林西井沟子墓地

（1）M22

片饰　1件。为4段长而扁薄的残铜片,因残破严重,整体形状不明。标本M22：13-1,有直拐角,短边见一小圆孔,残长3.6厘米,见图4-21。其他3

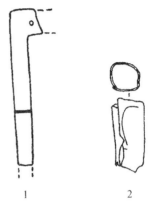

图4-21　内蒙古林西井沟子墓地

1. 片饰（M22：13-1）;
2. 管饰（M25：10-24）

① 四川省文物考古研究院、达州市文物管理所、宣汉县文物管理所:《宣汉罗家坝》,北京:文物出版社,2015年,第263页。

② 宋艳:《宣汉罗家坝出土部分青铜器的合金成分和金相组织》,见四川省文物考古研究院、达州市文物管理所、宣汉县文物管理所:《宣汉罗家坝》,北京:文物出版社,2015年,第356—368页。

③ 四川省文物考古研究院、达州市文物管理所、宣汉县文物管理所:《宣汉罗家坝》,北京:文物出版社,2015年,第327—334页。

④ 四川省文物考古研究院、达州市文物管理所、宣汉县文物管理所:《宣汉罗家坝》,北京:文物出版社,2015年,第233页。

⑤ 宋艳:《宣汉罗家坝出土部分青铜器的合金成分和金相组织》,见四川省文物考古研究院、达州市文物管理所、宣汉县文物管理所:《宣汉罗家坝》,北京:文物出版社,2015年,第356—368页。

⑥ 四川省文物考古研究院、达州市文物管理所、宣汉县文物管理所:《宣汉罗家坝》,北京:文物出版社,2015年,第327—334页。

段残长分别为1.1、1.2、3厘米①。经科学检测可知,其为锡青铜热锻而成,含锡量为12.66 wt%②。

（2）M25

管饰　1件。标本M25：10-24,呈圆筒状,为铜片卷成,中空,长1.8厘米,见图4-21③。经科学检测可知,其为锡铅青铜热锻而成,含锡量为10.61 wt%,含铅量为3.07 wt%④。

发掘者认为这两座墓葬的年代为春秋晚期至战国早期⑤。

6. 云南弥渡合家山青铜器窖藏

帽饰　1件。标本HM,圆形。上有乳钉形钮,边沿稍残⑥。经科学检测可知,其为锡青铜,含锡量为10.6 wt%,且边缘经过了热锻加工⑦。发掘者认为该墓葬的年代约为春秋晚期至战国中期⑧。

7. 云南楚雄万家坝墓地

（1）M21

薄铜片　2件。长方形薄片,四边均有两两并列的长方形穿孔3组,出土时紧贴棺内壁竖放⑨,推测为丧葬用器。标本M21：1,

①　内蒙古自治区文物考古研究所、吉林大学边疆考古研究中心：《林西井沟子——晚期青铜时代墓地的发掘与综合研究》,北京：科学出版社,2010年,第108—109页。

②　李延祥、李丽辉：《井沟子西区墓地青铜器初步研究》,见内蒙古自治区文物考古研究所、吉林大学边疆考古研究中心：《林西井沟子——晚期青铜时代墓地的发掘与综合研究》,北京：科学出版社,2010年,第331—363页。

③　内蒙古自治区文物考古研究所、吉林大学边疆考古研究中心：《林西井沟子——晚期青铜时代墓地的发掘与综合研究》,北京：科学出版社,2010年,第121—122页。

④　李延祥、李丽辉：《井沟子西区墓地青铜器初步研究》,见内蒙古自治区文物考古研究所、吉林大学边疆考古研究中心：《林西井沟子——晚期青铜时代墓地的发掘与综合研究》,北京：科学出版社,2010年,第331—363页。

⑤　内蒙古自治区文物考古研究所、吉林大学边疆考古研究中心：《林西井沟子——晚期青铜时代墓地的发掘与综合研究》,北京：科学出版社,2010年,第22—23页。

⑥　张昭：《云南弥渡合家山出土古代石、陶范和青铜器》,《文物》2000年第11期。

⑦　贠雅丽、李晓岑、李庆华等：《云南省弥渡县合家山出土铜器的技术研究》,《考古与文物》2011年第5期。

⑧　张昭：《云南弥渡合家山出土古代石、陶范和青铜器》,《文物》2000年第11期。

⑨　云南省文物工作队：《楚雄万家坝古墓群发掘报告》,《考古学报》1983年第3期。

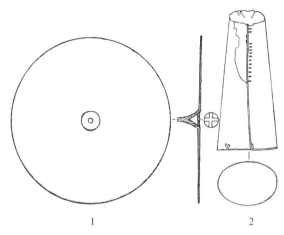

图4-22　云南楚雄万家坝M23

1. 盾饰（M23：219）；2. 臂甲（M23：221）

壁厚0.45毫米。经科学检测可知，其为锡青铜热锻而成，再经冷加工，含锡量为10.1 wt%[1]。

（2）M23

盾饰　5件。皆为圆形，正面中部有圆锥形突起，背面有二至四个孔，作穿系之用，见图4-22[2]。其中标本M23：219经科学检测可知为热锻而成[3]。

臂甲　3件。皆为圆筒形，一端粗，一端细，器壁厚约0.5毫米。背面开口，有一排对称的长方形穿孔，见图4-22[4]。其中标本

[1]　李晓岑、韩汝玢、孙淑云：《云南楚雄万家坝出土铜、锡器的分析及有关问题》，《文物》2008年第9期。
[2]　云南省文物工作队：《楚雄万家坝古墓群发掘报告》，《考古学报》1983年第3期。
[3]　李晓岑、韩汝玢、孙淑云：《云南楚雄万家坝出土铜、锡器的分析及有关问题》，《文物》2008年第9期。
[4]　云南省文物工作队：《楚雄万家坝古墓群发掘报告》，《考古学报》1983年第3期。

M23:221经科学检测可知为锡青铜热锻而成,含锡量为11.9 wt%[①],原报告也对此标本进行了成分测试,含锡量为10.6 wt%[②]。

（3）M25

盾饰　1件。形制与M23所出相似[③]。原报告认为M25出土的盾饰表面"鎏金",后经科学检测发现,其"鎏金层"是一层厚0.02—0.05毫米的铜箔片,为热锻后经冷加工而成[④]。

薄铜片　2件。长方形薄片。其中1件标本（未编号）在原报告中被认为其表面"鎏金",后经科学检测,其"鎏金层"是一层厚0.02—0.05毫米的铜箔片,为热锻后经冷加工而成[⑤]。

臂甲　1件。形制与M23所出相似[⑥]。

（4）M48

臂甲　1件。形制与M23所出相似[⑦]。

（5）M59

盾饰　1件。形制与M23所出相似[⑧]。

（6）M75

管饰　38件。由薄铜片卷成,中空[⑨]。

发掘者认为这些墓葬的年代均为战国早期[⑩]。

---

① 李晓岑、韩汝玢、孙淑云:《云南楚雄万家坝出土铜、锡器的分析及有关问题》,《文物》2008年第9期。

② 云南省文物工作队:《楚雄万家坝古墓群发掘报告》,《考古学报》1983年第3期。

③ 云南省文物工作队:《楚雄万家坝古墓群发掘报告》,《考古学报》1983年第3期。

④ 李晓岑、韩汝玢、孙淑云:《云南楚雄万家坝出土铜、锡器的分析及有关问题》,《文物》2008年第9期。

⑤ 李晓岑、韩汝玢、孙淑云:《云南楚雄万家坝出土铜、锡器的分析及有关问题》,《文物》2008年第9期。

⑥ 云南省文物工作队:《楚雄万家坝古墓群发掘报告》,《考古学报》1983年第3期。

⑦ 云南省文物工作队:《楚雄万家坝古墓群发掘报告》,《考古学报》1983年第3期。

⑧ 云南省文物工作队:《楚雄万家坝古墓群发掘报告》,《考古学报》1983年第3期。

⑨ 云南省文物工作队:《楚雄万家坝古墓群发掘报告》,《考古学报》1983年第3期。

⑩ 云南省文物工作队:《楚雄万家坝古墓群发掘报告》,《考古学报》1983年第3期。

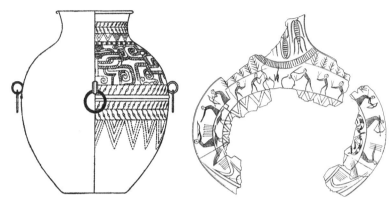

图4-23　河北怀来北辛堡战国墓　　　图4-24　山西定襄中霍M1出土匜
　　　　　M1出土缶（M1∶88）　　　　　　　　（M1∶14）

8. 河北怀来北辛堡战国墓

缶　2件。形制基本相同，口和底部残缺，标本M1∶88和M1∶99，器壁极薄，为上、下两部分接成。侈口唇微卷，敛颈，圆肩，深鼓腹，平底，腹最大径居中部，饰一凸弦纹和四个绚索纹的吊环。自颈至腹有刻纹。高36厘米。发掘者认为这2件缶为上、下两部分分别打成，然后铸焊在一起。在残破的器腹凸棱处，可以清楚地看出铸焊痕迹，见图4-23。发掘者认为该墓葬的年代为战国早期[①]。

9. 山西定襄中霍东周墓

（1）M1

匜　1件。标本M1∶14，壁薄，残破严重，无法复原。身椭圆，带流，瓢形。流的对应处有铺首衔环钮。敛口，腹壁微内收，小平底。外壁素面，内壁鉴刻纹饰，见图4-24。

盘　1件。标本M1∶5，壁薄，残破严重。卷沿，直壁，下腹内

①　a. 敖承隆、李晓东：《河北省怀来县北辛堡出土的燕国铜器》，《文物》1964年第7期。
　　b. 河北省文物局文物工作队：《河北怀来北辛堡战国墓》，《考古》1966年第5期。

收成圜底。外壁素面,内壁刻划鱼纹。发掘者认为该墓葬的年代约为春秋晚期至战国早期[①]。

经科学检测可知,这2件器物均为锡铅青铜热锻而成,再经冷加工,标本M1:14含锡量10.53—12.47 wt%,含铅量3.23—6.98 wt%。标本M1:5含锡量12.7—14.4 wt%,含铅量1.61—3.02 wt%[②]。

(2)M2

盘　1件。标本M2:5,壁薄,残破严重。敛口,圆腹,平底。腹上部一对环形耳衔环。外壁素面,内壁刻划有鱼纹。发掘者认为该墓葬的年代约为春秋晚期至战国早期[③]。

经科学检测可知,标本M2:5为锡铅青铜热锻而成,再经冷加工,含锡量13.98—14.96 wt%,含铅量1.35—4.12 wt%[④]。

此外,经科学检测可知在该墓地采集的1件铜鉴和1件铜片为热锻而成[⑤]。

10. 江苏高庄战国墓M7

M7(原简报中墓葬编号为HGM1)出土了一批热锻薄壁青铜容器,包括刻纹盘7件、刻纹盆(又称为鉴)1件、素面匜1件、刻纹匜6件、刻纹算形器4件、勺1件及刻纹残片3件。这些青铜器的共同特点即壁薄如纸,其中刻纹盘、刻纹盆、刻纹匜、刻纹算形器等器物表面还刻有各式细纹图案。刻纹盘、刻纹盆和素面匜上还铸接

---

① 李有成:《定襄县中霍村东周墓发掘简报》,《文物》1997年第5期。
② 张登毅、李延祥、郭银堂:《山西定襄中霍墓地出土铜器的初步科学分析》,《文物保护与考古科学》2016年第1期。
③ 李有成:《定襄县中霍村东周墓发掘简报》,《文物》1997年第5期。
④ 张登毅、李延祥、郭银堂:《山西定襄中霍墓地出土铜器的初步科学分析》,《文物保护与考古科学》2016年第1期。
⑤ 张登毅、李延祥、郭银堂:《山西定襄中霍墓地出土铜器的初步科学分析》,《文物保护与考古科学》2016年第1期。

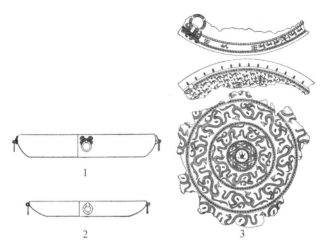

图4-25　江苏高庄战国墓M7（HGM1）出土盘

1. 标本M1∶3；2. 标本M1∶27；3. 标本M1∶0146

有环耳[1]。

　　刻纹盘　　7件。均残，修复3件，器形相同，大小和纹饰有所区别。敛口，鼓腹，平底。上腹部有四个铺首衔环，铸造而成的铺首铆铸于器壁上。器壁很薄，内外磨光，内底、腹内壁及口沿外部刻有纹饰。标本M1∶3，口径31厘米、深5厘米，见图4-25。标本M1∶27，口径27厘米、深3.2厘米，见图4-25。标本M1∶48，口

---

① a. 淮安市博物馆：《淮阴高庄战国墓》，北京：文物出版社，2009年，第99页。

b. 淮安市博物馆：《淮阴高庄战国墓》，《考古学报》1988年第2期。

c. 田建花：《淮阴高庄战国墓青铜器群制作工艺研究》，《华夏考古》2013年第1期。

　　另：因各种原因，该墓发掘简报（《考古学报》1998年）和何堂坤先生科学检测报告（《考古》1993年）中采用器物发掘号作为编号。而最终发掘报告（文物出版社，2009年）、孙淑云先生等的科学检测报告（《考古》2009年）和田建花先生的工艺研究论文（《华夏考古》2013年）采用器物馆藏号作为编号，且在最终发掘报告中没有两者的对照表。因此，除个别器物数为1件的器物（如素面匜）外，对于大多数器物，本书无法将器物描述与其科学检测一一对应。但这并不影响我们对于其制作工艺以及是否为热锻薄壁青铜器的判断。并且，为避免相互混淆，本书中所涉及资料均维持其原有的编号方式。

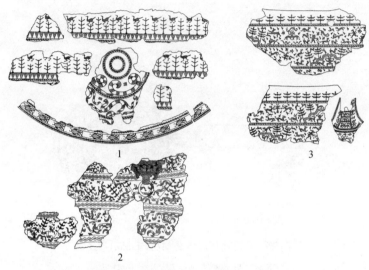

图4-26　江苏高庄战国墓M7(HGM1)

1. 盆(M1:0149); 2. 匜(M1:0137); 3. 匜(M1:0138)

径27厘米、深3厘米。标本M1:0144、M1:0145、M1:0146(见图4-25[①])和M1:0147未修复。

刻纹盆　1件。标本M1:0149,仅存几块残片,器壁极薄,内外均经磨光,部分刻有纹饰。广口,宽沿,直壁,平底,见图4-26[②]。

素面匜　1件。标本M1:97,器壁很薄,内外磨光。口呈桃形,无耳,无鋬,短流,平底。长17.5厘米,深4.5厘米。

刻纹匜　6件。均为残片。敛口,鼓腹,平底。器壁极薄,内外均经磨光并刻有纹饰。标本M1:0137,仅存鋬附近一段器身,鋬为一铺

① a.淮安市博物馆:《淮阴高庄战国墓》,北京:文物出版社,2009年,第148—154页。

b.淮安市博物馆:《淮阴高庄战国墓》,《考古学报》1988年第2期。

② a.淮安市博物馆:《淮阴高庄战国墓》,北京:文物出版社,2009年,第149、155页。

b.淮安市博物馆:《淮阴高庄战国墓》,《考古学报》1988年第2期。

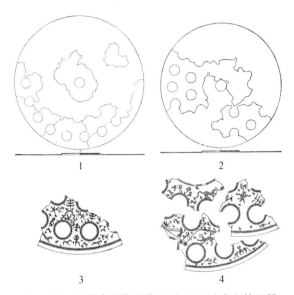

图4-27　江苏高庄战国墓M7(HGM1)出土算形器

1.标本M1:114-1; 2.标本M1:114-2; 3.标本M1:114-3; 4.标本M1:114-4

首衔环,见图4-26。标本M1:0138,仅存流和局部器身,见图4-26[①]。

　　刻纹算形器　4件。形制相同,圆形薄片状。每算上应有孔径为4厘米的算孔35个,除中心一孔外,其余算孔分两圈作同心排列。中央有一直径为15厘米的隆起平台。算孔周围刻一圈绚索纹,算孔间刻各种图案。标本M1:114-1,直径52厘米,厚2毫米。标本M1:114-2,直径48厘米。标本M1:114-3和M1:114-4未修复。这四件算形器见图4-27[②]。

---

　　①　a.淮安市博物馆:《淮阴高庄战国墓》,北京:文物出版社,2009年,第149、155—156页。
　　b.淮安市博物馆:《淮阴高庄战国墓》,《考古学报》1988年第2期。
　　②　a.淮安市博物馆:《淮阴高庄战国墓》,北京:文物出版社,2009年,第157-161页。
　　b.淮安市博物馆:《淮阴高庄战国墓》,《考古学报》1988年第2期。

　　孙淑云等人对其中1件素面匜(M7∶278)、2件刻纹匜(M7∶279-2、M7∶279-4)、2件刻纹盘(M7∶281-2、M7∶281-3)、1件算形器(M7∶282-2)和1件勺(M7∶284-1)进行了科学检测,结果显示均为热锻而成,以锡铅青铜为主,仅勺为锡青铜,6件器物各自的平均含锡量在13—16 wt%范围内,除勺以外的5件锡铅青铜器各自的平均含铅量为4—9 wt%[①]。何堂坤对1件素面匜(M1∶97)和5件难以复原的刻纹铜器残片进行了科学分析,结果显示均为热锻而成,素面匜含锡量10.417 wt%,含铅量1.148 wt%,其他5件残片的含锡量9.572—11.736 wt%,含铅量0.333—4.168 wt%[②]。

　　发掘者认为该墓葬的年代为战国早中期[③]。

　　11. 山西长治分水岭东周墓地

　　(1) M12

　　匜　1件。标本编号不明。残损严重。质坚,壁薄,体硕大,敞口流,内壁刻有纹饰。残片长16.4厘米,流口宽6.6厘米,见图4-28[④]。发掘者认为该墓葬的年代为战国早期[⑤]。

　　(2) M84

　　出土匜和鉴各1件,以及残片5件。

　　匜　1件。标本M84∶93,残为三片。表面见线刻纹饰,残长27.2厘米,见图4-28。

　　鉴　1件。标本M84∶7,底部和腹内壁刻有纹饰。5件残片在

---

　　① 孙淑云、王金潮、田建花等:《淮阴高庄战国墓出土铜器的分析研究》,《考古》2009年第2期。另:此科学检测报告所采用的样品编号是器物的馆藏号。

　　② 何堂坤:《刻纹铜器科学分析》,《考古》1993年第5期。另:此科学检测报告所采用的样品编号是器物的发掘号。

　　③ 淮安市博物馆:《淮阴高庄战国墓》,《考古学报》1988年第2期。

　　④ 山西省考古研究所、山西博物院、长治市博物馆:《长治分水岭东周墓地》,北京:文物出版社,2010年,第237—239页。

　　⑤ 山西省考古研究所、山西博物院、长治市博物馆:《长治分水岭东周墓地》,北京:文物出版社,2010年,第370—376页。

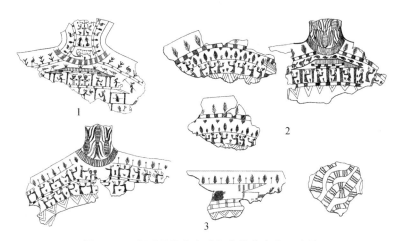

图4-28 山西长治分水岭部分墓葬出土匜残片

1. 标本M12：未编号；2. 标本M79：8；3. 标本M84：93

原始线图中标明为铜鉴,报告整理时发现其与铜鉴不是同一件器物,但无法考证为何种器物,暂列出,见图4-29[1]。同出铜刀为热锻。发掘者认为该墓葬的年代为战国中期[2]。

此外,M79出土铜匜1件,标本M79：8,见图4-28。残损严重。表面刻有纹饰[3]。发掘者认为该墓葬的年代不明[4]。

12. 河南陕县后川东周墓地

出土8件热锻薄壁青铜器,包括盘1件,匜5件和匕2件。器壁极薄,壁厚不及1毫米,口沿处略厚,约2毫米。

---

① 山西省考古研究所、山西博物院、长治市博物馆:《长治分水岭东周墓地》,北京:文物出版社,2010年,第287—289页。

② 山西省考古研究所、山西博物院、长治市博物馆:《长治分水岭东周墓地》,北京:文物出版社,2010年,第370—376页。

③ 山西省考古研究所、山西博物院、长治市博物馆:《长治分水岭东周墓地》,北京:文物出版社,2010年,第280页。

④ 山西省考古研究所、山西博物院、长治市博物馆:《长治分水岭东周墓地》,北京:文物出版社,2010年,第370—376页。

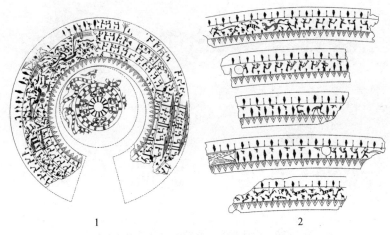

图4-29　山西长治分水岭M84

1.鉴（M84：7）；2.5件刻纹残片（与M84：7共号）

（1）M2040

盘　1件。标本M2040：76，敞口，口沿外折，上腹直壁，下腹折收成小平底，上腹部有两个对称环耳，铆接。内壁刻有图案。修复后，口径45厘米，高11.1厘米，见图4-30[①]。经科学检测，可知其为锡青铜热锻而成，含锡量13.50 wt%[②]。

（2）M2041

匜　1件。标本M2041：297，口呈椭圆形，浅腹，平底。口沿宽侧伸出一流，对侧腹壁上附有一活动环钮，内壁均刻有花纹。已残，大小尺寸难以复原[③]。

---

① 中国社会科学院考古研究所：《陕县东周秦汉墓》，北京：科学出版社，1994年，第61—63页。

② 李敏生：《陕县东周墓出土部分铜器的成分分析》，见中国社会科学院考古研究所：《陕县东周秦汉墓》，北京：科学出版社，1994年，第222—223页。

③ 中国社会科学院考古研究所：《陕县东周秦汉墓》，北京：科学出版社，1994年，第64—66页。

（3）M2042

匜　1件。标本M2042：8，形制与标本M2041：297相似。高10.5厘米，流宽22厘米，口长径25厘米，见图4-31[1]。经科学检测可知，其为锡铅青铜经热锻而成，含锡量12.77 wt%，含铅量2.04 wt%[2]。

（4）M2048

匜　1件。口呈椭圆形，浅腹，平底。素面，在流对侧附一环形錾。标本M2048：8，口长径18.9厘米[3]。

（5）M2121

匜　1件。标本M2121：56，形制与标本M2048：8相似。标本M2121：56已残，大小尺寸难以复原[4]。

（6）M2124

匕　1件。匕身似椭圆形叶状，匕面略内凹，扁平细长把。标本M2124：50，匕面、把面刻有纹饰，见图4-32。长23.7厘米，匕身径

图4-30　河南陕县后川M2040出土盘（M2040：76）

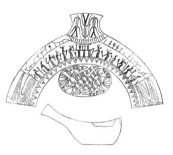

图4-31　河南陕县后川M2042出土匜（M2042：8）

---

① 中国社会科学院考古研究所：《陕县东周秦汉墓》，北京：科学出版社，1994年，第64—66页。

② 李敏生：《陕县东周墓出土部分铜器的成分分析》，见中国社会科学院考古研究所：《陕县东周秦汉墓》，北京：科学出版社，1994年，第222—223页。

③ 中国社会科学院考古研究所：《陕县东周秦汉墓》，北京：科学出版社，1994年，第64—66页。

④ 中国社会科学院考古研究所：《陕县东周秦汉墓》，北京：科学出版社，1994年，第64—66页。

3.95—7厘米,壁厚1毫米①。

（7）M2144

匜　1件。标本M2144：7,形制与标本M2041：297相似。高10厘米,流宽13.6厘米,口长径21.8厘米,见图4-33②。

匕　1件。标本M2144：8,形制与标本M2124：50相似。匕面刻有纹饰,因磨损难以辨别。长23.6厘米③。

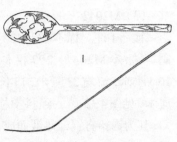

图4-32　河南陕县后川M2142出土匕(M2124：50)

发掘者认为这些墓葬的年代约为战国早期及稍晚④。

13.湖北荆州包山楚墓

（1）M2

确定为热锻薄壁青铜器的有缶和镰。

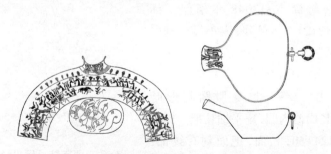

图4-33　河南陕县后川M2144出土匜(M2144：7)

---

① 中国社会科学院考古研究所:《陕县东周秦汉墓》,北京:科学出版社,1994年,第57—59页。

② 中国社会科学院考古研究所:《陕县东周秦汉墓》,北京:科学出版社,1994年,第64—66页。

③ 中国社会科学院考古研究所:《陕县东周秦汉墓》,北京:科学出版社,1994年,第57—59页。

④ 中国社会科学院考古研究所:《陕县东周秦汉墓》,北京:科学出版社,1994年,第111—112页。

迅缶 2件。盖弧形,顶
内凹,上有四个环钮。敛口,
斜肩,上腹鼓,底微凹,矮圈足。
肩部有对称铺首衔环。四钮和
铺首衔环分铸后再铸接。缶体
分为五段,分别锻打而成,各段
内表均保留有清晰的锻痕,它
们之间多以铸焊的方式连接,
其中两段之间为锻接的方式
连接。标本M2:426,口径24.5

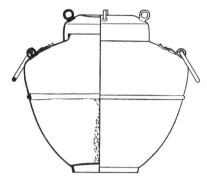

图4-34 湖北荆州包山M2出土迅缶
(M2:426)

厘米,腹径52厘米,通高50.2厘米,重16.5千克,见图4-34。标本
M2:419,尺寸、重量同M2:426[①]。

C形镈 44件。截面为C形,两端各钻两个小圆孔,它们长短
不一,但器壁较薄,表面鎏金。3件长9厘米,如标本M2:315-1。
2件长6.8厘米,如标本M2:315-4。3件长5.9厘米,如标本
M2:315-6。12件长3.9厘米,如标本M2:315-9。8件长2.6厘
米,如标本M2:315-21。8件长2.5厘米,如标本M2:315-29。8
件长1.9厘米,如标本M2:315-37。原报告对标本M2:315进行
了科学检测,表明其为锡青铜热锻而成,其中含锡量约9 wt%,还
含有少量铅[②]。

① a.湖北省荆沙铁路考古队:《包山楚墓》,北京:文物出版社,1991年,第107—
108页。
　b.李京华:《包山楚墓青铜器制作技术的初步考察》,见湖北省荆沙铁路考古队:
《包山楚墓》,北京:文物出版社,1991年,第431—436页。
② a.湖北省荆沙铁路考古队:《包山楚墓》,北京:文物出版社,1991年,第251—
252页。
　b.何堂坤:《包山楚墓金属器初步考察》,见湖北省荆沙铁路考古队:《包山楚墓》,
北京:文物出版社,1991年,第417—430页。

此外，M2还出土了一批疑似的薄壁青铜容器，包括铺首衔环匜1件（M2：125）、浅腹盒1件（M2：397）、深腹盒1件（M2：176）、圜底盘2件（M2：128、M2：388）和平底盘1件（M2：389），这些器物的壁厚数据虽未报道，但根据其照片、线图和重量信息，可知它们比相似尺寸大小的铸造青铜器更为轻薄[①]。

发掘者认为该墓葬的年代为战国中期晚段[②]。

（2）M4

热锻薄壁青铜器有平顶盒和细柄勺各1件。

平顶盒　1件。标本M4：25盒身器壁极薄，壁厚为0.4毫米。盖凸弧形，平顶，盖上等距离铸接三昂首的首钮，器身子口，扁圆腹最大径在上部，平底，矮圈足上腹部铸接两个对称的铺首衔环，盒底与圈足以铸焊的方式连接。盖面线刻三周绹纹，期间各饰两组相背对称线刻变形龙纹。口径21.8厘米，通高16.4厘米，重1.05千克，见图4-35。原报告对其进行科学检测，表明其盒身为锡青铜热锻而成，含锡量约9 wt%，几乎不含铅[③]。

细柄勺　1件。标本M4：19的勺身为铸造而成，柄则由极薄的铜片卷制而成，两者以铸焊的方式连接。勺口径7.2厘米，柄残长37.5厘米，见图4-35。原报告对其器柄进行科学检测，表明其

①　湖北省荆沙铁路考古队：《包山楚墓》，北京：文物出版社，1991年，第108—110页。

②　湖北省荆沙铁路考古队：《包山楚墓》，北京：文物出版社，1991年，第330—333页。

③　a. 湖北省荆沙铁路考古队：《包山楚墓》，北京：文物出版社，1991年，第289、294—295页。

b. 何堂坤：《包山楚墓金属器初步考察》，见湖北省荆沙铁路考古队：《包山楚墓》，北京：文物出版社，1991年，第417—430页。

c. 李京华：《包山楚墓青铜器制作技术的初步考察》，见湖北省荆沙铁路考古队：《包山楚墓》，北京：文物出版社，1991年，第431—436页。

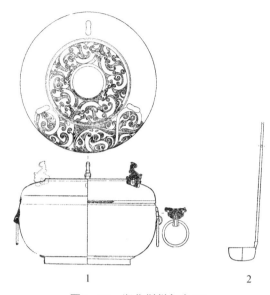

图4-35　湖北荆州包山 M4

1. 平顶盒（M4∶25）; 2. 细柄勺（M4∶19）

为锡青铜热锻而成, 含锡量约 16 wt%, 几乎不含铅[1]。

发掘者认为该墓葬的年代为战国晚期早段[2]。

（3）M5

热锻薄壁青铜器有匜和盘各1件。

匜　1件。标本 M5∶7, 平面呈椭圆形。流微上翘, 弧壁, 平底, 无铺首衔环。素面。器壁极薄。流长4.4厘米, 腹深6.4厘米,

---

① 　a.湖北省荆沙铁路考古队:《包山楚墓》,北京: 文物出版社,1991年,第289页。

b. 何堂坤:《包山楚墓金属器初步考察》,见湖北省荆沙铁路考古队:《包山楚墓》,北京: 文物出版社,1991年,第417—430页。

c. 李京华:《包山楚墓青铜器制作技术的初步考察》,见湖北省荆沙铁路考古队:《包山楚墓》,北京: 文物出版社,1991年,第431—436页。

② 　湖北省荆沙铁路考古队:《包山楚墓》,北京: 文物出版社,1991年,第333—334页。

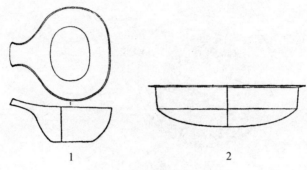

图4-36　湖北荆州包山M5

1. 匜(M5∶7); 2. 盘(M5∶2)

重170克,见图4-36。

盘　1件。标本M5∶2,宽沿外折,沿面微内斜。直壁微内收,
圜底。素面。口径36.6厘米,通高9.4厘米,器壁最薄处1毫米,重
750克,见图4-36[①]。

发掘者认为该墓葬的年代为战国晚期早段[②]。

14. 云南昆明羊甫头墓地

(1) M19

出土热锻薄壁青铜铠甲片较多,包括盔甲、颈甲、胸甲、腿甲和
小甲片。

盔甲出土时因器壁薄已碎成圆形薄铜碎片,散落于2件鼓形
头盔钮(M19∶89和M19∶109)四周。钮高约5.9—6.8厘米。

颈甲　1件。标本M19∶156-3,由整片极薄的铜片弯曲定形
而成,重合处见两穿孔。合缝后内径约15.2厘米,见图4-37。

---

① 湖北省荆沙铁路考古队:《包山楚墓》,北京:文物出版社,1991年,第320—
321页。
② 湖北省荆沙铁路考古队:《包山楚墓》,北京:文物出版社,1991年,第333—
334页。

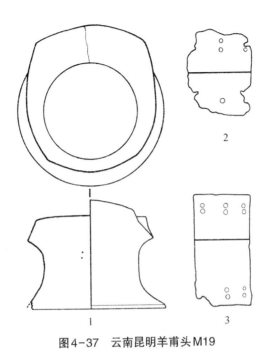

图4-37 云南昆明羊甫头M19

1. 颈甲（M19∶156-3）; 2. 甲片（M19∶103-2）; 3. 甲片（M19∶173-2）

　　胸甲　5件。长方弧形薄铜片，器形较大，两侧见穿孔，个别见刻纹。标本有M19∶154、M19∶163-1、M19∶163-2、M19∶163-3和M19∶173-1，较完整的大片尺寸为长28厘米，宽17.5厘米，见图4-38。

　　腿甲　3件。由整片极薄的铜片弯曲定形为环筒状，见穿孔。标本有M19∶157、M19∶163-4、M19∶163-5，长约30厘米，见图4-39。

　　甲片　数千片。一般呈长方形，见成组穿孔，推测为缀连之用。标本有M19∶103-2、M19∶173-2，长约4.3厘米，宽约2.7厘米，见图4-37。

　　马颈甲　为条形弯曲长片，数量较多，因器形较大，推测为马

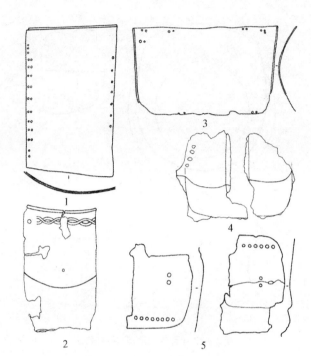

图4-38　云南昆明羊甫头M19出土胸甲

1. 标本M19：154；2. 标本M19：173-1；3. 标本M19：163-1；
4. 标本M19：163-2；5. 标本M19：163-3

颈甲，标本有M19：181，见图4-39[①]。

　　李晓岑等人对其中2件甲片（1件标本编号M19：181，另1件未编号）进行了科学检测，结果表明它们均为锡青铜热锻而成，标本M19：181含锡量14.5 wt%，未编号标本含锡量12.9 wt%[②]。发掘

---

　　①　云南省文物考古研究所、昆明市博物馆、官渡区博物馆：《昆明羊甫头墓地》，北京：科学出版社，2005年，第135、137—139页。
　　②　李晓岑、韩汝玢、杨帆：《昆明羊甫头出土金属器的初步研究》，见云南省文物考古研究所、昆明市博物馆、官渡区博物馆：《昆明羊甫头墓地》，北京：科学出版社，2005年，第996—1009页。

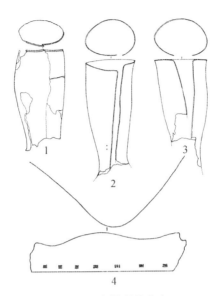

图4-39 云南昆明羊甫头M19

1. 腿甲（M19：157）；2. 腿甲（M19：163-4）；3. 腿甲（M19：163-5）；
4. 马颈甲（M19：181）

者认为该墓葬的年代约为战国中期,棹木的[14]C测年经树轮校正为公元前756—前400年[①]。

（2）M101

出土的热锻薄壁青铜器包括甲片、臂甲和胸甲片。

甲片 2件。标本M101：48和M101：54,残,为弧形薄铜片,见穿孔,见图4-40。

臂甲 1件。标本M101：51-1,残,为弧形薄铜片,见图4-40。

---

① 云南省文物考古研究所、昆明市博物馆、官渡区博物馆:《昆明羊甫头墓地》,北京:科学出版社,2005年,第713—715页。

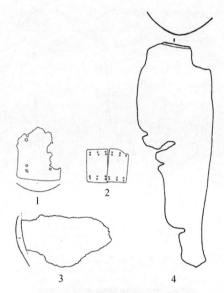

图4-40　云南昆明羊甫头M101

1. 甲片（M101：48）；2. 胸甲（M101：51-2）；3. 甲片（M101：54）；
4. 臂甲（M101：51-1）

胸甲片，若干片，为长方形薄片，见成组穿孔，推测为缀连之用，标本有M101：51-2（见图4-40）和M101：58[①]。

李晓岑等人对其中1件甲片（M101：51）进行了科学检测，结果表明其为锡青铜热锻后又经冷加工而成，含锡量16.8 wt%[②]。发掘者认为该墓葬的年代约为战国中期，晚于M19[③]。

---

① 云南省文物考古研究所、昆明市博物馆、官渡区博物馆：《昆明羊甫头墓地》，北京：科学出版社，2005年，第274、276页。

② 李晓岑、韩汝玢、杨帆：《昆明羊甫头出土金属器的初步研究》，见云南省文物考古研究所、昆明市博物馆、官渡区博物馆：《昆明羊甫头墓地》，北京：科学出版社，2005年，第996—1009页。

③ 云南省文物考古研究所、昆明市博物馆、官渡区博物馆：《昆明羊甫头墓地》，北京：科学出版社，2005年，第713—715页。

（3）M299

出土臂甲1件，标本M299∶7，已残，形状难辨[1]。发掘者认为M299的年代约为战国中期[2]。

15. 贵州赫章可乐墓地

（1）M298

洗　1件。标本M298∶1，无铺首衔环，外口径33.6—34.8厘米，沿宽2.05厘米，高7.2厘米，壁厚0.5毫米，见图4-41[3]。出土时垫于死者头下。经科学检测可知，其为锡青铜热锻而成，含锡量为15.9 wt%[4]。发掘者认为该墓葬的年代约为战国早期至战国中期[5]。

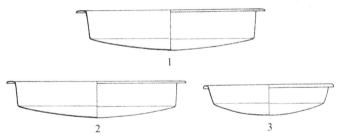

图4-41　贵州赫章可乐墓地出土洗
1. 标本M298∶1; 2. 标本M296∶1; 3. 标本M342∶50

① 云南省文物考古研究所、昆明市博物馆、官渡区博物馆:《昆明羊甫头墓地》，北京:科学出版社，2005年，第400页。
② 云南省文物考古研究所、昆明市博物馆、官渡区博物馆:《昆明羊甫头墓地》，北京:科学出版社，2005年，第713—715页。
③ 贵州省文物考古研究所:《赫章可乐2000年发掘报告》，北京:文物出版社，2008年，第307—308页。
④ 赵凤杰、李晓岑、张元:《贵州可乐墓地出土铜器的技术研究》，《中国文物科学研究》2012年第3期。
⑤ 贵州省文物考古研究所:《赫章可乐2000年发掘报告》，北京:文物出版社，2008年，第126—127页。

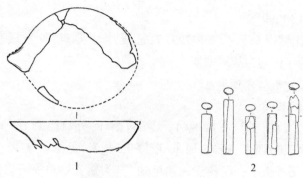

图4-42　贵州赫章可乐墓地

1. 匜（M330:1）; 2. 管饰（M325:4）

（2）M330

匜　1件。标本M330:1，残损严重，器壁薄且均匀，口长径约14厘米，短径约10厘米，残高3厘米，壁厚0.5毫米，见图4-42[1]。经科学检测可知，其为铅锡青铜热锻而成，含锡量为19 wt%，含铅量为5.2 wt%[2]。发掘者认为该墓葬的年代约为战国晚期[3]。

（3）M325

管饰　1套。标本M325:4，共六段，由铜皮卷制而成，截面为椭圆形，接口处平叠，未见卷扣。管外径0.9—0.95厘米，短径0.6厘米，管长分别为3.5、4.9、3.4、3.7、3.7、2.45厘米，见图4-42[4]。推测热锻而成的可能性较大。发掘者认为该墓葬的年代

---

① 贵州省文物考古研究所:《赫章可乐2000年发掘报告》,北京:文物出版社,2008年,第335、337页。

② 赵凤杰、李晓岑、张元:《贵州可乐墓地出土铜器的技术研究》,《中国文物科学研究》2012年第3期。

③ 贵州省文物考古研究所:《赫章可乐2000年发掘报告》,北京:文物出版社,2008年,第126—127页。

④ 贵州省文物考古研究所:《赫章可乐2000年发掘报告》,北京:文物出版社,2008年,第334、336页。

约为战国晚期[①]。

（4）M296

洗　1件。标本M296：1，无铺首衔环。口外径36—36.5厘米，沿宽1.9厘米，高约7.2厘米，壁厚1毫米，见图4-41[②]。出土时平扣于死者头部。发掘者认为该墓葬的年代约为战国晚期[③]。

（5）M273

洗　3件。标本M273：2腹外壁见一对以大铆钉铆接固定的铺首衔环。口外径42—42.5厘米，沿宽1.8厘米，高8.4厘米，壁厚1毫米。出土时平垫于死者足下。标本M273：3和M273：4无铺首衔环。标本M273：3，口外径30厘米，沿宽1.3—1.45厘米，残高5.5厘米，壁厚0.5毫米。出土时平垫于死者右肩下。标本M273：4，口外径31厘米，沿宽1.45厘米，高8厘米，壁厚0.5—1毫米。出土时位于死者左肩旁。这3件洗见图4-43[④]。赵凤杰等人对这三件标本取样后的科学检测结果表明，它们均为热锻而成，标本M273：2和M273：4为锡铅青铜，含锡量分别为15.4 wt%和15 wt%，含铅量分别为7.3 wt%和4.8 wt%，标本M273：3为锡青铜，含锡量17.9 wt%，含铅量仅1.7 wt%[⑤]。而刘煜等人对标本M273：3取样后的科学检测结果表明，其仍为铸造组织，含锡量为

---

①　贵州省文物考古研究所：《赫章可乐2000年发掘报告》，北京：文物出版社，2008年，第126—127页。

②　贵州省文物考古研究所：《赫章可乐2000年发掘报告》，北京：文物出版社，2008年，第304—306页。

③　贵州省文物考古研究所：《赫章可乐2000年发掘报告》，北京：文物出版社，2008年，第126—127页。

④　贵州省文物考古研究所：《赫章可乐2000年发掘报告》，北京：文物出版社，2008年，第281—283页。

⑤　赵凤杰、李晓岑、张元：《贵州可乐墓地出土铜器的技术研究》，《中国文物科学研究》2012年第3期。

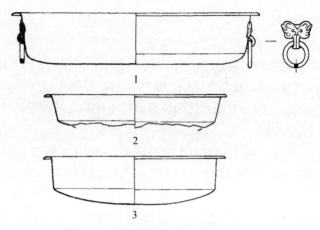

图4-43　贵州赫章可乐M273出土洗

1. 标本M273：2；2. 标本M273：3；3. 标本M273：4

14.23 wt%，含铅量为7.35 wt%[1]。发掘者认为该墓葬的年代约为战国末期至西汉前期[2]。

（6）M274

洗　4件。标本M274：1、M274：4和M274：6腹外壁见一对以大铆钉铆接固定的铺首衔环。标本M274：1，口外径38—38.4厘米，沿宽1.55厘米，高8.6—8.9厘米，壁厚0.5—1毫米。出土时位于死者左臂部。标本M274：4，口外径23.5厘米，沿宽1.2厘米，壁厚0.5—1毫米。出土时与M274：2并列覆于死者右臂上。标本M274：6，口外径30.5—31厘米，沿宽1.3厘米，高6.7厘米，壁厚0.6—0.8毫米。出土时平扣于死者头部。标本M274：2，无铺首衔

---

① 刘煜、贾莹：《赫章可乐墓地出土青铜器的检测分析》，见贵州省文物考古研究所：《赫章可乐2000年发掘报告》，北京：文物出版社，2008年，第182—194页。

② 贵州省文物考古研究所：《赫章可乐2000年发掘报告》，北京：文物出版社，2008年，第126—127页。

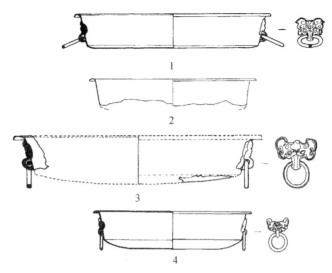

图4-44 贵州赫章可乐M274出土洗

1. 标本M274：1；2. 标本M274：2；3. 标本M274：4；4. 标本M274：6

环，口外径30.8厘米，沿宽1.4厘米，高8.55厘米，壁厚0.6—1毫米。出土时与M274：4并列覆于死者右臂上。这4件洗见图4-44[①]。其中，标本M274：6经科学检测证实为锡铅青铜热锻而成，含锡量为14.3 wt%，含铅量为8.6 wt%。值得注意的是器壁厚度仅为0.6—1毫米的标本M274：2经科学检测证实为锡铅青铜铸造而成，局部见受热均匀化组织，含锡量为14.4 wt%，含铅量为5 wt%[②]。发掘者认为该墓葬的年代约为战国末期至西汉前期[③]。

① 贵州省文物考古研究所：《赫章可乐2000年发掘报告》，北京：文物出版社，2008年，第284—286页。

② 赵凤杰、李晓岑、张元：《贵州可乐墓地出土铜器的技术研究》，《中国文物科学研究》2012年第3期。

③ 贵州省文物考古研究所：《赫章可乐2000年发掘报告》，北京：文物出版社，2008年，第126—127页。

（7）M342

洗　1件。标本M342：50，原报告未报道器壁厚度，但据线图及发现位置推测应与其他热锻薄壁青铜洗相似，见图4-41[1]。发掘者认为该墓葬的年代约为战国末期至西汉前期[2]。

16. 河南洛阳西郊M4

出土二枝形器4件，器壁薄，其中标本M4：6经科学检测证实为锡铅青铜热锻后又经冷加工而成，含锡量15.5 wt%，含铅量8.7 wt%。发掘者认为该墓葬的年代约为战国中期[3]。

17. 辽宁建昌东大杖子墓地

M11出土热锻薄壁青铜匜和洗各1件。

匜　1件。标本M11：2，器口平视呈瓢形，一侧有槽状流，流歪向一边且上翘，另一侧有一兽面铺首衔环，铺首处壁加厚，口、底均为椭圆形。内壁刻划有图案，流底刻有三条大鱼，两向外一向内，鱼须较长，鱼鳍后扬，尾鳍宽大。流与内壁分界处刻一条短波浪线纹组成的横向带饰。内壁刻纹除流下方外均不清晰，横向纹带下方有一座双层建筑，包括竖线填充的房顶、斜线填充的立柱以及网格纹填充的屏风（门扇），屋顶部还刻有三齿叉状物和鸟形饰，立柱上以斗拱承托梁架。建筑第一层面阔五间，每间两或三人，共十一人；第二层面阔三间，左侧一间有三人，中间一间有摆放祭品的案桌，右侧一间有四人，共有七人。所有人物体态一致，

---

[1]　贵州省文物考古研究所：《赫章可乐2000年发掘报告》，北京：文物出版社，2008年，第351、353页。

[2]　贵州省文物考古研究所：《赫章可乐2000年发掘报告》，北京：文物出版社，2008年，第126—127页。

[3]　a. 洛阳市文物工作队：《洛阳西郊四号墓发掘简报》，见《文物资料丛刊》第9辑，北京：文物出版社，1985年。

b. 袁晓红：《洛阳东周王城四号墓出土部分青铜器的金相分析》，《文物》2011年第8期。

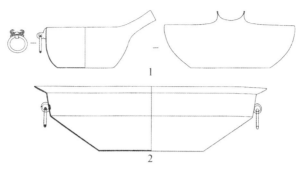

图4-45　辽宁建昌东大杖子M11

1.匜（M11：2）; 2.洗（M11：3）

均高冠,手持一炬形物,弓身面向中间。建筑之下有一道连续多重锯齿纹组成的弧形纹带。口径28.3×15.8厘米,底径17×12厘米,高（流处）11.7厘米,壁厚1.5—3毫米,见图4-45。

洗　1件。标本M11：3,展沿,折腹,平底,折腹上有对称铺首衔环,铺首与内壁交接处有铆钉痕迹。口径51.3厘米,沿宽2.4厘米,底径22.6厘米,高13.9厘米。耳外径1.7厘米,截面宽0.7厘米,壁厚3毫米。衔环外径4.2厘米,截面直径0.5厘米,见图4-45[1]。

另据报道M45也出土了匜和洗各1件,内壁见刻纹。

这4件容器,除口沿处较厚外,器壁极薄,均不足1毫米,最薄处约为0.5毫米。经科学检测可知,它们均为锡铅青铜热锻加工而成,平均含锡量13—14 wt%,平均含铅量4—10 wt%[2]。

发掘者认为M11和M45的年代约为战国早期或稍晚[3]。

---

①　辽宁省文物考古研究所、葫芦岛市博物馆、建昌县文物局:《辽宁建昌东大杖子墓地2000年发掘简报》,《文物》2015年第11期。

②　王贺、柏艺萌、肖俊涛:《辽宁建昌东大杖子墓地出土薄壁铜容器的检测与分析》,《边疆考古研究》2015年第2期。

③　辽宁省文物考古研究所、葫芦岛市博物馆、建昌县文物局:《辽宁建昌东大杖子墓地2000年发掘简报》,《文物》2015年第11期。

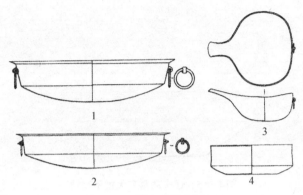

图4-46　湖北荆州左冢M1

1. 盘（M1N：3）；2. 盘（M1W：3）；3. 匜（M1N：4）；盒（M1E：33）

18. 湖北荆州左冢

（1）M1

出土的热锻薄壁青铜器包括盘2件，匜1件和盒1件。

盘　2件。形制相同。宽折沿，沿面微上仰，上腹壁直，折腹，圜底。腹壁上铸接两个对称的鼻钮衔环，薄胎，素面。标本M1N：3，高10.8厘米，口径44.8厘米，见图4-46。标本M1W：3，高9厘米，口径41.8厘米，见图4-46。

匜　1件。标本M1N：4，平面呈椭圆形，弧腹，圜底。一侧带一凹形长流，流口上翘。另一侧的腹上部铸接一鼻钮衔环，环截面呈椭圆形。器胎极薄，素面。高8.6厘米，椭圆形长径9.6厘米，见图4-46。

盒　1件。标本M1E：33，仅存器身，盖已被盗。直口，直腹微内弧，中腹折，下腹内收，平底，素面。高7.6厘米，口径22厘米，底径14厘米，见图4-46①。

①　湖北省文物考古研究所、荆门市博物馆、襄荆高速公路考古队：《荆门左冢楚墓》，北京：文物出版社，2006年，第46—48页。另注：原报告中铜盘M1W：3高和口径的数据互混。

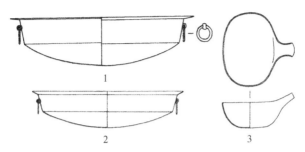

图4-47 湖北荆州左冢M2和M3

1. 盘（M2：7）; 2. 盘（M3：1）; 3. 匜（M3：9）

其中，盘标本M1N：3，壁厚约0.6—0.7毫米，经科学检测证实为锡铅青铜热锻而成，含锡量21.61 wt%，含铅量4.14 wt%[①]。

（2）M2

盘 1件。标本M2：7，宽平沿微上扬，折腹，腹壁内斜直，圜底，腹壁上铸接两个对称的鼻钮衔环。素面。复原后，高12厘米，口径48厘米，见图4-47[②]。其壁厚约0.6—0.7毫米，经科学检测，证实为锡铅青铜热锻而成，含锡量19.04 wt%，含铅量2.60 wt%[③]。

（3）M3

出土热锻薄壁青铜器有盘和匜各1件。

---

① a. 罗武干、秦颖、黄凤春等：《左冢楚墓群出土金属器研究》，见湖北省文物考古研究所、荆门市博物馆、襄荆高速公路考古队：《荆门左冢楚墓》，北京：文物出版社，2006年，第242—251页。

b. 秦颖、李世彩、晏德付等：《湖北及安徽出土东周至秦汉时期热锻青铜容器的科学分析》，《文物》2015年第7期。

② 湖北省文物考古研究所、荆门市博物馆、襄荆高速公路考古队：《荆门左冢楚墓》，北京：文物出版社，2006年，第153页。

③ a. 罗武干、秦颖、黄凤春等：《左冢楚墓群出土金属器研究》，见湖北省文物考古研究所、荆门市博物馆、襄荆高速公路考古队：《荆门左冢楚墓》，北京：文物出版社，2006年，第242—251页。

b. 秦颖、李世彩、晏德付等：《湖北及安徽出土东周至秦汉时期热锻青铜容器的科学分析》，《文物》2015年第7期。

盘　1件。标本M3：1,斜折沿,内斜直壁,折腹,圈底,腹壁上铸接两个对称的鼻钮衔环。薄胎。素面。复原后,高10厘米,口径43厘米,见图4-47。

匜　1件。标本M3：9,平面呈椭圆形,弧腹内收,底近平。一侧带一凹形长流,流口上翘。薄胎。素面。高9.8厘米,椭圆形长径20厘米,宽径14.4厘米,见图4-47[①]。

经科学检测可知,标本M3：1和M3：9均为锡铅青铜热锻而成,标本M3：1壁厚0.5毫米,含锡量17.05 wt%,含铅量5.81 wt%,标本M3：9壁厚0.6毫米,含锡量25.02 wt%,含铅量7.12 wt%[②]。

发掘者认为这三座墓葬的年代为战国中期晚段[③]。

19. 山东新泰周家庄墓地M32

盘　1件。标本M32：1(科学检测的标本编号为7088)。方唇,浅盘,平底。上腹部有两环形衔耳,器薄质差,残破严重[④]。经检测为锡青铜热锻而成,含锡量13.95 wt%[⑤]。另M1出土薄壁青铜饰片的碎片若干,最厚处仅0.1毫米,表面呈金黄色,被认为有“鎏金层”。经科学分析其为锡青铜热锻而成,含锡量达到14 wt%,而表面并未鎏金[⑥]。

---

①　湖北省文物考古研究所、荆门市博物馆、襄荆高速公路考古队:《荆门左冢楚墓》,北京:文物出版社,2006年,第171—172页。

②　a. 罗武干、秦颍、黄凤春:《左冢楚墓群出土金属器研究》,见湖北省文物考古研究所、荆门市博物馆、襄荆高速公路考古队:《荆门左冢楚墓》,北京:文物出版社,2006年,第242—251页。

b. 秦颍、李世彩、晏德付等:《湖北及安徽出土东周至秦汉时期热锻青铜容器的科学分析》,《文物》2015年第7期。

③　湖北省文物考古研究所、荆门市博物馆、襄荆高速公路考古队:《荆门左冢楚墓》,北京:文物出版社,2006年,第191—193页。

④　山东省文物考古研究所、新泰市博物馆:《新泰周家庄东周墓地》,北京:文物出版社,2014年,第229页。

⑤　李延祥、李建西、李秀辉等:《金属器分析》,见山东省文物考古研究所、新泰市博物馆:《新泰周家庄东周墓地》,北京:文物出版社,2014年,第490—513页。

⑥　丁忠明、吴来明、刘延常:《青铜制作技术分析》,见山东省文物考古研究所、新泰市博物馆:《新泰周家庄东周墓地》,北京:文物出版社,2014年,第514—523页。

发掘者认为该墓葬的年代为战国中期[1]。

值得注意的是,该墓地出土的青铜礼器大多很薄,最薄的礼器壁厚仅约0.3毫米,且壁厚0.5毫米左右的青铜鼎上布满了精美的纹饰,通过金相观察这些薄壁青铜器多为铸造而成,如李延祥等人对2件匜、8件舟和7件盘进行科学检测,仅1件盘为热锻而成[2]。研究者认为这种薄壁技术采用了分布密集且细小的金属芯撑[3]。

20. 湖南常德沅水下游楚墓

天平盘　12件。形制基本相同,大小各异。均作圜底浅盘状,胎薄,口部一般为对称的四个穿绳小圆孔,个别有五孔。标本M268:13,直径3.6厘米,高0.7厘米,见图4-48。标本M268:14,盘较M268:13大而深,直径3.9厘米,高1厘米,见图4-48。标本M303:25和M303:26,形制大小一致,直径3.3厘米,高0.8厘米,见图4-48。标本M1493:16,1套4件,大小略有差异,标本M1493:16-1,直径4厘米,高0.7厘米。M1452:31,2件,形制大小相同。口径7.5厘米,高1.4厘米。另M269也出土2件,但未明确报道[4]。其中标本M303:25经检测为锡铅青铜热锻而成,含锡量17.12 wt%,含铅量2.07 wt%[5]。

发掘者认为M268年代为战国中期后段,其他出土天平盘的

─────────────

[1]　山东省文物考古研究所、新泰市博物馆:《新泰周家庄东周墓地》,北京:文物出版社,2014年,第475—477页。

[2]　李延祥、李建西、李秀辉等:《金属器分析》,见山东省文物考古研究所、新泰市博物馆:《新泰周家庄东周墓地》,北京:文物出版社,2014年,第490—513页。

[3]　丁忠明、吴来明、刘延常:《青铜制作技术分析》,见山东省文物考古研究所、新泰市博物馆:《新泰周家庄东周墓地》,北京:文物出版社,2014年,第514—523页。

[4]　湖南省常德市文物局、常德博物馆、鼎城区文物管理处等:《沅水下游楚墓》,北京:文物出版社,2010年,第666—667页。另注:墓地出土天平盘的总数量为12件,由每座墓所出数量累加所得,与原报告所统计的总数量为11件有所区别。

[5]　湖南省常德市文物局、常德博物馆、鼎城区文物管理处等:《沅水下游楚墓》,北京:文物出版社,2010年,第795—804页。

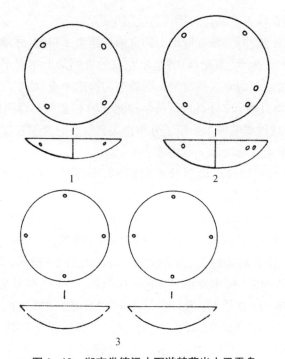

图4-48　湖南常德沅水下游楚墓出土天平盘

1. 标本 M 268∶13；2. 标本 M268∶14；3. 标本 M303∶26

墓葬其年代均为战国晚期早段[1]。

21. 湖北丹江口吉家院墓地

该墓地出土了一批战国中晚期青铜器。虽然吉家院墓地的全部资料尚未完全公布[2]，但经科学检测后发现其中有12件热锻薄壁青铜容器，包括鼎2件（JJY10、JJY11）、簠2件（JJY16、JJY18）、

①　湖南省常德市文物局、常德博物馆、鼎城区文物管理处等：《沅水下游楚墓》，北京：文物出版社，2010年，第767—773页。

②　目前公布的吉家院墓地发掘材料仅见：湖北省文物考古研究所、十堰市博物馆、丹江口市博物馆：《湖北丹江口市吉家院墓地的清理》，《考古》2000年第8期。

焦壶1件（JJY20）、壶盖1件（JJY2）、盘 4 件（JJY7、JJY9、JJY13、JJY15）、匜 1 件（JJY14）和豆底座1件（JJY5）。器物标本横截面的金相照片显示其壁厚较薄,并为热锻而成,其中壶盖（JJY2）、豆底座（JJY5）和3件盘（JJY7、JJY9、JJY13）热锻后还经过了冷加工[①]。

22. 湖北襄阳陈坡M10

出土的热锻薄壁青铜器有盒、缶、盘、匜、斗和匕。

盒　6件。按照形制可分为3种,平底盒2件,形制相同,大小略异。盖和器身为锻造,钮为浇铸,然后在器身上凿孔与器钮浇铸于一体。器形较大,锻打得较均匀光滑,器壁薄,系实用器。子母口承盖,圆弧盖,缘部有三个环形立钮。子口内敛,口沿外两侧有对称的套环钮,上腹圆鼓,下腹微弧内收,平底。素面。标本M10E∶35,口径37厘米,腹径38.6厘米,底径23厘米,通高23厘米。深腹盒2件,形制相同,大小相近。盖和器身为锻造,锻打得较均匀光滑,器壁较薄,系实用器。器盖略大于器口,口略敛,深腹,上腹较直,下腹圆弧内收,圈底较平。素面,见图4-49。标本M10S∶84,口径18厘米,通高8.2厘米,见图4-49。浅腹盒2件,形制相同,大小略异。盖和器身为锻造,锻打得较均匀光滑,器壁较薄,系实用器,由盖与器身扣合而成。盖为平顶弧缘,盖口外折。沿下垂成子口与器口套合。盒口微敛,浅腹,腹壁弧内收,圈底较平。素面。标本M10S∶71,口径19.6厘米,通高5.5厘米,见图4-49[②]。其中,标本M10E∶35经科学检测证实为锡青铜热锻而成,

---

①　a.戎岩、廖华军、罗武干等:《吉家院墓地出土铜器金相考察》,《咸阳师范学院学报》2013年第5期。

b.廖华军:《吉家院墓地出土青铜器的初步研究》,北京:中国科学院研究生院硕士学位论文,2008年。

②　湖北省文物考古研究所、襄阳市文物考古研究所、襄阳市襄州区文物管理处:《襄阳陈坡》,北京:科学出版社,2013年,第168—169页。

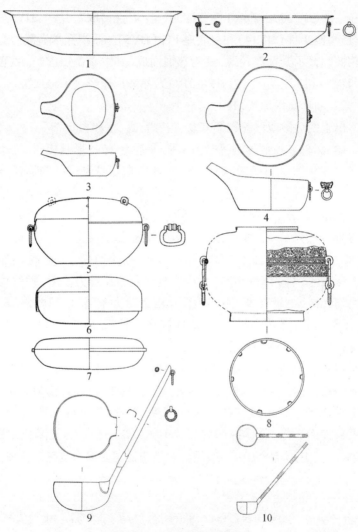

图4-49　湖北襄阳陈坡M10

1.盘（M10S：77）；2.盘（M10S：98）；3.匜（M10S：78）；4.匜（M10S：93）；
5.盒（M10E：35）；6.盒（M10S：84）；7.盒（M10S：71）；8.缶（M10S：56）；
9.斗（M10S：87）；10.斗（M10S：86）

后经冷加工,含锡量12.8 wt%[①]。

缶　1件。标本M10S∶56,器壁较薄,残破较甚,可复原。整器是锻造与铸造相结合制造而成。器身分上、下两部分锻制(内壁有明显的锻击痕),中部铸一圆形凸箍将上、下两部分经铸焊连接为一体。口部铸一个与口同大的圆圈形凹槽,剖面呈"Π"形,然后插入口沿壁内与之扣合。器身与器底铸接,圈足分铸,与器底铸焊于一体,圈足上有七个铸焊疤痕。小直口,平沿,矮直颈,圆广肩,扁圆形大鼓腹,平底,矮圈足。腹部两侧铸有对称的双环钮,钮中套有活动的龙形提链环,龙体弯曲,两侧龙嘴各衔一环,两前爪相连成环。肩部与上腹部刻划有细密的勾连云纹,下腹刻划有几何勾连云纹、圆圈纹和绚纹,凸棱上铸饰几何形云纹、星点纹,提链上铸饰菱形纹、卷云纹、龙体状卷云纹、星点纹、鳞片纹。口径26厘米,腹径52厘米,足径31.2厘米,高38厘米,见图4-49[②]。

盘　2件。锻制,标本M10S∶98,折腹,平底,器身两侧凿有装钮的卯孔,环钮铸制,插入卯孔,然后浇入铜液铆接于一体。盘体较大。敞口,仰折沿,口沿下两侧有对称的套环钮,折腹,腹壁斜直内收,平底微凹。钮铆上饰有连弧纹。素面。口径46厘米,底径26.4厘米,高9.8厘米,见图4-49。标本M10S∶77,折腹,圜底,器表平整,转折处皆圆滑。敞口,仰折沿,深腹,上腹斜直,下腹圆折

　　① 　a.孟祥伟、孙淑云、梅建军:《湖北襄阳陈坡M10出土金属器检测报告》,见湖北省文物考古研究所、襄阳市文物考古研究所、襄阳市襄州区文物管理处:《襄阳陈坡》,北京:科学出版社,2013年,第402—415页。

　　b.孟祥伟、梅建军、董亚巍等:《湖北襄阳陈坡M10出土金属器检测报告》,见湖北省文物考古研究所、襄阳市文物考古研究所、襄阳市襄州区文物管理处:《襄阳陈坡》,北京:科学出版社,2013年,第415—428页。

　　② 湖北省文物考古研究所、襄阳市文物考古研究所、襄阳市襄州区文物管理处:《襄阳陈坡》,北京:科学出版社,2013年,第172、174—176页。

内收呈圜底。素面。口径32厘米,高7.6厘米,见图4-49[①]。

匜　2件。形制相同,大小有异。锻打,系实用器。铺首和环为铸制,铆接于器身之上。标本M10S:78,俯视呈椭圆形,口微敛,深腹,腹壁微鼓,平底,前有敞口流,流较窄长,略上翘,后有兽面衔环铺首。素面。通长33.2厘米,宽27.8厘米,腹深9.3厘米,高10.8厘米,见图4-49。标本M10S:93,形体较小,俯视呈椭圆形,流口上翘较甚,大平底。素面。通长24.6厘米,宽22.6厘米,腹深6.7厘米,高10.8厘米,见图4-49[②]。

斗　2件。斗口俯视呈圆形,标本M10S:86,直口,平沿略内斜,直腹,圜底,一侧有圆筒形短柄,续以卷制的扁圆形铜管柄,柄内中空有缝。柄上饰有四组锤印小乳钉纹。口径6.8—7厘米,腹深4厘米,柄长24.8厘米,柄径0.9—1厘米,见图4-49。标本M10S:87,器形较大,敛口,平沿内斜,圆鼓腹,圜底,一侧有凹槽形长柄,截面呈"∪"形,末端为圆弧形,有铆接的套环钮。铆上饰有卷云纹,环上饰卷云纹。口沿和柄部均有补铸疤痕。口径17.5—19.2厘米,腹深8.8厘米,柄长40.3厘米,柄宽3厘米,见图4-49[③]。经科学检测可知,标本M10S:86的斗部和柄部均为青铜热锻而成,并经过冷加工,斗部为锡青铜,含锡量16.42 wt%,柄部为锡铅青铜,含锡量25.29 wt%,含铅量8.87 wt%[④]。

---

① 湖北省文物考古研究所、襄阳市文物考古研究所、襄阳市襄州区文物管理处:《襄阳陈坡》,北京:科学出版社,2013年,第189—190页。

② 湖北省文物考古研究所、襄阳市文物考古研究所、襄阳市襄州区文物管理处:《襄阳陈坡》,北京:科学出版社,2013年,第189—191页。

③ 湖北省文物考古研究所、襄阳市文物考古研究所、襄阳市襄州区文物管理处:《襄阳陈坡》,北京:科学出版社,2013年,第192—193页。

④ 南普恒、秦颍、韩楚文:《湖北襄阳陈坡M10出土青铜器合金技术及金相组织研究》,见湖北省文物考古研究所、襄阳市文物考古研究所、襄阳市襄州区文物管理处:《襄阳陈坡》,北京:科学出版社,2013年,第378—394页。

匕　1件。标本M10E：36，残甚。匕呈椭圆形，长条形柄[①]。经科学检测可知，其为锡铅青铜热锻而成，并经过冷加工，含锡量27.40 wt%，含铅量2.63 wt%[②]。

此外，孟祥伟等人发现2件出土于东室的铜礼器残片也为锡铅青铜热锻而成[③]。

值得注意的是，南普恒等人发现铜鉴（M10S：50）腹部基体为锡青铜热锻组织[④]。但在原报告中，对于该器物制作工艺的描述为："整器由三块壁范和一块圆形底范、两块内范（器身和圈足各一块）相合铸成，浇、冒口设在圈足沿。耳二范、环一范，分铸，然后套环插入器身预留的凸榫，再浇灌铅锡焊于一体。"并且"口沿、耳及圈足内残存有范芯泥"[⑤]。

发掘者认为该墓葬的年代为战国晚期[⑥]。

23. 四川荥经同心船棺葬

M21A出土盆1件，标本M21-A：12，已残，敛口外折呈平沿，

---

①　湖北省文物考古研究所、襄阳市文物考古研究所、襄阳市襄州区文物管理处：《襄阳陈坡》，北京：科学出版社，2013年，第192页。

②　南普恒、秦颖、韩楚文：《湖北襄阳陈坡M10出土青铜器合金技术及金相组织研究》，见湖北省文物考古研究所、襄阳市文物考古研究所、襄阳市襄州区文物管理处：《襄阳陈坡》，北京：科学出版社，2013年，第378—394页。

③　a. 孟祥伟、孙淑云、梅建军：《湖北襄阳陈坡M10出土金属器检测报告》，见湖北省文物考古研究所、襄阳市文物考古研究所、襄阳市襄州区文物管理处：《襄阳陈坡》，北京：科学出版社，2013年，第402—415页。

b. 孟祥伟、梅建军、董亚巍：《湖北襄阳陈坡M10出土金属器检测报告》，见湖北省文物考古研究所、襄阳市文物考古研究所、襄阳市襄州区文物管理处：《襄阳陈坡》，北京：科学出版社，2013年，第415—428页。

④　南普恒、秦颖、韩楚文：《湖北襄阳陈坡M10出土青铜器合金技术及金相组织研究》，见湖北省文物考古研究所、襄阳市文物考古研究所、襄阳市襄州区文物管理处：《襄阳陈坡》，北京：科学出版社，2013年，第378—394页。

⑤　湖北省文物考古研究所、襄阳市文物考古研究所、襄阳市襄州区文物管理处：《襄阳陈坡》，北京：科学出版社，2013年，第184—185页。

⑥　湖北省文物考古研究所、襄阳市文物考古研究所、襄阳市襄州区文物管理处：《襄阳陈坡》，北京：科学出版社，2013年，第246—248页。

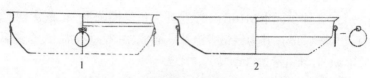

图4-50 四川荥经同心M21出土盆

1. 标本M21-A：12；2. 标本M21-B：9

短颈,折肩,斜弧腹,平底。腹上部有四个对称的兽面铺首衔环。高10.4厘米,口径37厘米,腹径37.8厘米,底径28厘米,器壁极薄,见图4-50[1]。

M21B出土盆1件,标本M21-B：9,已残,侈口呈斜沿,斜直腹,下腹折收为平底。腹上部有环耳一对。高9.2厘米,口径43.6厘米,腹径40.6厘米,底径26.4厘米,器壁极薄,见图4-50[2]。类似形制的薄壁铜盆在M4、M6、M7、M9、M10、M12、M13、M15中各出土1件[3]。

发掘者认为M21的年代为战国晚期[4]。

24. 重庆涪陵小田溪M9

盘 1件。标本M9：35,已残,敞口,斜沿外侈,斜直腹,下腹折收为圜底。盘内遗有兽骨,口径26.4厘米,高5.6厘米,壁厚5毫

---

① 四川省文物考古研究所、荥经严道古城遗址博物馆:《荥经县同心村巴蜀船棺葬发掘报告》,见四川省文物考古研究所:《四川考古报告集》,北京:文物出版社,1998年,第212—281页。

② 四川省文物考古研究所、荥经严道古城遗址博物馆:《荥经县同心村巴蜀船棺葬发掘报告》,见四川省文物考古研究所:《四川考古报告集》,北京:文物出版社,1998年,第212—281页。

③ 四川省文物考古研究所、荥经严道古城遗址博物馆:《荥经县同心村巴蜀船棺葬发掘报告》,见四川省文物考古研究所:《四川考古报告集》,北京:文物出版社,1998年,第212—281页。

④ 四川省文物考古研究所、荥经严道古城遗址博物馆:《荥经县同心村巴蜀船棺葬发掘报告》,见四川省文物考古研究所:《四川考古报告集》,北京:文物出版社,1998年,第212—281页。

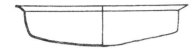 

图4-51　重庆涪陵小田溪M9出土盘　　图4-52　西安北郊98交校Ⅱ区
　　　　（M9∶35）　　　　　　　　　　　　M24出土盘（M24∶3）

米,见图4-51。发掘者认为该墓葬的年代为战国晚期[1]。

　　姚智辉对重庆涪陵小田溪出土的部分青铜器进行科学检测,发现2件盆为热锻而成[2],但其所提供的器物编号有误,科学检测标本SX97（M10∶31）在《涪陵小田溪墓群发掘简报》中未见报道,而科学检测标本SX99（M20∶7）在原简报中被称为釜甑[3]。

　　25. 湖北枣阳九连墩

　　秦颖等人对湖北枣阳九连墩出土的部分青铜器进行科学检测后发现,1件盘（M1∶283）为锡青铜热锻而成,含锡量13.58 wt%,壁厚0.7毫米。发掘者认为该墓葬的年代约为战国中晚期[4]。

　　26. 西安北郊秦墓98交校Ⅱ区M24

　　盘　1件。标本98交校Ⅱ区M24∶3,腹壁及底部残。直口,宽沿微内斜,浅腹,上腹直,下腹内折弧收,大平底。器壁较薄,锈蚀较轻。通高6.4厘米、口径26.1厘米,沿宽1.8厘米,腹深6.3厘米,壁厚1毫米,见图4-52[5]。经科学检测可知,其为锡铅青铜热锻

　　①　四川省文物考古研究所、涪陵地区博物馆、涪陵市文物管理所:《涪陵市小田溪9号墓发掘简报》,见四川省文物考古研究所:《四川考古报告集》,北京:文物出版社,1998年,第186—196页。

　　②　姚智辉:《晚期巴蜀青铜器技术研究及兵器斑纹工艺探讨》,北京:科学出版社,2006年。

　　③　重庆市文物考古研究所、重庆市文物局:《涪陵小田溪墓群发掘简报》,见重庆市文物局、重庆市移民局:《重庆库区考古发掘报告集（2002年卷）》,北京:科学出版社,2010年,第1339—1375页。

　　④　秦颖、李世彩、晏德付等:《湖北及安徽出土东周至秦汉时期热锻青铜容器的科学分析》,《文物》2015年第7期。

　　⑤　陕西省考古研究所:《西安北郊秦墓》,西安:三秦出版社,2006年,第272页。

而成,含锡量14.2 wt%,含铅量10.0 wt%[①]。

发掘者认为98交校Ⅱ区M24的年代约为战国晚期[②]。

27. 云南江川李家山墓地M21

M21出土箭箙1件和小甲片若干。箭箙(M21:99)为椭圆形筒状,由铜片锻打焊接而成,素面,背面有4个方孔。上下两端用木板封闭。长46.3厘米,最大直径8.2厘米。小甲片大部分无纹饰,少数有凸起的乳钉纹和线刻的圆圈纹、绳辫纹等。长3.2—4.1厘米,宽1.8—3.8厘米,壁厚4毫米(存疑)。发掘者认为M21的年代约为战国晚期[③]。

28. 湖北襄阳博物馆馆藏青铜器

本书作者对湖北襄阳博物馆馆藏的部分青铜器进行科学检测,发现2件盒为铅锡青铜热锻后冷加工而成。标本XY-2壁厚0.3—0.6毫米,含锡量10.68 wt%,含铅量11.78 wt%。标本XY-3壁厚0.2毫米,含锡量11.16 wt%,含铅量12.61wt%。这2件盒的年代约为战国晚期。

29. 湖北襄阳鏖战岗墓地

本书作者对湖北襄阳鏖战岗墓地出土的部分青铜器进行科学检测,发现1件铷为锡铅青铜热锻后冷加工而成。标本XY-4壁厚0.3毫米,含锡量14.40 wt%,含铅量7.31 wt%。这件铷的年代约为战国晚期。

30. 河南淅川郭庄墓地

本书作者对河南淅川郭庄墓地的部分出土青铜器进行科学

---

①　陈坤龙、梅建军、岳连建:《陕西西安出土的两件薄壁铜容器的科学分析》,见陕西省考古研究所:《西安北郊秦墓》,西安:三秦出版社,2006年,第378—384页。

②　陕西省考古研究所:《西安北郊秦墓》,西安:三秦出版社,2006年,第343—357页。

③　云南省博物馆:《云南江川李家山古墓群发掘报告》,《考古学报》1975年第2期。另原报告颈甲、腿甲、大小甲片等器壁厚度疑似有误,4—5毫米的厚度与器物照片、文字描述皆不相符。

检测，发现4件热锻薄壁青铜器。盘标本M2：69壁厚0.5—0.6毫米，为锡铅青铜热锻后冷加工而成，含锡量11.97 wt%，含铅量11.24 wt%。匜标本M2：68壁厚0.4—0.6毫米，为锡铅青铜热锻后冷加工而成，含锡量12.12 wt%，含铅量5.80 wt%。盘标本M7：1壁厚0.2—0.3毫米，为锡青铜热锻后冷加工而成，含锡量12.59wt%。匜标本M7：2壁厚0.2毫米，为锡青铜热锻后冷加工而成，含锡量13.07 wt%。

发掘者认为M2和M7的年代约为战国晚期。

31. 河南淅川申明铺墓地

本书作者对河南淅川郭庄墓地的部分出土青铜器进行科学检测，发现1件盆（标本M32：未编号）为铅锡青铜热锻后冷加工而成，含锡量8.90 wt%，含铅量16.91 wt%。

32. 湖北郧县乔家院墓地

金锐等人对湖北郧县乔家院墓地出土的部分战国青铜器进行科学检测，发现1件盘（M39：10）、1件匜（M39：9）和1件洗（M40：4）为锡铅青铜热锻而成，盘标本M39：10含锡量为17.84 wt%，含铅量3.74 wt%，热锻后还经过了冷加工。匜标本M39：9含锡量为11.18 wt%，含铅量4.11 wt%。洗标本含锡量13.49 wt%，含铅量4.23 wt%。因相关发掘简报尚未公布，据检测报告所述，这两座墓葬的年代约为战国时期[①]。

33. 安徽南陵

贾莹等人对安徽南陵出土的部分青铜器进行了科学检测，发现1件越式鼎为锡青铜热锻而成，且热锻后经过了淬火处理，含锡量为23.76 wt%。检测报告中未报道具体的出土地点，仅报道该器

---

① 金锐、罗武干、王昌燧等：《湖北郧县乔家院墓地出土战国及东汉铜器的成分与金相分析》，《文物保护与考古科学》2013年第2期。

物的年代约为春秋战国时期①。

34. 湖北黄冈黄州区博物馆馆藏青铜器

江旭东等人对湖北黄冈黄州区博物馆馆藏青铜器进行了科学检测,发现1件盒、3件洗和1件容器残片为热锻而成。标本009（盒）含锡量为14.50—14.82 wt%,含铅量为5.56—5.60 wt%,壁厚0.12—0.76毫米。标本020（洗）含锡量为13.44—14.06 wt%,含铅量为4.66—7.62 wt%,壁厚0.29—0.84毫米。标本029（洗）含锡量为14.52—15.43 wt%,含铅量为5.06—5.60 wt%,壁厚0.54—0.91毫米。标本303（洗）含锡量为16.53—16.94 wt%,含铅量为5.15—6.50 wt%,壁厚0.36—0.83毫米。标本305（容器残片）含锡量为15.64 wt%,含铅量为1.14 wt%,壁厚0.62毫米。这批馆藏青铜器的年代约为战国时期②。

① 贾莹、刘平生、黄允兰:《安徽南陵出土部分青铜器研究》,《文物保护与考古科学》2012年第1期。
② 江旭东:《湖北黄冈黄州区博物馆馆藏青铜器科学分析与工艺研究》,待出版。

第五章
秦汉时期热锻薄壁
青铜器的发现

第一节 秦代热锻薄壁青铜器的发现

西安北郊秦墓01中财M77

盆 1件。标本01中财M77:4。残甚,仅存部分器壁。敞口,宽平沿,腹较浅,上腹较直,下腹内折,折腹处有一圈凸棱宽带。器壁较薄。残高9.5厘米,口径38.5厘米,沿宽2.5厘米,壁厚2—4毫米,见图5-1[①]。经科学检测可知,其为锡铅青铜热锻而成,含锡量15.1 wt%,含铅量9.9 wt%[②]。

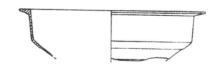

图5-1 西安北郊01中财M77出土盆(M77:4)

---

① 陕西省考古研究所:《西安北郊秦墓》,西安:三秦出版社,2006年,第272页。
② 陈坤龙、梅建军、岳连建:《陕西西安出土的两件薄壁铜容器的科学分析》,见陕西省考古研究所:《西安北郊秦墓》,西安:三秦出版社,2006年,第378—384页。

发掘者认为901中财M77的年代约为秦代[1]。

第二节　两汉时期热锻薄壁青铜器的发现

1.云南曲靖八塔台墓地

李晓岑等人对云南曲靖八塔台墓地出土部分西汉时期铜器进行了科学检测,发现饰件(M178:24)为锡青铜热锻而成,含锡量14.0 wt%[2]。

赵凤杰等人也对云南曲靖八塔台墓地出土部分铜器进行了科学检测,发现2件薄片泡饰(M154:1、M158:2)和泡钉1件(M194:1)均为锡青铜或锡砷青铜热锻而成。因样品大多锈蚀严重,多做定性分析,仅薄片泡饰M158:2进行了合金成分的定量分析,含锡量为10.4 wt%[3]。

类似的薄片泡饰在该墓地西汉墓葬中共出土9件。圆形薄片,泡饰中部为圆弧形顶,素面,常有两组共四个穿孔。标本M183:14,直径4.3厘米,见图5-2[4]。

该墓地西汉墓葬出土兽面纹薄片饰2件。为圆角方形,极薄,兽面以凹凸面表现,似为猴面或枭面,无穿孔,用途不明。标本M181:1,长13.5厘米,宽11.5厘米,见图5-2[5]。

---

①　陕西省考古研究所:《西安北郊秦墓》,西安:三秦出版社,2006年,第343—357页。

②　李晓岑、韩汝玢:《八塔台青铜时代墓葬出土金属器的分析鉴定》,见云南省文物考古研究所:《曲靖八塔台与横大路》,北京:科学出版社,2003年,第235—241页。

③　赵凤杰、李晓岑、刘成武等:《云南曲靖八塔台墓地铜器分析》,《中原文物》2013年第1期。

④　云南省文物考古研究所:《曲靖八塔台与横大路》,北京:科学出版社,2003年,第96、98页。

⑤　云南省文物考古研究所:《曲靖八塔台与横大路》,北京:科学出版社,2003年,第99、104页。

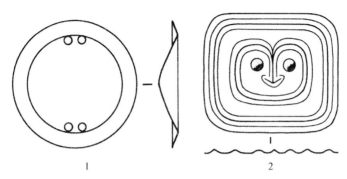

图5-2　云南曲靖八塔台墓地

1.薄片泡饰（M183：14）; 2.兽面纹薄片饰（M181：1）

　　另云南曲靖八塔台墓地出土臂甲4件,虽然均为薄片状[①],但其中1件（M27：5）经科学检测,分析为铸造而成[②]。

　　上述各类器物的相关信息详见表5-1。

表5-1　云南曲靖八塔台墓地出土汉代热锻薄壁青铜器信息表

墓葬编号	分　期	年　　代	出土热锻薄壁青铜器 （单位：件）
M154	三期	战国至西汉早期	薄片泡饰3
M178	三期	战国至西汉早期	铜装饰品1
M181	三期	战国至西汉早期	兽面纹薄片饰1
M183	三期	战国至西汉早期	薄片泡饰2
M10	四期	西汉晚期	兽面纹薄片饰1
M18	未定	未定	薄片泡饰1

　　① 云南省文物考古研究所:《曲靖八塔台与横大路》,北京:科学出版社,2003年,第67—68页。

　　② 李晓岑、韩汝玢:《八塔台青铜时代墓葬出土金属器的分析鉴定》,见云南省文物考古研究所:《曲靖八塔台与横大路》,北京:科学出版社,2003年,第235—241页。

（续表）

墓葬编号	分　期	年　代	出土热锻薄壁青铜器 （单位：件）
M91	未定	未定	薄片泡饰1
M140	未定	未定	薄片泡饰1
M158	未定	未定	薄片泡饰1
M194	未定	未定	泡钉13

2. 贵州威宁银子坛墓地

（1）79梨M43

臂甲　1件。标本79梨M43：1，圆柱形，中空。一端大，一端小，亚腰。上饰长方形镂孔4排40个。长18.6厘米，直径5.7—7.6厘米，见图5-3[①]。该标本经科学检测可知，其为锡青铜热锻而成，含锡量14.3 wt%[②]。

（2）79梨M34

铠甲片　22件。标本79梨M34：2，有长条形、长方形、锯片形及各种不规则形等，多见穿孔或钻孔[③]。

图5-3　贵州威宁银子坛79梨M43出土臂甲（79梨M43：1）

①　a. 贵州省博物馆考古组：《贵州威宁中水汉墓第二次发掘》，见文物编辑委员会：《文物资料丛刊》，北京：文物出版社，1987年，第113—130页。

b. 李飞：《贵州威宁银坛子墓地分析》：四川大学硕士学位论文，2006年，第17、19页。

②　李晓岑、赵凤杰、李飞等：《贵州银子坛墓地出土铜锡器的初步分析》，《中国文物科学研究》2013年第2期。

③　a. 贵州省博物馆考古组：《贵州威宁中水汉墓第二次发掘》，见文物编辑委员会：《文物资料丛刊》，北京：文物出版社，1987年，第113—130页。

b. 李飞：《贵州威宁银坛子墓地分析》：四川大学硕士学位论文，2006年，第17、19页。

图5-4　云南昌宁坟岭岗出土管饰（M35∶6）

发掘者认为这两座墓葬的年代约为战国晚期到西汉初期[①]。

3. 云南昌宁坟岭岗墓地

管饰（原报告称为管形饰）　8件。由薄铜片卷成，中空圆管。标本M35∶6，长7.5厘米，直径0.4厘米，见图5-4。另外，在M1出土2件、M20出土4件、M24出土1件管饰。发掘者认为M24的年代约为战国晚期至西汉早期，其他三座墓葬的年代暂未定[②]。

4. 广东广州西汉南越王墓

出土的热锻薄壁青铜器有盆、铦和甌的釜部。

盆　14件。标本E62-1，直口，深圆腹，腹分两端，上段较浅，下部内收，平底，素面，器壁较薄。口径17.5厘米，高6.6厘米。标本E82保存完好，窄平沿，腹壁较直，下折成圜底。外口径37厘米，底径34厘米，高8.4厘米，见图5-5。标本F67和G77形制与之相似，标本F67为大平底，已残，外口径34厘米，内口径28厘米，腹深6厘米，标本G77为大平底，口径44厘米，高9.2厘米。标本C184宽平沿，直腹，腹下部分两级束收，平底。腹部有1对铺首衔环。外口径48厘米，高8厘米，见图5-5。标本E57、E1、F67和G78形制与之相同，标本E57外口径38.8厘米，内口径31厘米，高7.5厘米，标本E1残，无大小尺寸，标本F67部分残破，外口径34.5厘米，内口径28.5厘米，腹深6.5厘米，标本G78见修补痕迹，即内

① 　a. 贵州省博物馆考古组：《贵州威宁中水汉墓第二次发掘》，见文物编辑委员会：《文物资料丛刊》，北京：文物出版社，1987年，第113—130页。

b. 李飞：《贵州威宁银坛子墓地分析》：四川大学硕士学位论文，2006年，第17、19页。

② 　云南省文物考古研究所：《云南昌宁坟岭岗青铜时代墓地》，《文物》2005年第8期。

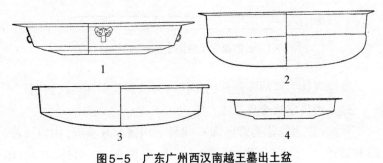

图5-5　广东广州西汉南越王墓出土盆
1. 标本C184；2. 标本D107；3. 标本E82；4. 标本G79

底铆钉一小铜片，口径46.5厘米，高7.5厘米。标本F35保存较好。广口，平折沿，腹斜直，下部向内分两级，折入成小平底。腹部有一对铺首衔环。外口径36.5厘米，内口径30.5厘米，高8厘米。标本F43和G79形制与之相同，标本F43外口径35厘米，内口径29厘米，高6.5厘米，标本G79口径30.8厘米，高5.5厘米，见图5-5。标本D107残破腐蚀严重，广口，折沿微上翘，深圆腹，大平底，素面。盆口径44厘米，底径21.5厘米，高12厘米，见图5-5。标本E62-2形制与之相同，仅存口沿和部分器腹[1]。经科学检测可知，标本G77为锡青铜热锻而成，含锡量为12.6 wt%[2]。

　　铟　9件，形制、大小相同。窄沿，微上翘。扁圆腹，圜底，通体鎏金。标本C91外口径20.8厘米，内口径18.8厘米，高7.5厘米。标本见C33、C34、C91、C92、C93、C94-1、C94-2、G80、G81，其中标本C92保存较好，见图5-6。标本G80见修补痕迹，即内底铆钉一块

---

　　① 广州市文物管理委员会、中国社会科学院考古研究所、广东省博物馆：《西汉南越王墓》，北京：文物出版社，1991年，第80—81、165—166、223、225、286页。
　　② 孙淑云：《西汉南越王墓出土铜器、银器及铅器鉴定报告》，见广州市文物管理委员会、中国社会科学院考古研究所、广东省博物馆：《西汉南越王墓》，北京：文物出版社，1991年，第397—410页。

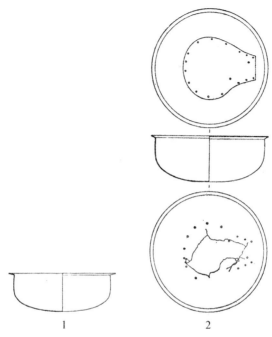

图5-6　广东广州西汉南越王墓出土铜

1. 标本C92；2. 标本G81

椭圆形铜片，口径20.8厘米，高7.4厘米。标本G81见修补痕迹，即内底铆钉一块葫芦形铜片，口径21厘米，高7.7厘米，见图5-6[①]。标本C34、C94经科学检测，证实均为锡铅青铜，其中C34金相组织显示为热锻而成，C94因基体腐蚀严重，推测也为热锻而成[②]。

---

①　广州市文物管理委员会、中国社会科学院考古研究所、广东省博物馆：《西汉南越王墓》，北京：文物出版社，1991年，第80—81、286、290页。

②　孙淑云：《西汉南越王墓出土铜器、银器及铅器鉴定报告》，见广州市文物管理委员会、中国社会科学院考古研究所、广东省博物馆：《西汉南越王墓》，北京：文物出版社，1991年，第397—410页。

甗的釜部　1件。标本 G70（发掘者认为可能是甗的一部分，与同出的甑共号），器壁极薄，素面。口沿部分折叠向内卷，表面与边沿均遗留有锤锻的痕迹[①]。

发掘者认为该墓葬的年代为西汉早期[②]。

5. 云南江川李家山墓地

（1）第一次发掘的墓葬（M1—M27，M21 除外）

M3 出土盔甲 1件，标本 M3：1，用薄铜片锻打制成，鎏金。

M24 出土铠甲片较多，包括颈甲 1件，标本 M24：62，用薄铜片锻打制成，圆筒形，两端外侈，中段收细。正面开口，边缘有两两相对称的四孔，推测为穿系而设。高 18 厘米，最大径 30.8 厘米，最小径 21.5 厘米，壁厚 5 毫米（为原报告中数据，存疑），见图 5—7。臂甲 1件，标本 M24：26，因残未详细报道。腿甲 2件，标本 M24：55a 和 M24：55b，皆为圆筒状，背面开口，边缘有对称小圆孔。M24：55a 较完整。长 30.7 厘米，上径 12.5 厘米，下径 8.3 厘米，壁厚 5 毫米（为原报告中数据，存疑），见图 5—7。大甲片 68件，大部分无纹饰，少数有折线暗纹和线刻蛙纹、八角形纹、圆圈纹等。长 20—71 厘米，宽 6.5—14 厘米，见图 5—7。小甲片若干，大部分无纹饰，少数有凸起的乳钉纹和线刻的圆圈纹、绳辫纹等。长 3.2—4.1 厘米，宽 1.8—3.8 厘米，壁厚 4 毫米（为原报告中数据，存疑），见图 5—7。

M1、M7、M12 和 M13 各出臂甲 1件，标本 M1：3、M7：7 和 M12：15 残破，仅标本 M13：4 较完整。标本 M13：4 为圆筒形，上端较粗，下端较细，背面开口，边缘有对称的小圆孔。正面见线刻

① 李京华：《南越王墓出土金属器制作技术试析》，见广州市文物管理委员会、中国社会科学院考古研究所、广东省博物馆：《西汉南越王墓》，北京：文物出版社，1991 年，第411—416页。
② 广州市文物管理委员会、中国社会科学院考古研究所、广东省博物馆：《西汉南越王墓》，北京：文物出版社，1991年，第319—325页。

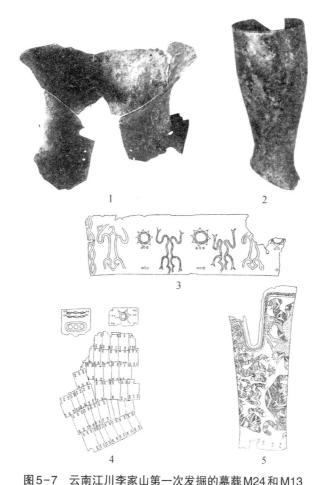

图5-7　云南江川李家山第一次发掘的墓葬M24和M13

1. 颈甲（M24：62）；2. 腿甲（M24：55a）；3. 大甲片（M24：未编号）；

4. 小甲片（M24：未编号）；5. 臂甲（M13：4）

虎、豹、猪、鱼、蜂、虾等动物图案。长21.7厘米，上端直径8.5厘米，
下端直径6.6厘米，壁厚5毫米（为原报告中数据，存疑），图5-7。

另该墓地采集甲片40余件。

发掘者认为M3的年代约为战国晚期至西汉初年，M1的年代约为西汉中期[①]。

（2）第二次发掘的墓葬（M28-M84）

M28-M84出土的热锻薄壁青铜器有腿甲、臂甲、护手甲、箭箙、伞盖、圆片挂饰和面具。

腿甲（原报告称为胫甲）　11件。圆筒状，上粗下细，上端稍敛，上段稍外鼓，下段收细，下端侈开，通体如人小腿。原报告分两式。

Ⅰ式　9件。上沿平，下沿斜。侧面留开口，上沿和开口边沿有双连小孔。均出自大型墓内，表面鎏金。残高25.9—32厘米。标本M51：314，2件，一件局部修复，残高30—32厘米，另一件中部边沿有一长约2.5厘米的裂隙，用表面鎏金的铜丝铆固三处，见图5-8。

Ⅱ式　2件。上下沿平，每片相应的上宽下窄，边沿都有双连小孔，三片的弯曲弧度和宽窄不等。标本M53：29-2，高23.9厘米，三片分别宽5.7—8.9、7.2—9、8—10.4（残）厘米，围成筒上径11.2厘米，下径8.7厘米，见图5-8[②]。

臂甲　17件。椭圆筒状中间束收，下段内收较多。原报告分二式。

Ⅰ式　8件。正面上沿中部凹入，两旁高低不同，下沿平，有卷边。背面留开口。近下沿处有二至三行穿孔。标本M71：33，部分修复，上沿凹入，两侧各有一行穿孔，下沿有两行穿孔，上沿和背面开口处稍残。残高20.9厘米，上径8.9厘米，下径6.5厘米。其

---

　　① 云南省博物馆：《云南江川李家山古墓群发掘报告》，《考古学报》1975年第2期。另原报告中颈甲、腿甲、大小甲片等器壁厚度疑似有误，4—5毫米的厚度与器物照片、文字描述皆不相符。

　　② 云南省文物考古研究所、玉溪市文物管理所、江川县文化局：《江川李家山——第二次发掘报告》，北京：文物出版社，2007年，第86—87页。

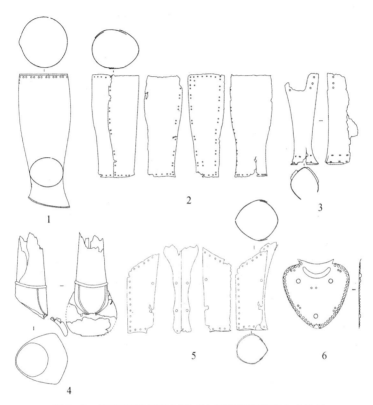

图5-8　云南江川李家山第二次发掘墓葬（M28-M84）

1. 腿甲（M51：314）；2. 腿甲（M53：29-2）；3. 臂甲（M71：33）；4. 臂甲（M51：81）；
5. 臂甲（M53：29-1）；6. 护手甲（M51：292-2）

中2件较特殊，筒身较圆，中间收束很少，近直，下端稍细，背面留开口。上沿斜，正面伸出一片，略作椭圆形。似臂甲和护手甲结合在一起。上下两端近口处分别饰有半圆状背空凸起的一道粗弦纹，均残损极重，尤其是连接的护手片无法复原，见图5-8。标本M51：81，下段残缺，圆筒甲身与护手片相连处原有残损，后用金片补缀。残高19.5厘米，上端径8.2厘米，见图5-8。

　　Ⅱ式　9件。上沿斜,下沿平,有卷边。中间一片较窄,上端较宽略呈菱形,两侧各有二、三个圆孔,上沿有双连小孔,两侧片形状相同,方向相反,下沿对称向外斜,内侧边沿与中间片对应有重合的二、三个圆孔,其余三边沿有双连小孔。标本M53∶29-1,保存较好,中间片上端略残。中间片残高20.4厘米,宽4.4—8.1厘米,两侧片高19.7厘米,宽6.4—7.2厘米,围成筒上径8.8—10.4厘米,下径7—7.7厘米,见图5-8[①]。

　　护手甲　20件。略呈心形的平片,上端中部略作倒梯形突出,上沿内弧。上部突起一条弯曲粗线,两侧和下部各有一突泡,其外和中间有双连小孔。其中4件较小,残高12.8—12.9厘米,宽12.9—13厘米。其余16件较大,残高15—15.5厘米,宽16.1—16.3厘米。标本M51∶292-2,下端稍残。残高15.5厘米,宽16.3厘米,见图5-8[②]。

　　箭箙　16件。用薄铜片锻打制作,略作半圆筒形,下有平底,底正中有一小圆孔。装固于竹制箭箙下端,与镞同出,有的内盛镞。均破碎残损,从残片可看出长短不一,长5—12.5厘米,复原2件。标本M51∶68-1,正面和底部锻有排列整齐的突起乳钉,并錾锥刺点连成的地纹,地纹为围有乳钉的蟠螭纹、长方形边框和三角形纹等组合图案。内留竹箭箙残片,通高6厘米,口径3.7—9.3厘米,见图5-9。标本M43∶4,下端较窄,底残,正面为乳钉和锥刺地纹,背面两侧锻有身体突起、边沿錾一周锥刺纹的二兽,形似兔,相背而坐。通高5厘米,口径3.7—10.3厘米,见图5-9[③]。

　　①　云南省文物考古研究所、玉溪市文物管理所、江川县文化局:《江川李家山——第二次发掘报告》,北京:文物出版社,2007年,第87—88页。
　　②　云南省文物考古研究所、玉溪市文物管理所、江川县文化局:《江川李家山——第二次发掘报告》,北京:文物出版社,2007年,第87—88页。
　　③　云南省文物考古研究所、玉溪市文物管理所、江川县文化局:《江川李家山——第二次发掘报告》,北京:文物出版社,2007年,第84—85页。

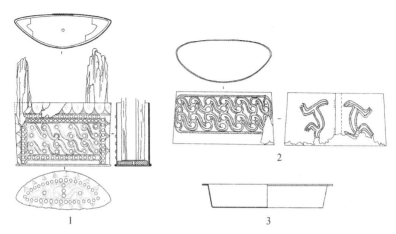

图5-9　云南江川李家山第二次发掘墓葬（M28-M84）出土箭箙和盘

1. 箭箙（M51：68-1）; 2. 箭箙（M43：4）; 3. 盘（M50：32）

盘　3件。均残，部分修复，器身极薄，锈蚀后仍具有一定的弹性和韧性，当为锻制。敞口，平折沿，沿外侧稍下折，浅直腹，下略内收，大平底。标本M50：32，高4.3厘米，口径26.4厘米，壁厚0.2—0.4毫米，见图5-9[1]。

伞盖　2件。另有1件为铸造而成。2件锻制的伞盖为薄铜片制作而成，呈圆锥形斗笠状，锈蚀残损严重。标本M51：87，部分修复，用四块扇形铜片连接，顶部覆一块薄银片顶盖作饰而成，边沿凿有多个小圆孔。相邻铜片连接处上下重叠1.3—1.8厘米，凿出裂缝状穿孔，用剪窄的薄铜条如裁缝般穿缀孔间连接固定，顶盖银片则用银条穿缀连接固定，近边沿处细刻弦纹两道，边沿有小圆孔一周。通高17.7厘米，径64.2厘米，见图5-10。标本M68：242，锈蚀残损严重，不能修复。三块扇形薄铜片连接而成，

---

[1]　云南省文物考古研究所、玉溪市文物管理所、江川县文化局：《江川李家山——第二次发掘报告》，北京：文物出版社，2007年，第90—91页。

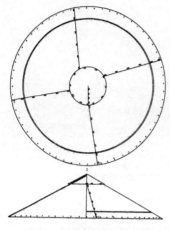

图5-10　云南江川李家山第二
　　　　次发掘M51出土伞盖
　　　　（M51∶87）

顶部为圆孔,边沿折卷,孔周缘和边沿有双联小孔,有打锻的圆泡,排列散乱,不规整。相邻铜片连接处一片剪出齿,另一片则在相应位置凿剪缝隙状穿孔,以齿插入穿孔内弯曲对折固定[①]。

圆片挂饰　17件。标本M47∶229-2,薄铜片剪成。略作圆形,上端有钮可供挂缀,下端有缺口至中央。环缺口錾凸泡纹,周边錾一周小凸点纹。表面分为鎏金、镀锡两种。表面鎏金的12件,器形较大,缺口两侧平直。高4.3—4.5厘米,宽3.8—3.9厘米。表面镀锡的5件,均残,器形较小,缺口上部圆。残高3.1—3.5厘米,宽约3.3厘米,见图5-11[②]。

面具　2件。标本M47∶225,薄片,兽面形,头顶两侧耳较大,略呈圆形向内靠,中间鬃呈三角形上凸,中部长条突起作鼻,两侧两大凸泡作眼,下部残损,两耳上沿各有两小圆孔可做缝缀,周缘饰小凸泡,耳上饰小凸泡组成的圆圈,眼下也有小凸泡作饰,表面镀锡。残高11.4厘米,宽10.1厘米,见图5-11[③]。

上述各类器物的相关信息详见表5-2。

---

①　云南省文物考古研究所、玉溪市文物管理所、江川县文化局:《江川李家山——第二次发掘报告》,北京:文物出版社,2007年,第134、136页。

②　云南省文物考古研究所、玉溪市文物管理所、江川县文化局:《江川李家山——第二次发掘报告》,北京:文物出版社,2007年,第144—145页。

③　云南省文物考古研究所、玉溪市文物管理所、江川县文化局:《江川李家山——第二次发掘报告》,北京:文物出版社,2007年,第146—147页。

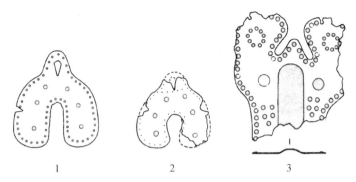

1　　　　　　2　　　　　　　3

图5-11　云南江川李家山第二次发掘墓葬（M28-M84）

1-2.圆片挂饰（1、2共号，均为M47：299-2）；3.面具（M47：225）

**表5-2　云南江川李家山第二次发掘墓葬（M28-M84）
出土热锻薄壁青铜器信息表**

墓葬编号	分期	年　　　代	出土热锻薄壁青铜器（单位：件）
M28	1	西汉中期（武帝置郡以前）	箭箙1
M43	1	西汉中期（武帝置郡以前）	箭箙1
M47	2	西汉中期至晚期（武帝置郡后）	腿甲2、护手甲1、圆片挂饰17、面具2
M50	3	西汉晚期至东汉初年	盘1、箭箙1、臂甲2
M51	2	西汉中期至晚期（武帝置郡后）	盘1、腿甲3、臂甲2、护手甲9、伞盖1
M53	3	西汉晚期至东汉初年	箭箙1、腿甲2、臂甲2
M57	2	西汉中期至晚期（武帝置郡后）	盘1、箭箙1、腿甲2、臂甲2、护手甲10
M62	3	西汉晚期至东汉初年	箭箙1、臂甲1
M63	3	西汉晚期至东汉初年	箭箙1、臂甲1
M68	2	西汉中期至晚期（武帝置郡后）	箭箙5、腿甲2、臂甲5、伞盖1
M71	2	西汉中期至晚期（武帝置郡后）	箭箙2、臂甲1

（续表）

墓葬编号	分期	年　　　代	出土热锻薄壁青铜器（单位：件）
M76	3	西汉晚期至东汉初年	臂甲1
M85	3	西汉晚期至东汉初年	箭箙2

　　何堂坤对云南江川李家山墓地第一次发掘的部分青铜器进行了科学检测，其中臂甲（D1和D2）为锡青铜热锻而成，含锡量分别为7.048 wt%和10.12 wt%[①]。

　　李晓岑等人对云南江川李家山墓地第一次和第二次发掘的部分青铜器进行了科学检测，其中甲片（M68：38）为锡青铜热锻而成，含锡量为17.3 wt%[②]。

　　6.云南昆明羊甫头墓地

　　（1）M150

　　出土薄壁甲片6件，包括臂甲和甲片。

　　臂甲　3件。为弧形薄铜片，残损不规则。标本有M150：14-1、M150：14-2、M150：14-3，见图5-12。

　　甲片　3件。器壁极薄，已残，形状难辨。标本有M150：48、M150：49、M150：53[③]。

　　发掘者认为该墓葬的年代约为战国晚期至秦汉之际[④]。

---

　　①　何堂坤：《滇池地区几件青铜器的科学分析》，《考古》1985年第4期。另注：原文中未报道测试标本D1和D2的出土编号。

　　②　李晓岑、张新宁、韩汝玢等：《云南江川县李家山墓地出土金属器的分析和研究》，《考古》2008年第8期。另注：原文中甲片的出土编号为M68：38，而在《江川李家山——第二次发掘报告》中编号M68：38的标本为矛，未见此编号甲片的报道。

　　③　云南省文物考古研究所、昆明市博物馆、官渡区博物馆：《昆明羊甫头墓地》，北京：科学出版社，2005年，第308—309页。

　　④　云南省文物考古研究所、昆明市博物馆、官渡区博物馆：《昆明羊甫头墓地》，北京：科学出版社，2005年，第713—715页。

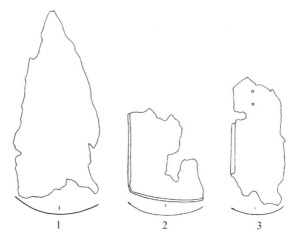

图5-12　云南昆明羊甫头M150出土臂甲

1. 标本M150：14-1；2. 标本M150：14-2；3. 标本M150：14-3

（2）M113

出土的热锻薄壁青铜器有箭箙、马当卢和铠甲片。

箭箙　1件。标本M113：365，半圆形扁筒，上端有盖，拼合严密。正面见阴刻孔雀、蚊虫、蛇、虎牛、人牛组合图案的纹饰，背面素面，见穿孔，由背面可知箭箙身实际分为上下两端，两端均由整片的薄铜片卷成筒状，其中占箙身大部分长度的上端见缀合所用的四片长方形小铜片，其两侧见七组两两成对的穿孔。长49.6厘米，宽12.8厘米，高4厘米，见图5-13[①]。另见1片附着在漆木箭箙背面的薄铜片（M113：366-2）和4件箭箙盖（M113：376、M113：374、M113：377、M113：312），均为薄铜片制成，表面见各式阴刻花纹，其中2件铜箭箙盖的结构清晰，由盖底和圆筒组成，

———————

① 云南省文物考古研究所、昆明市博物馆、官渡区博物馆：《昆明羊甫头墓地》，北京：科学出版社，2005年，第195页。

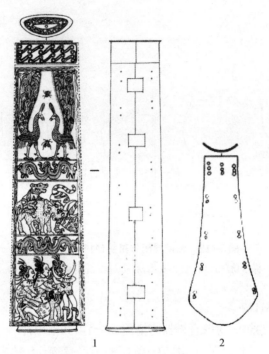

图5-13　云南昆明羊甫头M113

1.箭箙(M113:365); 2.马当卢(M113:174)

圆筒则由一个长条形薄铜片弯曲成筒状后,通过首部凸出部分与尾部两段穿缝缀合而成①。

马当卢　1件。标本M113:174,由整片极薄的铜片弯曲成弧形,见成组穿孔,推测为缀连之用。长19.2厘米,见图5-13②。

铠甲片较多,包括盔甲、臂甲和方形甲片。

———————————

① 云南省文物考古研究所、昆明市博物馆、官渡区博物馆:《昆明羊甫头墓地》,北京:科学出版社,2005年,第239—243页。

② 云南省文物考古研究所、昆明市博物馆、官渡区博物馆:《昆明羊甫头墓地》,北京:科学出版社,2005年,第230、232页。

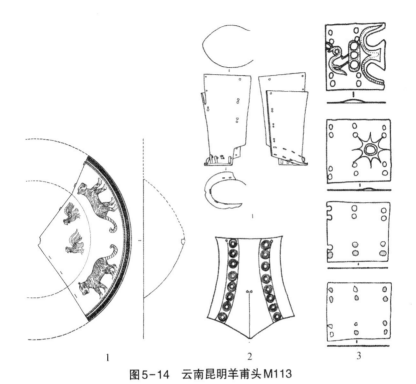

图5-14　云南昆明羊甫头M113

1. 盔甲（M113∶224）；2. 臂甲（M113∶265）；3. 方形甲片（M113∶391）

　　盔甲　1件。标本M113∶224，似帽形扇面，器壁极薄，表面刻双鸡双虎图案和绚纹。扇面宽40.4厘米，见图5-14。

　　臂甲　1件。标本M113∶265，由整片极薄的铜片弯曲定形成半圆筒形，见数个穿孔。长17.6厘米，宽9.9厘米，见图5-14。

　　方形甲片，数量较多，器壁极薄，见成组穿孔，推测为缀连之用，个别刻有芒纹。标本M113∶391，长、宽约3厘米，见图5-14①。

————————

　　①　云南省文物考古研究所、昆明市博物馆、官渡区博物馆：《昆明羊甫头墓地》，北京：科学出版社，2005年，第195、199—201页。

未定名铜器 2件。标本M113:241,片状,极薄,一端有模压花纹,长约12厘米。标本M113:23,卷片状,极薄,环卷,长约14厘米[1]。

发掘者认为该墓葬的年代约为西汉初年至公元前109年[2]。

(3) 其他墓葬

该墓地多处墓葬中出土了铜甲片多件,包括臂甲和甲片。

M147出土臂甲1件,标本M147:25,为弧形薄铜片,见穿孔[3]。

M290出土臂甲1件,标本M290:14,已残,形状难辨[4]。

M546出土臂甲1件,标本M546:20,已残,形状难辨[5]。

M646出土臂甲1件,标本M646:16,为椭圆形环薄铜片,见穿孔[6]。

M32出土臂甲2件,标本M32:4-1和M32:4-2,由两块薄铜片缀连,每块各有九穿孔。长19.5—20.9厘米,宽3.4—7.5厘米[7]。

M63出土甲片1件,标本M63:15,已残,形状难辨[8]。

M126出土臂甲2件,标本M126:4-1和M126:4-2,均为弧形薄铜片,见穿孔[9]。

---

[1] 云南省文物考古研究所、昆明市博物馆、官渡区博物馆:《昆明羊甫头墓地》,北京:科学出版社,2005年,第233—234页。

[2] 云南省文物考古研究所、昆明市博物馆、官渡区博物馆:《昆明羊甫头墓地》,北京:科学出版社,2005年,第713—715页。

[3] 云南省文物考古研究所、昆明市博物馆、官渡区博物馆:《昆明羊甫头墓地》,北京:科学出版社,2005年,第505页。

[4] 云南省文物考古研究所、昆明市博物馆、官渡区博物馆:《昆明羊甫头墓地》,北京:科学出版社,2005年,第394页。

[5] 云南省文物考古研究所、昆明市博物馆、官渡区博物馆:《昆明羊甫头墓地》,北京:科学出版社,2005年,第481页。

[6] 云南省文物考古研究所、昆明市博物馆、官渡区博物馆:《昆明羊甫头墓地》,北京:科学出版社,2005年,第584—585页。

[7] 云南省文物考古研究所、昆明市博物馆、官渡区博物馆:《昆明羊甫头墓地》,北京:科学出版社,2005年,第340—341页。

[8] 云南省文物考古研究所、昆明市博物馆、官渡区博物馆:《昆明羊甫头墓地》,北京:科学出版社,2005年,第344页。

[9] 云南省文物考古研究所、昆明市博物馆、官渡区博物馆:《昆明羊甫头墓地》,北京:科学出版社,2005年,第597—599页。

M131出土甲片2件,标本M131∶14-1为折棱形薄铜片,标本M131∶14-2为弧形薄铜片,均见穿孔①。

M155出土臂甲2件,标本M155∶17和M155∶18-1,均已残,形状难辨②。

M170出土臂甲1件,标本M170∶29,为弧形薄铜片,见穿孔,长约18厘米,宽7.7厘米③。

M328出土臂甲2件,标本M328∶16为薄铜片弯曲成筒状,见穿孔,标本M328∶8已残,形状难辨④。

M340出土臂甲1件,标本M340∶29,已残,形状难辨⑤。

M536出土臂甲1件,标本M536∶8,为弧形薄铜片,见不规则穿孔⑥。

M543出土臂甲1件,标本M543∶2,为弧形薄铜片,见不规则穿孔⑦。

M562出土臂甲1件,标本M562∶10,已残,形状难辨⑧。

M572出土臂甲1套,标本M572∶6由数片薄铜片缀合而成,

① 云南省文物考古研究所、昆明市博物馆、官渡区博物馆:《昆明羊甫头墓地》,北京:科学出版社,2005年,第633—634页。

② 云南省文物考古研究所、昆明市博物馆、官渡区博物馆:《昆明羊甫头墓地》,北京:科学出版社,2005年,第511页。

③ 云南省文物考古研究所、昆明市博物馆、官渡区博物馆:《昆明羊甫头墓地》,北京:科学出版社,2005年,第680—681页。

④ 云南省文物考古研究所、昆明市博物馆、官渡区博物馆:《昆明羊甫头墓地》,北京:科学出版社,2005年,第609—610页。

⑤ 云南省文物考古研究所、昆明市博物馆、官渡区博物馆:《昆明羊甫头墓地》,北京:科学出版社,2005年,第539页。

⑥ 云南省文物考古研究所、昆明市博物馆、官渡区博物馆:《昆明羊甫头墓地》,北京:科学出版社,2005年,第420、422页。

⑦ 云南省文物考古研究所、昆明市博物馆、官渡区博物馆:《昆明羊甫头墓地》,北京:科学出版社,2005年,第423、425页。

⑧ 云南省文物考古研究所、昆明市博物馆、官渡区博物馆:《昆明羊甫头墓地》,北京:科学出版社,2005年,第619页。

各片上均见穿孔,饰有网格式短线纹和虫蛇纹①。

M578出土臂甲1件,标本M578:1,已残,形状难辨②。

M616出土甲片1套,标本M616:3由数片薄铜片缀合而成胸甲和臂甲,各片上均有穿孔,见网格纹式短线纹③。

M710出土臂甲1件,标本M710:5,已残,形状难辨④。

M410出土臂甲1件。标本M410:37,残,不规则小薄片,上有穿孔以缀连⑤。

发掘者认为M147、M290、M546和M646等墓葬的年代约为战国晚期至秦汉之际,M63、M126、M170、M562、M578等墓葬的年代约为西汉初年至公元前109年,M32、M131、M155、M328、M340、M536、M543、M572、M616和M710等墓葬的年代约为公元前109年至西汉末⑥。M410的年代约为西汉末至东汉初⑦。

7. 安徽潜山彭岭墓地

（1）M16

洗　1件。标本M16:2,质地单薄, 口微敛, 折腹, 腹部下垂, 平

---

①　云南省文物考古研究所、昆明市博物馆、官渡区博物馆:《昆明羊甫头墓地》,北京:科学出版社,2005年,第625—626页。

②　云南省文物考古研究所、昆明市博物馆、官渡区博物馆:《昆明羊甫头墓地》,北京:科学出版社,2005年,第431页。

③　云南省文物考古研究所、昆明市博物馆、官渡区博物馆:《昆明羊甫头墓地》,北京:科学出版社,2005年,第50、52页。

④　云南省文物考古研究所、昆明市博物馆、官渡区博物馆:《昆明羊甫头墓地》,北京:科学出版社,2005年,第587—588页。

⑤　云南省文物考古研究所、昆明市博物馆、官渡区博物馆:《昆明羊甫头墓地》,北京:科学出版社,2005年,第764、766页。

⑥　云南省文物考古研究所、昆明市博物馆、官渡区博物馆:《昆明羊甫头墓地》,北京:科学出版社,2005年,第713—715页。

⑦　云南省文物考古研究所、昆明市博物馆、官渡区博物馆:《昆明羊甫头墓地》,北京:科学出版社,2005年,第834—835页。

图 5-15　安徽潜山彭岭出土洗

1. 标本 M16：2；2. 标本 M17：17

底，矮圈足。高 8 厘米，口径 26 厘米，底径 10.6 厘米，厚 1 毫米[①]。经科学检测可知，其为锡青铜热锻而成，含锡量 16.94 wt%，壁厚为 0.6 毫米，见图 5-15。另外，同出的 1 件镌壶（M16：36-1）为锡铅青铜热锻而成，含锡量为 18.72 wt%，含铅量为 5.26 wt%，壁厚为 0.8 毫米[②]。

（2）M17

洗　1 件。标本 M17：17，形制与 M16：2 相近。高 6.4 厘米，口径 24.5 厘米，底径 10 厘米，壁厚 1 毫米，见图 5-15[③]。

发掘者认为这两座墓葬的年代为西汉早期[④]。

另有该墓地 M29 出土的 1 件甑和 M53 出土的 1 件鉴，器壁也较薄，但因未经过科学检测，暂不纳入本书探讨之列。

8. 云南晋宁石寨山墓地

M71 出土的热锻薄壁青铜器有臂甲、箭箙、剑鞘、马当卢和残铜器。

臂甲　3 件。薄铜片制成，边缘有穿孔。弧形。出土时均已残碎。标本 M71：155①，通长 17.7 厘米，幅宽 8.2 厘米，见图 5-16。

----

① 安徽省文物考古研究所、潜山县文物管理所：《安徽潜山彭岭战国西汉墓》，《考古学报》2006 年第 2 期。

② 秦颍、李世彩、晏德付等：《湖北及安徽出土东周至秦汉时期热锻青铜容器的科学分析》，《文物》2015 年第 7 期。另注：在原简报（《考古学报》2006 年第 2 期）中未见镌壶（M16：36-1）形制、大小的具体描述，仅在墓葬登记表中简略描述 M16 出土 1 件镌壶。

③ 安徽省文物考古研究所、潜山县文物管理所：《安徽潜山彭岭战国西汉墓》，《考古学报》2006 年第 2 期。

④ 安徽省文物考古研究所、潜山县文物管理所：《安徽潜山彭岭战国西汉墓》，《考古学报》2006 年第 2 期。

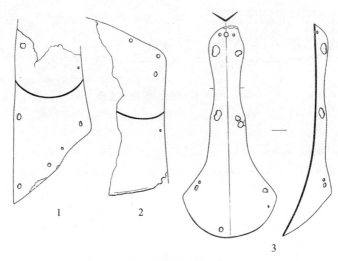

图5-16　云南晋宁石寨山M71出土臂甲

1. 标本M71：155①; 2. 标本 M71：155②; 3. 标本M71：155③

标本M71：155②，通长17.6厘米，残幅宽7.2厘米，见图5-16。标本M71：155③，通长22厘米，幅宽9.6厘米，见图5-16[①]。

　　箭箙　3件。出土时均已残碎，器形、尺寸不明。残片器壁甚薄，饰有锥点纹，其中一件碎片内尚有残留之箭杆及镞。标本M71：136，内残存髹朱漆木柲。标本M71：171，仅残存少量铜片和髹朱漆木鞘。标本M71：183，残片边缘有穿孔。内残存髹朱漆木质残片[②]。

　　剑鞘　1件。标本M71：46②，薄片状，边缘残甚。外围有穿孔，表面由众多蛇纹组成镂孔[③]。

---

　　①　云南省文物考古研究所、昆明市博物馆、晋宁县文物管理所:《晋宁石寨山——第五次发掘报告》，北京: 文物出版社，2009年，第66—67页。
　　②　云南省文物考古研究所、昆明市博物馆、晋宁县文物管理所:《晋宁石寨山——第五次发掘报告》，北京: 文物出版社，2009年，第66—67页。
　　③　云南省文物考古研究所、昆明市博物馆、晋宁县文物管理所:《晋宁石寨山——第五次发掘报告》，北京: 文物出版社，2009年，第58页。

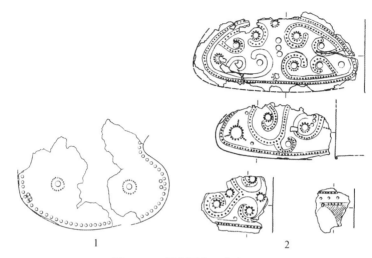

图5-17　云南晋宁石寨山M71

1. 马当卢（M71：143④）；2. 残铜片（M71：206）

马当卢　1件。标本M71：143④，圆片状，甚薄。边缘和中央均有乳状凸起。残甚。推测为马当卢，见图5-17[1]。

残铜片　1件。标本M71：206，整体近椭圆形，甚薄，疑似箭箙底，似盒状，其上有蛇形纹装饰，见图5-17[2]。

其中，臂甲标本M71：155和剑鞘标本M71：46②经科学检测证实均为锡青铜热锻而成，含锡量分别为15.3 wt%和5.5 wt%[3]。

①　云南省文物考古研究所、昆明市博物馆、晋宁县文物管理所：《晋宁石寨山——第五次发掘报告》，北京：文物出版社，2009年，第84、89页。

②　云南省文物考古研究所、昆明市博物馆、晋宁县文物管理所：《晋宁石寨山——第五次发掘报告》，北京：文物出版社，2009年，第90—91页。

③　李晓岑、韩汝玢、蒋志龙：《云南晋宁石寨山出土金属器的分析和研究》，见云南省文物考古研究所、昆明市博物馆、晋宁县文物管理所：《晋宁石寨山——第五次发掘报告》，北京：文物出版社，2009年，第209—221页。

发掘者认为该墓葬为西汉早中期的某代滇王的墓葬①。

9. 河北满城汉墓

（1）M1

出土的热锻薄壁青铜器有甗、釜、盆和熏炉的提笼等。

甗　1套。标本M1：4104，由一釜、一甑和一盆组成，均为捶镍而成，通高48.2厘米。釜为小直口，大圆腹，小平底。在腹部中间位置可将器分为上下两节，其下似一折沿盆，上如覆钵，期间用铜钉铆合。釜肩部有铆钉固定的一对铺首衔环并见镌刻铭文一处。釜腹部以上见鎏金。釜高31.2厘米，腹径37.5厘米，底径13.5厘米。甑为敞口，外折沿，小圈足套在釜的小直口外。无底，有一活动的箅子，箅面微鼓，上满布齐整的小圆孔。甑腹部有铆钉固定的一对铺首衔环，口沿下见镌刻铭文一处。甑口部、圈足、内壁及箅面见鎏金。甑高18.9厘米，口径37厘米，圈足径16.7厘米。盆为敞口，外折沿，小平底。口沿下见镌刻铭文和墨书铭文各一处。釜口部和内壁见鎏金。高16.2厘米，口径36.8厘米，底径13.8厘米，见图5-18②。

釜　3件。捶镍而成，分为两型。Ⅰ型（原报告Ⅲ型）1件。标本M1：4330经修复，敞口，沿外折，浅腹，圜底。内壁鎏金。高6.4厘米，口径17.8厘米，壁厚0.6毫米，见图5-19。Ⅱ型（原报告Ⅳ型）2件。标本M1：5079经修复，敞口，外折沿，浅腹，圜底。近口部平伸一长方形有銎短柄，柄为铸造而成，铆合于釜上。釜有盖，弧面，上有桥形钮。釜口沿、内壁及盖的内外壁均见鎏金。通高9.5厘米，釜身高6.1厘米，釜口沿6.7厘米，盖径7.2厘米，见图5-19③。

---

① 云南省文物考古研究所、昆明市博物馆、晋宁县文物管理所：《晋宁石寨山——第五次发掘报告》，北京：文物出版社，2009年。
② 中国社会科学院考古研究所、河北省文物管理处：《满城汉墓发掘报告》，北京：文物出版社，1980年，第52、54—55页。
③ 中国社会科学院考古研究所、河北省文物管理处：《满城汉墓发掘报告》，北京：文物出版社，1980年，第56页。

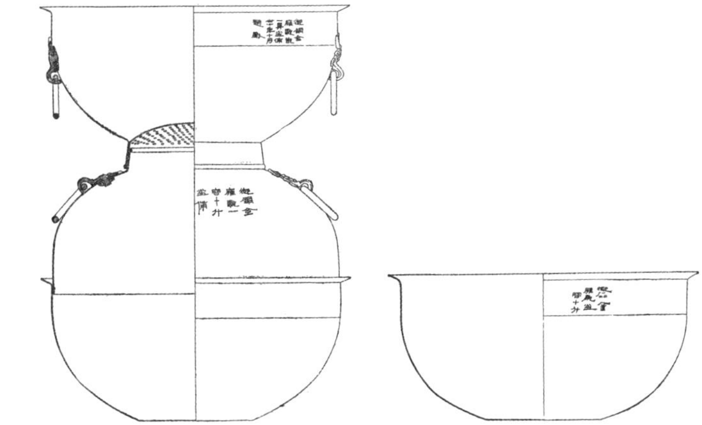

图5-18 河北满城汉墓M1出土甗（M1∶4104）

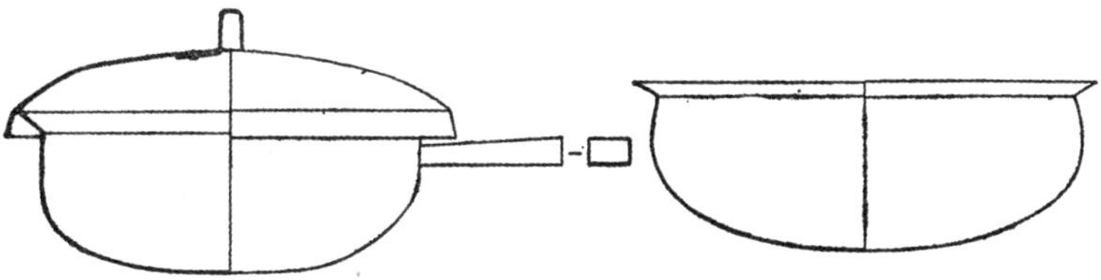

图5-19 河北满城汉墓M1出土釜

1. 标本M1∶5079；2. 标本M1∶4330

“常浴”盆 2件。捶锻而成。敞口，外折沿，浅腹，大底微阔。口沿、腹部和内壁均见鎏金，腹壁见镌刻铭文，开头均为“常浴”两字。标本M1∶4013腹部有一对鎏金铺首衔环，铺首为铸造而成，铆合于盆上。口径66厘米，高19.5厘米，壁厚1—2毫米，见图5-20。标本M1∶4020经修复，口径64.2厘米，高13.5厘米，壁厚1—2毫米。另外3件青铜盆未报道壁厚和是否为捶锻而成，暂不纳入本书探讨之列。但其中1件“医工”铜盆（M1∶5176）曾经修补，有两处修补：一处在口沿，用长2.4厘米、宽2.6厘米的铜片，通过5个铜钉铆合；另一处在

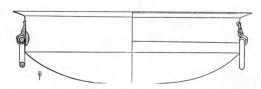

图5-20 河北满城汉墓M1出土盆（M1：4013）

底部边缘，用长4.6厘米、宽3.3厘米的铜片，通过14个铜钉铆合①。

熏炉提笼 2件。标本M1：5003（与熏炉成套并共号），捶镍而成，甚薄。似圆筒形，直口，深腹，平底，有一提梁。器壁由三节

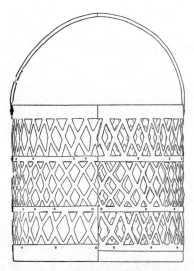

图5-21 河北满城汉墓M1出土熏
炉提笼（M1：5003）

菱形网格纹的铜圈用铜钉铆合而成。底盘和提梁亦各用铜钉与器壁铆合。高26.6厘米，口径、底径30.5厘米，见图5-21。标本M1：4207，形制与标本M1：5003相似，底盘折收为微圜底，且为铸造而成，其他部分捶镍而成。高29.5厘米，口径30厘米②。

（2）M2

出土的热锻薄壁青铜器有鍪、釜、盆和钵等。

鍪 2套。形制、特点与M1所出相同，仅器形较小。标本M2：3038通高17.4厘米，釜

① 中国社会科学院考古研究所、河北省文物管理处：《满城汉墓发掘报告》，北京：文物出版社，1980年，第57—60页。
② 中国社会科学院考古研究所、河北省文物管理处：《满城汉墓发掘报告》，北京：文物出版社，1980年，第66—67页。

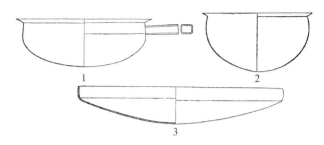

图 5-22　河北满城汉墓 M2

1. 釜（M2∶3043）；2. 釜（M2∶3112）；3. 钵（M2∶3002）

高 10.7 厘米，口径 6.7 厘米，腹径 15 厘米，底径 5.6 厘米，甑高 7.5 厘
米，口径 15.1 厘米，底径 7.3 厘米，盆高 5.9 厘米，口径 15.1 厘米[①]。

　　釜　5件。均为捶镍而成，分为三型。Ⅰ型（原报告Ⅲ型）2
件。器形很小，为明器。标本 M2∶3055 外壁鎏金，高 3.5 厘米，口径
9.8 厘米。Ⅱ型（原报告Ⅳ型）2件。带把釜，无盖。器内外通体鎏
银。标本 M2∶3043 高 7.8 厘米，口径 23.2 厘米，柄长 5.6 厘米，见图
5-22。Ⅲ型（原报告Ⅴ型）1件。标本 M2∶3112 口稍敛，沿外折，深
腹，圜底。内壁鎏金。高 7.8 厘米，口径 15.8 厘米，见图 5-22[②]。

　　盆　1件。标本 M2∶4093，捶镍而成，无铺首。高 15.8 厘米，
口径 71 厘米，腹径 65 厘米，壁厚 3 毫米[③]。

　　钵　1件。标本 M2∶3002，直口，浅腹，圜底。高 4.1 厘米，口
径 23.8 厘米，壁厚 1 毫米，见图 5-22[④]。

　　①　中国社会科学院考古研究所、河北省文物管理处：《满城汉墓发掘报告》，北
京：文物出版社，1980年，第249页。
　　②　中国社会科学院考古研究所、河北省文物管理处：《满城汉墓发掘报告》，北
京：文物出版社，1980年，第250页。
　　③　中国社会科学院考古研究所、河北省文物管理处：《满城汉墓发掘报告》，北
京：文物出版社，1980年，第251页。
　　④　中国社会科学院考古研究所、河北省文物管理处：《满城汉墓发掘报告》，北
京：文物出版社，1980年，第252—253页。

发掘者认为M1略早于M2,这两座墓葬的年代为西汉中期[①]。

10.安徽天长三角圩墓地

(1) M1

出土的热锻薄壁青铜器有盆、鼓算瓤和釜。

盆 10件。按形制可分为两种。

折腹圜底盆 2件。标本M1:182,口沿残裂。敞口、宽折沿,方唇,浅折腹,圜底。器形较大,素面。锻造,折沿外侧、折腹内侧见锻痕。高16厘米,口径63厘米,腹径57厘米,壁厚1—1.5毫米。标本M1:183,底残。高13.2厘米,口径60厘米,腹径53.6厘米,壁厚1—1.5毫米,见图5-23。

折腹平底盆 6件。标本M1:188,完整。敞口,折沿,方唇,浅折腹,假圈足状小平底。器形较大,素面。锻造,底部见锻痕。高10厘米,口径28厘米,腹径26.4厘米,底径11.2厘米,壁厚1毫米。标本M1:189,完整。锻造,底部见锻痕。高10.4厘米,口径27.4厘米,腹径26.4厘米,底径11.2厘米,壁厚1毫米。标本M1:190,完整。锻造,外底斜棱处锻痕明显。高10厘米,口径28厘米,腹径26.4厘米,底径11厘米,壁厚1毫米。标本M1:191,完整。锻造,底部见锻痕。高10厘米,口径27.6厘米,腹径25.6厘米,底径11.2厘米,壁厚1毫米。标本M1:192,残。锻造,器壁极薄,厚薄不均,有通透性破损。高10厘米,口径27.4厘米,腹径25.6厘米,底径11厘米,壁厚0.6—1毫米。标本M1:193,残。锻造,器壁极薄,厚薄不均,有通透性破损。高9厘米,口径29.6厘米,腹径27.2厘米,底径12厘米,壁厚0.7—1毫米,见图5-23。

弧腹平底盆 2件。标本M1:321,底残。敞口,折沿,方

①　中国社会科学院考古研究所、河北省文物管理处:《满城汉墓发掘报告》,北京:文物出版社,1980年,第336—339页。

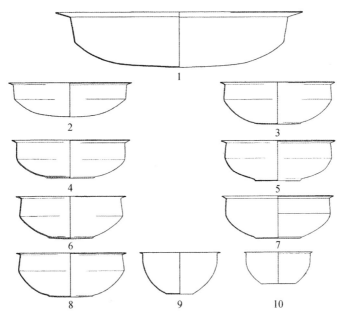

图5-23　安徽天长三角圩M1出土盆

1. 标本M1∶183；2. 标本M1∶182；3. 标本M1∶188；4. 标本M1∶193；
5. 标本M1∶190；6. 标本M1∶191；7. 标本M1∶192；8. 标本M1∶189；
9. 标本M1∶323；10. 标本M1∶321

唇，扁弧腹，上腹部略直，下腹弧内收，平底。出土时扣于甗
（M1∶320）之上。锻造，器壁极薄，厚薄不均，口沿部可见锻痕。
高7.6厘米，口径16.8厘米，腹径15.6厘米，底径8.4厘米，壁厚
0.5—1毫米。标本M1∶323，完整。弧腹略深，上腹部一道突棱。
出土时扣于甗（M1∶322）之上。锻造，器壁厚薄不均，有通透性
破损。高10厘米，口径19.6厘米，腹径18.2厘米，底径6.5厘米，
壁厚0.5—1毫米，见图5-23。

　　鼓箅甗　2件。形制基本相同。标本M1∶320，完整。由甑、釜
组成。甑敞口，折沿，扁腹微鼓，鼓箅，箅分铸，外撇圈足较高。腹外

壁饰一周凸棱宽带，较光亮，上铆有两个对称的铺首衔环，内壁见铆钉。箅孔均为不规则圆形，10行，共75孔，下沿与高圈足平齐锻接。釜，小口微敛，高斜领，溜肩，腹鼓圆，小平底。溜肩铆有两个对称的铺首衔环，内壁见铆钉，腹由上下两部分锻接而成，上腹套于下腹内，下腹出一折沿。锻造，口沿处见锻痕。甑腹壁、甑箅、釜上下腹分别锻造后铆接而成。通高21厘米，甑高9.4厘米，口径16.6厘米，腹径15.6厘米，箅径8厘米，足径9.2厘米，壁厚1毫米；釜高13厘米，口径3.8厘米，腹径15.4厘米，底径5.4厘米，壁厚1毫米。标本M1：322，完整。通高26.4厘米，甑高11.6厘米，口径19.4厘米，腹径17.4厘米，箅径7.8厘米，足径8.8厘米，壁厚0.5—1毫米，釜高16厘米，腹径17.6厘米，底径6.2厘米，壁厚0.5—1毫米，见图5-24。

釜　3件。标本M1：306，锈蚀残损，敞口，折沿，方唇，扁鼓腹，圜底。器壁极薄，口沿、腹、底残。通高9.8厘米，口径18.6厘米，腹径17.6厘米，壁厚0.7毫米。标本M1：331，锈蚀残损，敞口，折沿，扁腹微鼓，圜底。腹壁有一残孔。通高8.2厘米，口径20.8厘米，腹径20.4厘米，壁厚0.8毫米。标本M1：332，完整。敞口，折沿，方圆唇，扁鼓腹，圜底。锻造，口沿外侧见锻痕，质地轻薄。通高8.4厘米，口径21.5厘米，腹径20厘米，壁厚0.8毫米[1]，见图5-24。

其中，1件盆（标本M1：118）经科学检测证实为锡青铜热锻而成，含锡量5.93 wt%[2]。

发掘者认为该墓葬的年代为西汉晚期[3]。

---

[1]　安徽省文物考古研究所：《天长三角圩墓地》，北京：科学出版社，2013年，第15—20页。

[2]　晏德付、秦颖、陈茜等：《天长西汉墓出土部分金属器的研究》，见安徽省文物考古研究所：《天长三角圩墓地》，北京：科学出版社，2013年，第432—438页。

[3]　安徽省文物考古研究所：《天长三角圩墓地》，北京：科学出版社，2013年，第403页。

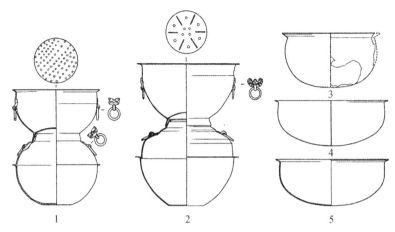

图5-24　安徽天长三角圩M1出土甗和釜

1.甗(M1：320); 2.甗(M1：322); 3.釜(M1：306); 4.釜(M1：331); 5.釜(M1：332)

（2）M10

出土的热锻薄壁青铜器有盆和洗。

盆　1件。标本M10：52,敞口,折沿,方唇,宽扁腹,腹部弧形内收,小平底。锻造,折沿和下腹部见锻痕,器壁极薄,素面。通高8.4厘米,口径22.4厘米,腹径21厘米,底径8厘米,壁厚0.5毫米,见图5-25。

洗　1件。标本M10：59,底部残,变形。敞口,宽折沿,方唇,折腹,上腹壁斜直内收,有两个对称的铺首衔环,衔环皆失,下腹壁弧形内收,圈足上置三等距圆饼形支垫。小平底。通高9.8厘米,口径30.5厘米,腹径27.6厘米,足径12厘米,足高0.1厘米,壁厚2毫米[1],见图5-25。经科学检测证实为锡铅青铜热锻而成,含锡量

---

[1]　安徽省文物考古研究所:《天长三角圩墓地》,北京:科学出版社,2013年,第192—193页。

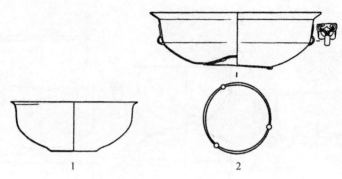

图5-25 安徽天长三角圩M10出土盆和洗

1. 盆（M10∶52）; 2. 洗（M1∶59）

6.21 wt%,含铅量 5.09 wt%[1]。

发掘者认为该墓葬的年代为西汉晚期[2]。

（3）M12

匜 1件。标本M12∶7,方圆直口,前端流上翘,流斜口弧壁,断面呈倒等腰梯形,后端铆一铺首衔环,内壁见乳状铆钉,浅腹,上腹内折,下腹弧形内收,平底。沿外壁一周凸棱宽带。长36厘米,流长12.6厘米,口沿长径28厘米,短径22厘米,壁厚2毫米,见图5-26[3]。经科学检测可知,其为铅锡青铜热锻而成,含锡量5.58 wt%,含铅量9.27 wt%[4]。

---

① 晏德付、秦颖、陈茜等:《天长西汉墓出土部分金属器的研究》,见安徽省文物考古研究所:《天长三角圩墓地》,北京:科学出版社,2013年,第432—438页。

② 安徽省文物考古研究所:《天长三角圩墓地》,北京:科学出版社,2013年,第403页。

③ 安徽省文物考古研究所:《天长三角圩墓地》,北京:科学出版社,2013年,第221页。

④ 晏德付、秦颖、陈茜等:《天长西汉墓出土部分金属器的研究》,见安徽省文物考古研究所:《天长三角圩墓地》,北京:科学出版社,2013年,第432—438页。

发掘者认为该墓葬的年代为西汉中期后段①。

值得注意的是，年代为西汉中期前段的M19出土薄壁青铜釜、洗和耳杯各1件，它们的器壁虽然在0.6—0.8毫米以内，但器壁见多处小铜垫片（撑芯），因此推测为铸造而成②。

此外，年代为西汉中期前段的M27出土薄壁青铜釜、洗和盆各1件，器壁厚度约为0.8—1毫

图5-26　安徽天长三角圩M12出土匜（M12：7）

米③，但因未经科学检测，也未见锻痕，暂不纳入本文之列。

11. 广东广州小谷围墓地港尾岗M8

奁　1件。圆形带盖，子口，直身，平底，三乳突足，器身上下腹各有两凸弦纹，腹中部刻有一周兽纹带，近底部一圈重棱格纹。盖直口折沿，顶微隆起，中心为圆心环钮，内扣圆环，四叶座。盖面刻有一周兽纹带，内容与器身一致。高14.5厘米，口径16.8厘米，底径16.9厘米。经科学检测可知，其为锡铅青铜，先分别铸造器盖、器身和底部坯体，底部坯体经过热锻后与器身相连接④。发掘者认为该墓葬的年代为西汉晚期至东汉早期。

---

① 安徽省文物考古研究所：《天长三角圩墓地》，北京：科学出版社，2013年，第403页。

② 安徽省文物考古研究所：《天长三角圩墓地》，北京：科学出版社，2013年，第265—266页。

③ 安徽省文物考古研究所：《天长三角圩墓地》，北京：科学出版社，2013年，第313—314页。

④ 吕良波：《广州小谷围出土刻纹铜奁的科学分析》，《广西民族大学学报（自然科学版）》2015年第4期。

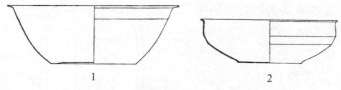

图5-27　河南陕县后川M3003出土盆

1. 标本M3003：53；2. 标本M3003：68

12. 河南陕县后川汉墓

出土的热锻薄壁青铜器有釜、盆和甗。

（1）M3003

釜　1件。敞口，外折沿，浅腹。器壁极薄，其壁厚不到1毫米。标本M3003：58器形较大，已残破[①]。

盆　2件。分两种形制。标本M3003：53，侈口，外折沿，腹壁斜收，平底。口径41.4厘米，底径20.4厘米，高13.6厘米[②]，见图5-27。标本M3003：68，敞口，外卷沿，腹壁上部近直，中部略内折，矮假圈足。口径33厘米，底径15.4厘米，高10厘米，见图5-27[③]。

甗　1套。标本M3003：121，由一釜、一甑和一盆组成，甑敞口，外折沿，深腹，圈足。平底作箅，上有尖角形和圆形孔眼。腹侧一对铺首衔环。釜小口，内卷沿，与甑足套合，折肩，深腹，下腹缓收作小平底。肩上一对铺首衔环。颈肩处有一道折棱。釜由上下两部分铆接而成，在腹部接缝处有外卷的折沿一道，其下两侧各有铆钉孔眼一个。盆的形制与釜的下半部相似，略大。甑釜通高

---

① 中国社会科学院考古研究所：《陕县东周秦汉墓》，北京：科学出版社，1994年，第181页。

② 中国社会科学院考古研究所：《陕县东周秦汉墓》，北京：科学出版社，1994年，第182页。

③ 中国社会科学院考古研究所：《陕县东周秦汉墓》，北京：科学出版社，1994年，第182页。

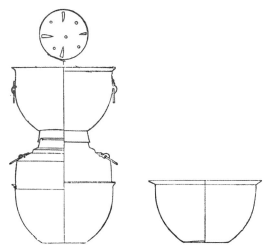

图5-28　河南陕县后川 M3003 出土甗（M3003：121）

28.2厘米；甑高12厘米，口径17.2厘米，圈足径8.6厘米；釜高16.7
厘米，口径7.6厘米，腹径16.3厘米，底径7厘米；盆高9.9厘米，口
径18.8厘米，底径7.3厘米，见图5-28[1]。

（2）M3010

釜　1件。标本M3010：15，
形制与标本M3003：58相似。底
微残，腹下有烟熏痕迹。口径13.5
厘米，见图5-29[2]。

（3）M3134

盆　1件。标本M3134：7，

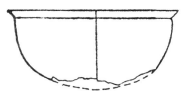

图5-29　河南陕县后川 M3010 出土釜（M3010：15）

---

①　中国社会科学院考古研究所：《陕县东周秦汉墓》，北京：科学出版社，1994
年，第181—182页。
②　中国社会科学院考古研究所：《陕县东周秦汉墓》，北京：科学出版社，1994
年，第181页。

形制与标本M3003：53相似。口径28.3—41.4厘米[①]。

另有1件盆未报道。

发掘者认为M3003的年代约为西汉中期或稍后，M3010和M3134的年代约为西汉晚期至新莽时期或稍后[②]。

13. 安徽肥东

秦颖等人对安徽肥东出土的部分青铜器进行科学检测后发现，1件盆（M7：13-3）为锡青铜热锻而成，含锡量18.17 wt%，壁厚0.6毫米。发掘者认为该墓葬的年代约为西汉时期[③]。

14. 河南南阳卧龙乡

何堂坤等人对河南南阳卧龙乡出土的1件汉代舟进行科学检测后发现，其为锡青铜热锻后淬火而成，含锡量18.73 wt%，壁厚0.6—0.9毫米[④]。

15. 北京延庆西屯墓地

杨菊等人对北京延庆西屯墓地出土的22件汉代铜器进行科学检测后发现，其中1件盆（M151：1）为锡铅青铜热锻而成，含锡量10.94 wt%，含铅量5.94 wt%[⑤]。

① 中国社会科学院考古研究所：《陕县东周秦汉墓》，北京：科学出版社，1994年，第182页。
② 中国社会科学院考古研究所：《陕县东周秦汉墓》，北京：科学出版社，1994年，第199页。
③ 秦颖、李世彩、晏德付等：《湖北及安徽出土东周至秦汉时期热锻青铜容器的科学分析》，《文物》2015年第7期。
④ 何堂坤、刘绍明：《南阳汉代铜舟科学分析》，《中原文物》2010年第4期。
⑤ 杨菊、李延祥：《北京延庆西屯墓地出土汉代铜器的科学分析》，《中国文物科学研究》2012年第3期。

第六章

热锻薄壁青铜器的制作工艺

第一节　热锻薄壁青铜器的材料学分类

热锻薄壁青铜器的造型简单且多素面。经科学检测后发现，这些在外观上看起来差别不大的器物，实际上在合金成分和金相组织等方面具有不同的材料学特征，可据此进行客观、准确的分类。根据热锻薄壁青铜器的合金成分，特别是含锡量的高低，可分为两型：

1. A型

合金成分为铜锡合金或铜锡铅合金，含锡量低于18 wt%。在先秦两汉时期热锻薄壁青铜器中，A型器物占绝大多数。

根据金相组织的不同，又可分为Aa和Ab两个亚型：

（1）Aa型

金相组织仅见α固溶体等轴晶及孪晶组织，如图6-1所示。在以往研究中，研究者大多认为α固溶体等轴晶和孪晶组织是经热锻后形成，并根据Chadwick R.在1939年对含锡量5—30 wt%青铜进行的热锻模拟实验，推测这些含锡量低于18 wt%的A型器物

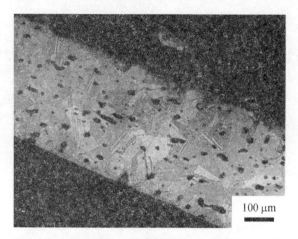

图6-1　江苏淮阴高庄战国墓M7出土素面匜M7∶278
（标本编号Sayt6-1）[1]

的热锻打区间在200—300℃之间[2]。

（2）Ab型

金相组织不但显示为α固溶体等轴晶及孪晶组织，而且α固溶体等轴晶晶内会显示较多滑移线，晶界及孪晶界也会显示弯曲，如图6-2所示。α固溶体等轴晶和孪晶组织表明其经过了温度区间在200—300℃之间的热锻加工。而α固溶体等轴晶晶内存在较多滑移线，部分还出现晶界及孪晶界弯曲等现象，说明青铜在热加工后还经过了冷加工，且加工变形量较大[3]。类似现象在中国古代兵器、工具或农具的刃部也经常被观察到。

––––––––––––––

① 孙淑云、王金潮、田建花等：《淮阴高庄战国墓出土铜器的分析研究》，《考古》2009年第2期。

② Chadwick, R.. "The Effect of Composition and Constitution on the Working and on Some Physical Properties of the Tin Bronzes". *Journal of Institute of Metals*, 1939, 1.

③ 韩汝玢、孙淑云、李秀辉等：《中国古代铜器的显微组织》，《北京科技大学学报》2002年第2期。

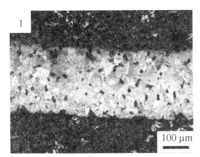

图6-2　河南南阳夏响铺M6出土长方形盾锡（M6∶64）

　　需要注意的是，有研究发现低锡青铜在冷锻后再经过退火处理，只要保证有合适的退火温度及足够的退火时间，也能形成α固溶体等轴晶和孪晶组织[1]。那么，A型器物中是否也有冷锻再经过退火处理而成的器物呢？

　　回答这个问题，需要从两个方面考虑：（1）从金相组织特点看，A型器物的金相组织一般呈现出致密光亮的表面，即使观察到一些孔洞，也大多与其含铅或硫化亚铜有关，而非加工孔洞。并且，根据罗武干等人的模拟实验，青铜冷锻退火后的组织中会存在大量的加工孔洞[2]；（2）从工艺特点看，热锻工艺的优势在于能够在200—300℃之间反复锻打，易于器物的最终成型。而且，热锻工艺能够更好地实现减薄壁厚的目的。罗武干等人[3]的模拟实验证实，减厚59%的热锻材料在金相组织致密度上优于减厚24—33%的冷锻材料。此外，江苏淮阴高庄战国墓M7出土的1件刻纹

　　① 罗武干：《古麇地出土青铜器初步研究》，合肥：中国科学技术大学博士学位论文，2008年。

　　② 罗武干：《古麇地出土青铜器初步研究》，合肥：中国科学技术大学博士学位论文，2008年。

　　③ 罗武干：《古麇地出土青铜器初步研究》，合肥：中国科学技术大学博士学位论文，2008年。

 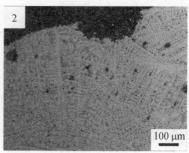

图 6-3　江苏淮阴高庄战国墓 M7 出土素面匜 7∶281-3

1. 底部; 2. 口沿

盘(馆藏号 7∶281-3)的底部为 A 型组织,而口沿保留了典型的铸造组织,如图 6-3 所示。这些都表明此前研究中关于 A 型器物经过了热锻加工的结论是可信的[①]。

2. B 型

合金成分为较纯的铜锡合金,含锡量高于 18 wt%。

金相组织主要由针状 β'_1 相和岛状 α 固溶体孪晶组成,其中 α 相孪晶为饱和固溶体,如图 6-4 所示。目前,国内公开报道的先秦两汉时期标本仅 2 件,即安徽南陵千峰山土墩墓出土的 1 件越式鼎和河南南阳出土的 1 件汉代铜舟,研究认为这 2 件器物是在 500—700℃的温度区间内锻打加工而成,然后还经过了淬火处理,其中越式鼎标本是已知的中国最早经热锻淬火工艺而成的薄壁高锡青铜容器[②]。

---

① 孙淑云、王金潮、田建花等:《淮阴高庄战国墓出土铜器的分析研究》,《考古》2009 年第 2 期。

② a. 何堂坤、刘绍明:《南阳汉代铜舟科学分析》,《中原文物》2010 年第 4 期。

b. 贾莹、刘平生、黄允兰:《安徽南陵出土部分青铜器研究》,《文物保护与考古科学》2012 年第 1 期。

虽然先秦两汉时期的B
型器物发现较少，但汉代以后
类似金相组织的器物已在多
地被发现，较重要者有：辽宁
北票冯素弗墓出土的1件钵[①]；
江苏江都大桥南朝窖藏出土
的7件容器[②]；湖北安陆唐墓出
土的2件容器[③]；江苏徐州雪
山寺北宋窖藏出土的1件钹、
1件磬和1件锣[④]；江西省博物
馆馆藏的1件宋代钹[⑤]。

对上述标本的研究表明，
它们不但具有类似的金相组
织特征，且均为含锡量高于
18 wt%的铜锡合金。从合金

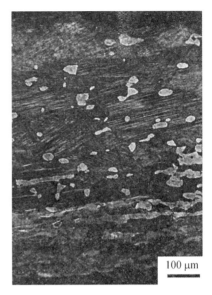

100 μm

图6-4 安徽南陵千峰山土墩墓出土
的越式鼎[⑥]

配比和工艺上看，这2件器物与汉代以后的B型器物基本相同，因

① a. 韩汝玢、孙淑云、李秀辉等：《中国古代铜器的显微组织》，《北京科技大学学报》2002年第2期。

b. 孙淑云、韩汝玢、李秀辉：《中国古代金属材料显微组织图谱》，北京：科学出版社，2011年。

② 王金潮、田建花、孙淑云等：《江都大桥镇出土的南朝窖藏青铜器工艺研究》，见《中国文物保护技术协会第四次学术年会论文集》，北京：科学出版社，2007年，第26—32页。

③ Yang Li, Taotao Wu, Lingmin Liao, Chengwei Liao, Lang Zhang, Guantao Chen, Chunxu Pan. "Techniques employed in making ancient thin-walled bronze vessels unearthed in Hubei Province, China". *Applied Physics A-Materials Science & Processing*, 2013, 111.

④ 何堂坤、李德银、李恒贤：《宋代锣钹磬的科学分析》，《考古》2009年第7期。

⑤ 何堂坤、李德银、李恒贤：《宋代锣钹磬的科学分析》，《考古》2009年第7期。

⑥ 贾莹、刘平生、黄允兰：《安徽南陵出土部分青铜器研究》，《文物保护与考古科学》2012年第1期。

此不应被视为孤例。

第二节　热锻薄壁青铜器的工艺特点

总体而言,这类薄壁青铜器均采用了热锻工艺,即通过在高温下的反复锻打将铸造而成的青铜毛坯加工成需要的器型,并使其器壁减薄至1.5毫米或更薄。

A型器物和B型器物因为在合金成分和金相组织等方面具有不同的材料学特征,反映出两者具有各自的制作工艺特点,以往研究中也对这些制作工艺特点进行过讨论,具体如下:

1. 合金配比中是否含铅

根据已报道标本的合金成分分析结果可知,A型器物为铜锡合金或铜锡铅合金,而B型器物为铜锡合金。

众所周知,铅在铜或铜锡合金中无固溶关系,不能形成金属间化合物,只能以分离或者游离状态存在,而且青铜材料随含铅量的增加,其强度和硬度都大为降低[1]。有学者认为,"铅是以软夹杂形式存在于金属基体中的,它破坏了金属基体的连续性,所以,用锻造方式成型的青铜器是不宜含铅的"[2]。但是,从目前已公布的资料看,很多A型器物都含铅,个别标本的铅含量达到了12 wt%。显然,合金配比中含铅与否对于A型器物的热锻过程影响不大。

那么,B型器物为何又不含铅呢? 我们推测可能是因为,B型器物的热锻温度区间(具体的温度区间将在下文讨论)远高于铅的熔点(约327℃)。也就是说,即使B型器物的合金原料中含有

---

① 苏荣誉、华觉明、李克敏等:《中国上古金属技术》,济南:山东科学技术出版社,1995年。

② 何堂坤、刘绍明:《南阳汉代铜舟科学分析》,《中原文物》2010年第4期。

铅,在不断反复的高温锻打过程中,基体中原有的铅极易转化成液态流失掉。

2. 合金配比中含锡量的多少

根据已报道标本的合金成分分析结果可知,A型器物含锡量一般在12—17 wt%的范围内波动,B型器物含锡量一般在18—22 wt%的范围内波动。也就是说,B型器物的含锡量正好在高锡青铜的范围内,而A型器物含锡量在低锡青铜的范围内。

众所周知,青铜是否能够进行冷、热加工或热处理与其含锡量的多少密切相关。也就是说,A型和B型器物之所以选择截然不同的含锡量合金配比,是为了满足各自所采用的制作工艺参数要求,例如,热锻温度区间、是否进行冷加工或热处理等,相关工艺参数的讨论将在下文详述。

3. 热锻温度区间

一般认为,在实际的锻打过程中是很难长时间加热或保持恒温,通常的工艺流程是将青铜毛坯加热后,取出至空气中锻打数下,再回炉加温[1]。也就是说,青铜器的锻打温度属于一个较宽泛的温度区间。以往研究中,关于青铜材料热锻温度区间的推断,主要参考Chadwick R.在1939年发表的一篇文献,即"对于纯的铜锡二元合金来说,存在着2个韧性锻区:一是含锡在18 wt%以下的青铜在200—300℃范围内;二是含锡20—30 wt%的青铜在500—700℃范围内"[2]。并据此认为,A型和B型器物的热锻温度区间分别为200—300℃和500—700℃。

近年来,罗武干进行的模拟实验结果表明,对于含锡量22 wt%

---

[1]　孙淑云、罗坤馨、王克智:《中国传统响铜器的制作工艺》,《中国科技史料》1991年第4期。

[2]　Chadwick, R.. "The Effect of Composition and Constitution on the Working and on Some Physical Properties of the Tin Bronzes". *Journal of Institute of Metals*, 1939, 1.

的青铜,理想的热锻温度需达到760℃,而在650℃下仅能锻打3—5下,这不同于此前的认识[1]。此外,孙淑云等人对中国传统响铜器制作工艺的调查也发现,传统工匠制作铜锣这类B型器物时,反复热锻过程中的加热和淬火前加热使用同一加热设备[2]。可见确定B型器物的热锻温度区间需要综合考虑后续进行的淬火或退火等热处理工艺的温度。

4. 热锻后是否经过冷加工或热处理

以往研究发现,一些A型器物在热锻后经过了冷加工,而B型热器物热锻后通常要进行淬火处理。一般认为,青铜材料热锻后是否经过冷加工或选择何种热处理方式的最终目的均是为了获得理想的力学性能,以增强其实用性。A型和B型器物所采用的后续工艺及增强机理也是以往研究的热点,包括:

首先,对于A型器物而言,以往研究中对其采用冷加工的目的及其机理有比较清楚的论述。即冷加工后由于位错运动受到阻碍,使材料的硬度、强度变得更高,延性变得更差,产生加工硬化。除了热锻薄壁青铜器外,很多古代兵器的刃部也采用冷加工的方式提高材料硬度。例如,韩汝玢等人[3]对北京延庆山戎墓出土的4件刃部经过冷锻的青铜器硬度进行测试,结果表明冷锻组织的硬度较铸造组织的硬度提高了3倍。

其次,对于B型器物而言,一般认为,由于其所采用的合金配比属于高锡青铜,在空气中缓慢冷却时会生成硬且脆的 δ 相,只

---

① 罗武干:《古麇地出土青铜器初步研究》,合肥:中国科学技术大学博士学位论文,2008年。

② 孙淑云、罗坤馨、王克智:《中国传统响铜器的制作工艺》,《中国科技史料》1991年第4期。

③ 韩汝玢、孙淑云、李秀辉等:《中国古代铜器的显微组织》,《北京科技大学学报》2002年第2期。

图6-5　《天工开物》"锤锻第十"所载锤锻图

有经过淬火处理后,才能保留硬度较高且韧性较好的针状β'₁相。根据铜锡二元合金相图,可推测出高锡青铜的淬火温度区间应在586—798℃范围内[1]。如前文所述,一般认为B型器物的热锻工艺与淬火前加热处理使用同一设备,即热锻和淬火的温度区间基本一致,结合Chadwick R.关于高锡青铜的热锻温度区间在500—700℃范围内的认识[2],B型器物的热锻(也包括淬火)温度区间理论值应在596—700℃范围内。

明代宋应星所著《天工开物》中对铜锣、铜鼓和丁宁等响乐器的制作工艺流程进行了详细的记载并附图,如图6-5所示。

————————

[1]　Scott, D. A.. *Metallography and Microstructure of Ancient and Historic Metals.* *Malibu CA*, USA: The Getty Conservation Institute, 1991.

[2]　Chadwick, R.. "The Effect of Composition and Constitution on the Working and on Some Physical Properties of the Tin Bronzes". *Journal of Institute of Metals*, 1939, 1.

文字记载如下：

> 凡锤乐器，锤钲（俗名锣）不事先铸，熔团即锤。锤镯（俗
> 名铜鼓）与丁宁，则先铸成圆片，然后受锤。凡锤钲、镯皆铺
> 团于地面。巨者众共挥力，由小阔开，就身起弦声，俱从冷锤
> 点发。其铜鼓中间突起隆炮，而后冷锤开声[①]。

　　《天工开物》"锤锻第十"所记载的内容与考古发现的 B 型器
物以及近现代对于中国、印度和菲律宾等地类似器物的制作工艺
流程基本相同，唯不见关于热锻打后进行淬火处理或者退火处理
的记载，有研究者认为这可能是因为古代传统手工匠人处于技术
保密的需要，故意隐去了这项关键的技术环节[②]。这种推测在法国
人 Champion P. 在 1869 年出版的论文中得到印证，论文中记载了
他在当时中国作坊中的亲眼所见，证实铜锣制作者会在铜锣热锻
成型后，再重新加热至通红，然后在冷水中淬火[③]。

　　对于淬火处理是否会使硬度降低等问题，学术界也存在争论。例
如，有研究者认为，无论含锡量多少，青铜淬火后的硬度都会降低[④]。
本书作者利用纳米压痕仪测得 2 件唐代 B 型热锻薄壁青铜器基体中
针状 β'_1 相硬度分别为 4.857 GPa（495.3 Hv）和 5.240 GPa（534.3 Hv），
明显高于模拟铸造青铜材料基体的硬度 2.780 GPa（283.5 Hv）[⑤]。另

---

① （明）宋应星：《天工开物》"锤锻第十"，上海：中华书局据崇祯十年初刻本影
印版，1959 年。

② Darcet. "Observations de M. Darcet sur la Note précédente". *Annates de Chimie
et de Physique*, 1933, 54, pp. 331-335.

③ Champion P.. in: Julien S., *Industries Anciennes et Modernes de l''Empire
Chinois*. Paris, 1869, pp. 66-74.

④ Goodway, M., Conklin, H. C.. "Quenched high tin bronzes from the
Philippines". *Archeomaterials*, 1987, 2.

⑤ Li Y., Wu T. T., L L. M., et al.. "Techniques employed in making ancient thin-
walled bronze vessels unearthed in Hubei Province, China". *Applied Physics A-Materials
Science & Processing*, 2013, 111(3).

有研究表明,针状β′₁相组织和α相的硬度都随淬火温度的增加而增大,而这两个相的硬度差值随之减少,因此可以降低脆性[①]。随着关于含锡量和淬火温度对淬火处理效果的影响等课题的深入研究,现代研究者越来越深刻认识到古代工匠对于选择每一个工艺细节参数的良苦用心。例如,Park等人对模拟青铜材料的研究发现,不同的含锡量和淬火温度都会影响淬火后的硬度,只有含锡量20 wt%和22 wt%的青铜材料,在700℃下淬火后,α相对相邻的β′₁相有加固作用,其他过高或过低的含锡量及更低的淬火温度的标本,其基体α相无法起到加固相邻的β′₁相的作用,反而会引起晶间断裂,导致硬度降低[②]。这很好地解释了为什么B型器物的含锡量仅在一个很窄的范围(18—22 wt%)内波动,并为推测其淬火温度及热锻温度提供了参考依据。

上述关于A型和B型器物工艺特点的研究与讨论,为认识热锻薄壁青铜器的工艺技术水平和分析古代工匠的工艺选取目的提供了有利的证据和深入的视角。显而易见的是,这些差异并非因为古代工匠没有熟练掌握热锻薄壁青铜器的标准制作工艺规范而造成的。恰恰相反,古代工匠从一开始就有意识地准备了不同合金配比的青铜原材料,然后在相应的温度区间内锻打,并采用各种合理的冷加工或热处理工艺,以获得理想的力学性能。这说明在东周至两汉时期可能存在两套完全不同的热锻薄壁青铜器技术传统,而且古代工匠能根据实际需要调整每套制作工艺流程中的技术细节。

① Ramesh Prasad, G. K., Chattopadhyay, K., Rao Mohan, M.. "Structure-property correlation in dual-phase copper-tin alloys". *Journal of Materials Science Letters*, 1986, 10.

② Park, J. S., Park, C. W., Lee, K. J.. "Implication of peritectic composition in historical high-tin bronze metallurgy". *Materials Characterization*, 2009, 60.

第三节　其他相关问题的探讨

上述对于制作工艺的探讨,主要围绕热锻薄壁青铜器的热锻工艺展开。而科学检测和肉眼观察发现,一些热锻薄壁青铜器,除热锻工艺外,还采用了其他的制作工艺,值得进一步研究。限于本书篇幅,目前仅就以下几个方面进行探讨:

1. 刻纹工艺在热锻薄壁青铜器中的应用

刻纹工艺是指在青铜器器壁上用刀之类的锐器刻画花纹图案的一种装饰工艺,其在中国出现的年代约在先秦两汉时期。有学者将采用刻纹工艺的青铜器称为刻纹铜器[1]。对于刻纹铜器的研究,学术界以往多集中于纹饰、起源、分期、谱系等考古学研究[2]。

据初步统计,在上文所列目前发现的先秦两汉时期热锻薄壁青铜器中,采用了刻纹工艺且可辨器形的器物有68件,详见表6-1。主要类型包括:盘、盆、洗、鉴、匜、铆、盒、缶、斗、匕、奁、算形器、圆盘形器、臂甲、甲片、箭箙、伞盖等。其中匜和盘的数量较多,分别为17件和11件。

① 吴小平、蒋璐:《汉代刻纹铜器考古研究》,杭州:浙江大学出版社,2015年,第1页。

② a. 叶小燕:《东周刻纹铜器》,《考古》1983年第2期。

b. 张广立:《东周青铜器刻纹》,《考古与文物》1983年第1期。

c. 刘建国:《春秋刻纹铜器初论》,《东南文化》1988年第5期。

d. 林留根、施玉平:《试论东周刻纹铜器的起源及分期》,《文物研究》第六辑,合肥:黄山书社,1991年。

e. 贺西林:《东周线刻画像铜器研究》,《美术研究》1995年第1期。

f. 艾兰:《一组汉代针刻铜器》,见李学勤、艾兰:《欧洲所藏中国青铜器遗珠》,北京:文物出版社,1995年。

g. 许雅惠:《东周的图像纹铜器与刻纹铜器》,《故宫学术集刊》2002年第2期。

h. 蒋廷瑜:《汉代錾刻花纹铜器研究》,《考古学报》2002年第3期。

i. 黄德荣:《滇国青铜器上的线划技术》,《古代文明》第6卷,北京:文物出版社,2007年。

j. 吴小平、蒋璐:《汉代刻纹铜器考古研究》,杭州:浙江大学出版社,2015年。

表6-1　先秦两汉时期热锻薄壁青铜器中所见刻纹铜器列表

出土地点	时代	采用了刻纹工艺的热锻薄壁青铜器（单位：件）
河南殷墟花园庄东地 M54	商代晚期	圆盘形器7
四川广汉三星堆祭祀坑 K2	商代晚期	铜箔饰件若干
石鼓山 M1	西周早期	甲片2
湖北襄阳余岗 M237	春秋中期	铜1
河南平顶山应国墓地 M10	春秋晚期	盘1、匜1、斗1
江苏六合程桥东周墓	春秋晚期	残片5
河北怀来北辛堡 M1	战国早期	缶2
山西定襄中霍 M1	战国早期	匜1、盘1
山西定襄中霍 M2	战国早期	盘1
山西定襄中霍采集	战国早期	鉴1、残片1
湖北襄阳余岗 M173	战国早期	匜1
江苏高庄 M7	战国早中期	盘7、盆1、匜6、算形器4、残片3
山西长治分水岭 M12	战国早期	匜1
山西长治分水岭 M79	暂未定	匜1
河南陕县后川 M2040	战国早期	盘1
河南陕县后川 M2041	战国早期	匜1
河南陕县后川 M2042	战国早期	匜1
河南陕县后川 M2144	战国早期	匜1、匕1
河南陕县后川 M2124	战国早期	匕1
辽宁建昌东大杖子 M11	战国早期	匜1
辽宁建昌东大杖子 M45	暂未定	匜1、洗1
山西长治分水岭 M84	战国中期	匜1、鉴1

（续表）

出　土　地　点	时　　代	采用了刻纹工艺的热锻薄壁青铜器（单位：件）
云南昆明羊甫头 M19	战国中期	胸甲（数量不清）
湖北荆州包山 M4	战国晚期	盒 1
湖北襄阳陈坡 M10	战国晚期	缶 1
云南江川李家山 M21	战国晚期	甲片（数量不清）
云南江川李家山 M24	暂未定	甲片（数量不清）
云南江川李家山 M13	暂未定	臂甲 1
云南江川李家山 M51	西汉中期至晚期（武帝置郡后）	伞盖 1
云南昆明羊甫头 M113	西汉初年至公元前 109 年	箭箙 1、箭箙饰片 1、箭箙盖 4、盔甲 1、甲片（数量不清）
广东广州小谷围墓地港尾岗 M8	西汉晚期至东汉早期	仓 1

　　从其发现数量看，刻纹工艺在热锻薄壁青铜器中的应用是比较广泛的，尤其是东周时期的刻纹青铜器，其器壁普遍较薄，即所谓的薄胎刻纹铜器。因此有学者结合已报道的东周时期刻纹青铜器科学检测数据，认为东周刻纹铜器大多为热锻而成[①]。但由于相当数量的薄胎刻纹铜器尚未经科学检测，较重要者如：河南辉县琉璃阁 M1[②]、辉县赵固村 M1[③]、山东平度东岳石村 M16[④]、河北邯

---

　　① 吴小平、蒋璐：《汉代刻纹铜器考古研究》，杭州：浙江大学出版社，2015 年，第 116 页。
　　② 郭宝钧：《山彪镇与琉璃阁》，北京：科学出版社，1959 年。
　　③ 中国科学院考古研究所：《辉县发掘报告》，北京：科学出版社，1956 年。
　　④ 中国科学院考古研究所山东发掘队：《山东平度东岳石村新石器时代遗址与战国墓》，《考古》1962 年第 10 期。

郸百泉村墓地[①]、江苏六合和仁东周墓[②]、安徽凤翔高王寺庙窖藏、山西潞城潞河M7[③]、河北平山三汲古城M8010[④]、江苏镇江谏壁王家山东周墓[⑤]、山西太原金胜村赵卿墓[⑥]、山东长岛王家沟M2[⑦]、湖南长沙楚墓M186[⑧]等,从研究的严谨性出发,本书暂未将这部分器物纳入研究的范畴。但值得注意的是,目前经科学检测的东周时期刻纹青铜器标本均属于热锻薄壁青铜器。

从工艺效果看,相比于一些表面纹饰精美的铸造青铜器,热锻薄壁青铜器由于热锻成型工艺的限制,表面多为素面。通过刻纹工艺可使热锻薄壁青铜器表面呈现精美纹饰,提升了器物的艺术价值。而且刻划纹饰与范铸纹饰的风格大相径庭,对于具有范铸纹饰的铸造青铜器而言,再使用刻纹工艺进行器物装饰显然多此一举。可见刻纹工艺在热锻薄壁青铜器上的应用较铸造青铜器更普遍,是具有一定合理性的。

从其发展过程看,刻纹工艺最迟于商代晚期已应用于热锻薄壁青铜器器壁的装饰,在河南殷墟花园庄东地M54[⑨]和四川广汉三星堆祭祀坑K2均有发现,而这些刻纹器物也是年代较早的一批

① 河北文化局文物工作队:《河北邯郸百家村战国墓》,《考古》1962年第12期。
② 吴山菁:《江苏六合县和仁东周墓》,《考古》1977年第2期。
③ 山西省文物考古研究所:《山西省潞城县潞河战国墓》,《文物》1986年第6期。
④ 河北省文物研究所:《河北平山三汲古城调查与墓葬发掘》,见《考古学集刊(5)》,北京:中国社会科学出版社,1987年。
⑤ 镇江博物馆:《江苏镇江谏壁王家山东周墓》,《文物》1987年第12期。
⑥ 山西省考古研究所、太原市文物管理委员会:《太原晋国赵卿墓》,北京:文物出版社,1996年。
⑦ 烟台市文物管理委员会:《山东长岛王沟东周墓群》,《考古学报》1993年第1期。
⑧ 湖南省博物馆、湖南省文物考古研究所、长沙市博物馆等:《长沙楚墓》,北京:文物出版社,2000年。
⑨ 严格意义上,M54出土圆盘形器所采用的工艺为錾刻工艺而非刻纹工艺,具体表现在錾刻纹饰不但在器物表面形成刻划纹饰,而且相应位置还以凸凹面的形式呈现。东周时期至汉代采用刻纹工艺的器物表面则比较平整,仅见刻划纹饰。

热锻薄壁青铜器。春秋中晚期至战国晚期,刻纹工艺在中原地区、长江中下游地区的热锻薄壁青铜器中被较广泛应用,器型多为容器,云南昆明羊甫头出土的刻纹胸甲是较特别的一例。战国晚期至东汉早期,刻纹工艺则较多应用于西南地区的热锻薄壁青铜器,器型多为甲片和饰件,另有1件奁出土于岭南地区。

2. 热锻薄壁青铜器锤印纹饰的工艺考察

锤印纹饰在热锻薄壁青铜器中比较常见,一般认为这种纹饰经锻打后以凸凹面的形式呈现,类似浮雕状图案。在以往发掘报告和简报中,这种纹饰也被称为压印纹饰或冲压纹饰。据初步统计,在上文所列目前发现的先秦两汉时期热锻薄壁青铜器中,饰有锤印纹的器物有200余件,详见表6-2。器类主要以盾钖、銮、马甲胄、饰件等为主,多呈薄片状,饰有锤印纹的方盒和斗等容器较少见。

表6-2 饰有锤印纹的热锻薄壁青铜器列表

出 土 地 点	时 代	饰有锤印纹的热锻薄壁青铜器(单位:件)
河南殷墟花园庄东地M54	商代晚期	圆盘形器7
四川广汉三星堆祭祀坑K2	商代晚期	鱼鳞纹箔饰2、兽形箔饰1
河南平顶山应国墓地M232	西周早期	盾钖1
河南平顶山应国墓地M86	西周早期	舆饰6、銮8
陕西韩城梁带村M502	西周晚期	铠甲片1组、銮4
陕西韩城梁带村M586	西周晚期	马甲胄8、銮4
河南三门峡虢国墓地M2001	西周晚期	銮残片6
河南三门峡虢国墓地M2012	西周晚期	方盒1
河南三门峡虢国墓地M2118	西周晚期	马甲胄6

（续表）

出 土 地 点	时 代	饰有锤印纹的热锻薄壁青铜器（单位：件）
河南三门峡虢国墓地追缴文物	未定	罍1
湖北枣阳郭家庙曾国墓地M3	春秋早期	盾钖1、马甲胄3
河南平顶山应国墓地M8	春秋早期	马甲胄5
陕西韩城梁带村M28	春秋早期	铠甲片90余、马甲胄20、兽面牌饰3、罍4、罍角8、饰片5
陕西韩城梁带村M35	春秋早期	罍角4
云南曲靖八塔台墓地M219	春秋中晚期	兽面纹薄片饰1
湖北襄阳陈坡M10	战国晚期	斗2

从其发展过程看，目前所见最早的饰有锤印纹的热锻薄壁青铜器年代约为商代晚期，即四川广汉三星堆祭祀坑K2出土3件箔饰。西周早期至春秋早期，盾钖、罍、马甲胄、饰件等热锻薄壁青铜器常饰有锤印纹。春秋中期以后，饰有锤印纹的热锻薄壁青铜器比较少见。

对于锤印纹饰的制作工艺，以往研究较少，魏国锋等人在对金沙遗址出土的2件表面饰有树形纹的薄铜片进行研究后，推测认为在加工树形纹饰时，先制作一个树形的模子，将之放在锻打成的铜片上压印而成[1]。实际上，模压工艺在中国早期金银器加工中就是比较常见一种工艺，即将锻打好的金银薄片放在有图纹的模具之上，通过加热、锤打等方式将模具上的图纹锤印在金银薄

---

① 魏国锋、毛振伟、秦颖等：《金沙遗址出土铜片的加工工艺研究》，《有色金属》2007年第1期。

图6-6　陕西韩城梁带村M28出土马甲胄

片上，形成凹凸有致的精美纹样①。但是，如果采用模压工艺，成组器物的锤印纹饰局部细节也应基本相同。仔细观察目前所见饰有锤印纹的热锻薄壁青铜器，特别是通过对比成组器物，如河南平顶山应国墓地M86出土6件舆饰、陕西韩城梁带村M586出土的8件马甲胄、河南三门峡虢国墓地M2118出土的6件马甲胄、陕西韩城梁带村M28出土的20件马甲胄等。这些成组器物的形制、大小虽然相似，但锤印纹饰的局部细节有明显不同，如图6-6所示。可见在先秦两汉时期，热锻薄壁青铜器采用模压工艺加工锤印纹饰的可能性不大，而是采用了一种类似金银器常采用的錾

———————

① 江楠：《中国早期金银器的考古学研究》，吉林：吉林大学博士学位论文，2015年。

刻工艺的方法。

3. 连接工艺在热锻薄壁青铜器中的应用

连接工艺是先秦两汉时期青铜器制作工艺的一个重要环节[①]，在热锻薄壁青铜器中的应用也比较普遍。从目前发现的资料看，其应用主要如下：

（1）附件的铸铆接工艺应用

一部分盘、匜、铜（舟）、盒、盆、铟、洗、缶等容器的腹部铸铆接有环、钮、铺首或鋬，少数器盖上也铸铆接有钮。仔细观察，在这类器物内壁相对应于环、钮、铺首或鋬的位置，可见形似铆钉帽端的结构。图6-7是1件湖北襄阳市博物馆馆藏铜盒连接部分的金相组织，可见器身部分为热锻组织，器身内外壁两侧的环耳部分均为铸造组织，三者相互之间的结合界面分明。推测这类器物采用的具体工艺是：先将容器器身热锻成型，然后在器身上凿孔，最后将铸造而成的环、钮、铺首或鋬以铸铆接的形式机械连接于器身上。这种先制作器身再制作附件的方法与青铜器分铸法中的后铸法相似。需要注意的是，目前所见热锻薄壁青铜器连接环、钮、铺首或鋬等附件所采用的铸接方式均为铸铆接，未见铸销接的方式。

从其发展过程看，目前所见最早的采用铸铆接技术的器物是湖北襄阳余岗墓地出土的4件铟，年代约为春秋中期。此后以铸铆接方式连接附件的热锻薄壁青铜器逐渐增多。但不同时期，器身所连接的附件种类有所区别。春秋中晚期，铸铆接的附件多为

---

① 苏荣誉：《商周青铜器的铸接》，见 Beihang University, Institute of History of Mechanical Technology, Chinese Mechanical Engineering Society, Technical Committee of Mechanical Component & System Design, Chinese Mechanical Engineering Society. History of mechanical technology and mechanical design (4)-proceedings of the fourth China-Japan international conference on history of mechanical technology and mechanical design, 2004, 9.

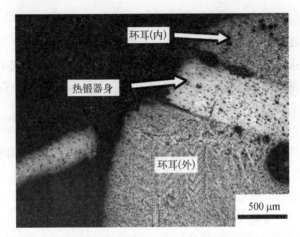

图6-7　湖北襄阳市博物馆馆藏盒（科学检测标本号XY-2）

环、钮。战国早中期开始，铸铆接的附件以铺首衔环或錾为主，并延续至西汉晚期。

（2）深腹容器的连接工艺考察

以往认为深腹容器不宜采用热锻的方式制作，然而目前发现缶和盒等器型也有采用热锻工艺制作的器物。较重要者有：

缶共5件。其中2件出土于河北怀来北辛堡战国墓M1，2件出土于湖北荆州包山楚墓M2，1件出土于湖北襄阳陈坡M10。器身均为分段锻打后铸接而成。年代从战国早期至战国晚期。

盒1件。出土于广东广州小谷围墓地港尾岗M8，仅底部为热锻而成。年代约为西汉晚期至东汉早期。

连接工艺的应用是这些深腹容器最终制作成功的关键所在。其中，缶的连接工艺较为繁复，李京华对湖北荆州包山M2出土迅缶（M2∶426）的连接工艺进行过专门研究。本书也以此为例进行介绍，缶分为缶盖和缶体，均保留有清晰的锻痕。缶体分成五段独立进行热锻，自上而下依次为缶口、缶肩及上腹部、缶下腹部、缶底

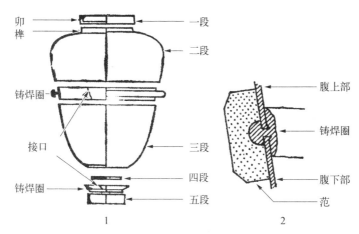

图6-8　湖北荆州包山M2出土迅缶（M2：426）连接工艺示意图

1. 分段结构；2. 铸焊细部结构

部、缶的圈足。缶口和缶肩为锻接，即缶口下端锻成卯槽，缶肩上端锻成榫头。其他各段均为铸焊方式连接而成，缶上腹部与下腹部接缝处，扣上凸弦纹的范，从缶体内明浇。并据对接口痕迹的观察可知，为分八次连续浇铸而成，每节长14—24厘米，而缶下腹部和底部、底部和圈足之间则是分六次连续浇铸而成，底边铸焊圈每节长1.7—3.0厘米。缶盖上的钮和肩部的铺首衔环以铸铆接的方式连接，如图6-8所示[①]。其他墓葬出土的3件缶所采用的连接工艺基本思路与之相同，缶身分段数略有不同。

　　具有类似连接结构的深腹容器还有河南淅川徐家岭M9出土的2件缶（M9：142、17）和山西长治分水岭M126出土的1件壶（M126：128），其中徐家岭M9：142和分水岭M126：128，见图6-9。但由于这3件器物既未经过科学检测，又未在其内壁见锻

　　① 李京华：《包山楚墓青铜器制作技术的初步考察》，见湖北省荆沙铁路考古队：《包山楚墓》，北京：文物出版社，1991年，第431—436页。

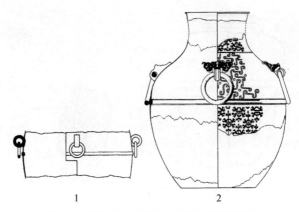

图6-9　其他具有类似连接结构的深腹容器

1.缶(河南淅川徐家岭M9：142)；2.壶(山西长治分水岭M126：128)

痕，从研究的严谨性出发，本书暂未将其纳入研究的范畴。

（3）铸焊工艺的其他应用

铸焊工艺除应用于上述深腹容器的构件连接，还见于湖北荆州包山楚墓M4出土的1件平顶盒和1件细柄勺。

李京华对这2件器物也有专门的研究，他认为平顶盒（M4：25）盒身似为热锻而成的旧器，圈足较新为铸造而成。其具体的连接方式是，圈足的内边铸出三个对称的榫头，把盒底周边凿出三个与之对应的卯孔，将榫头插入卯孔，并在榫头处各置一个榫范，从盒的内底进行浇铸，铸成圆形焊块，铸焊块直径11.5厘米，如图6-10所示。细柄勺（M4：19）勺身铸造而成，柄用很窄的薄铜片卷制而成，然后用铸焊的方式将其连接为整体，如图6-10所示[1]。

4.热锻薄壁青铜器修补痕迹的工艺考察

一般认为，中国古代铸造青铜器在浇铸过程中因种种原因，易

---

[1]　李京华：《包山楚墓青铜器制作技术的初步考察》，见湖北省荆沙铁路考古队：《包山楚墓》，北京：文物出版社，1991年，第431—436页。

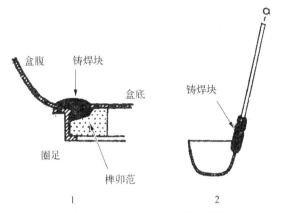

图6-10 湖北荆州包山M4出土部分热锻薄壁器的连接工艺示意图

1. 盒（M4：25）器身与圈足的铸焊；2. 细柄勺（M4：19）勺身与柄的铸焊

产生铸造缺陷,因此需要进行修补。修补青铜器的现象或工艺不晚于商代已出现[①]。从目前的考古发现与科学检测看,修补工艺可分为三类:熔补工艺[②]、铜片铆接工艺[③]和铜片镶嵌补缀工艺[④]。

———————

① 邵安定、梅建军、杨军昌等:《秦始皇帝陵园出土青铜水禽的补缀工艺及相关问题初探》,《考古》2014年第7期。

② a. 苏荣誉、彭适凡、贾莹等:《新干商代大墓青铜器铸造工艺研究》,见江西省文物考古研究所、江西博物馆、新干博物馆:《新干商代大墓》,北京:文物出版社,1995年,第257—300页。

b. 苏荣誉、胡智生、卢连成等:《强国墓地青铜器铸造工艺考察和金属器物检测》,见宝鸡市博物馆:《宝鸡强国墓地》,文物出版社,1988年,第530—638页。

c. 刘煜、岳占伟:《复杂化生产:晚商青铜器的陶范铸造工艺流程》,见陈建立、刘煜:《商周青铜器的陶范铸造技术研究》,北京:文物出版社,2011年,第81—94页。

d. 陈坤龙、刘煜、梅建军等:《城固龙头出土铜器的铸造技术及其相关问题》,见陈建立、刘煜:《商周青铜器的陶范铸造技术研究》,北京:文物出版社,2011年,第95—110页。

③ 邵安定、梅建军、杨军昌等:《秦始皇帝陵园出土青铜水禽的补缀工艺及相关问题初探》,《考古》2014年第7期。

④ 邵安定、梅建军、杨军昌等:《秦始皇帝陵园出土青铜水禽的补缀工艺及相关问题初探》,《考古》2014年第7期。

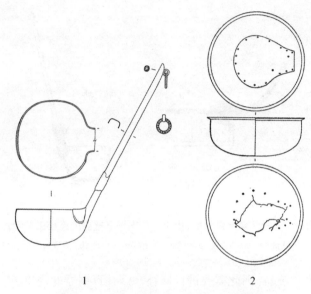

图6-11　部分热锻薄壁器的修补工艺痕迹

1. 斗（湖北襄阳陈坡M10S：87）；2. 铜（广东广州南越王墓G81）

　　目前见修补痕迹的热锻薄壁青铜器有4件，包括：

　　湖北襄阳陈坡M10出土的1件斗，标本M10S：87，口沿和柄部均有补铸疤痕，见图6-11[①]。

　　广东广州西汉南越王墓出土的2件铜和1件盆。铜标本G80和G81的内底分别铆钉一块椭圆形和一块葫芦形铜片，见图6-11。盆标本G78内底铆钉一小铜片[②]。

　　以往关于热锻薄壁青铜器的修补现象或工艺研究的报道不

_____

　　①　湖北省文物考古研究所、襄阳市文物考古研究所、襄阳市襄州区文物管理处：《襄阳陈坡》，北京：科学出版社，2013年，第192—193页。

　　②　广州市文物管理委员会、中国社会科学院考古研究所、广东省博物馆：《西汉南越王墓》，北京：文物出版社，1991年，第80—81、286、290页。

多。尤其值得注意的是,广东广州西汉南越王墓出土器物所采用的通过铜铆钉方式将薄铜补片固定于器物之上以达到修补目的的工艺。有学者将其称为铜片铆接工艺,并认为这种工艺多见于铜壶、钫、釜和鉴等薄壁铜器上[1]。本书作者也持有类似观点,其他两种修补工艺应用于热锻薄壁青铜器存在一些问题,如出现最早且最成熟的熔补工艺虽可用于热锻薄壁青铜器的修补,但因控制补片厚度的难度较大,可能会破坏原器物的轻薄风格。又如铜片镶嵌补缀工艺需要在破损处周边凿出深约2—3毫米的方形或长方形凹槽,以便将铜补片镶嵌其中,应用于热锻薄壁青铜器修补的可能性也很小。可见采用铜片铆接工艺应是修补破损热锻薄壁青铜器较为理想的修补方式。

由上述讨论可知,热锻薄壁青铜器的制作工艺,不只是热锻成型工艺,还涉及冷加工、热处理、刻划、锤印、錾刻、连接、修补等工艺,是一个复杂且相对独立的工艺体系,且分布于不同时空内的热锻薄壁青铜器在工艺技术上形成各自的特色。

---

① 邵安定、梅建军、杨军昌等:《秦始皇帝陵园出土青铜水禽的补缀工艺及相关问题初探》,《考古》2014年第7期。

第七章

先秦两汉时期热锻薄壁
青铜器的使用

第一节 先秦两汉时期热锻薄壁
青铜器的主要类型

相对于铸造青铜器而言，先秦两汉时期热锻薄壁青铜器的数量十分有限，主要类型较单一。由前文所列目前发现的先秦两汉时期热锻薄壁青铜器，按照用途可将其分为五大类，即日用容器、护具武备、车马器具、丧葬器具和杂用器具。虽然，先秦两汉时期部分兵器、工具的刃部也采用了热锻加工工艺，但因其整体仍为铸造而成，故不属于本课题所涉及的热锻薄壁青铜器。

1. 日用容器

热锻薄壁青铜日用容器可分为盘、匜、铴（舟）、盆、铞、洗、鉴、盒、甗（釜甑）、釜、缶、斗、匕、奁等。

（1）盘

35件。出土地点包括：河南平顶山应国墓地M10，湖北郧县乔家院M5、M6、M39，四川宣汉罗家坝M61，山西定襄中霍M1、M2，江苏高庄战国墓M7，河南陕县后川M2040，湖北荆州包山M5，湖北荆州左冢M1、M2、M3,山东新泰周家庄M32,湖北丹江口吉家院墓地,湖北襄阳陈坡M10,重庆涪陵小田溪M9,湖北枣阳九连墩,西安北郊秦墓98交校Ⅱ区M24,河南淅川郭庄墓地,云南江川李家山M50、M51、M57。形制略有不同,纹饰区别较大,其中11件见刻纹,24件素面。刻纹盘的年代集中于春秋晚期至战国早中期,而素面盘的年代为春秋晚期至西汉晚期。

（2）匜

34件。出土地点包括:河南平顶山应国墓地M10,湖北襄阳余岗M173,江苏六合程桥M2,安徽蚌埠双墩春秋M1,湖北郧县乔家院墓地M5、M39,山西定襄中霍M1,江苏高庄战国墓M7,山西长治分水岭M12、M84、M79,河南陕县后川M2041、M2042、M2048、M2121、M2144,湖北荆州包山M5,贵州赫章可乐M330,辽宁建昌东大杖子M11、M45,湖北荆州左冢M1、M3,湖北丹江口吉家院墓地,湖北襄阳陈坡M10,河南淅川郭庄墓地,安徽天长三角圩M12。形制略有不同,纹饰区别较大,其中17件见刻纹,17件素面。刻纹匜的年代集中于春秋晚期至战国早期,而素面匜的年代主要为春秋晚期至战国晚期,仅见1件西汉中期的素面匜。

（3）铫（舟）

9件。其中4件出土于湖北襄阳余岗4座墓葬中,年代约为春秋中期后段。3件出土于河南平顶山应国墓地M10,年代约为春秋晚期。形制基本相似,口平面呈椭圆形,敛口,腹部见铆铸的鋬或环耳,多素面,仅1件内壁见刻纹。另有1件出土于湖北襄阳鹿战岗墓地和1件出土于河南南阳某地,但仅见科学检测数据,未见相关考古发掘资料报道。

（4）盆

75件。出土地点包括:甘肃崇信于家湾墓地,四川宣汉罗家坝墓地,江苏高庄战国墓M7,四川荥经同心船棺葬,河南淅川申明铺M32,西安北郊秦墓01中财M77,广东广州西汉南越王墓,河北满城汉墓M1、M2,安徽天长三角圩墓地,河南陕县后川汉墓,安徽肥东M7,北京延庆西屯M151等。时代不同,形制、大小也各异。西周时期,仅见甘肃崇信于家湾墓地出土20件,平折沿,沿上有等距离冲孔,浅腹,素面,器形较小,器形最大的标本口径仅20厘米,多数标本的口径约12厘米。东周时期,器形较大,标本的口径多大于30厘米,江苏高庄战国墓M7所出的盆还见刻纹,部分标本腹部见环耳或铺首。秦汉时期,盆的形制、大小更为复杂,口径从20—60厘米不等。均素面,仅数件见铺首。

（5）铫

9件。均出土于广东广州西汉南越王墓。形制、大小相同。窄沿,微上翘。扁圆腹,圜底,通体鎏金。口径约20厘米。年代约为西汉早期。

（6）洗

18件。包括:贵州赫章可乐墓地、辽宁建昌东大杖子墓地、湖北郧县乔家院墓地、安徽潜山彭岭墓地、安徽天长三角圩墓地等处出土的青铜器及湖北黄冈黄州区博物馆馆藏青铜器。形制、大小各异。可分为有铺首和无铺首两种。年代从战国时期至西汉时期。值得注意的是,贵州赫章可乐墓地出土的铜洗多置于死者身体各部,推测具备丧葬器具的用途。

（7）鉴

2件。分别出土于四川宣汉罗家坝墓地M33和山西长治分水岭东周墓地M84。年代约为春秋晚期至战国中期。另湖北襄阳陈坡M10出土的1件铜鉴的科学检测结论为热锻而成,但肉眼观察为铸造而成。

（8）盒

13件。出土地点包括:河南三门峡虢国墓地M2012,湖北襄阳余岗M289,湖北荆州包山M4,湖北荆州左冢M1,湖北襄阳陈坡M10等地出土的青铜器及湖北襄阳博物馆、黄冈黄州区博物馆馆藏青铜器。形制差异较大,但多带盖,多素面,仅见1件锤印纹和1件刻纹盒。除河南三门峡虢国墓地M2012外,其他盒均出土于战国时期的楚墓。

（9）甗（釜甑）

8套。出土地点包括：四川宣汉罗家坝M64,广东广州西汉南越王墓,河北满城汉墓M1、M2,安徽天长三角圩M1,河南陕县后川M3003。河北满城汉墓M1、M2所出3套、河南陕县后川M3003所出1套、安徽天长三角圩M1所出3套,由一釜、一甑和一盆组成。四川宣汉罗家坝M64出土1套,由一釜和一甑组成,但共出的器物有盆。广东广州西汉南越王墓出土的1套,仅釜部为热锻而成。这8套甗（釜甑）的釜部与甑部的形制基本相似。年代从战国中期到西汉晚期。

（10）釜

13件。出土地点包括：河北满城汉墓M1、M2,安徽天长三角圩M1,河南陕县后川M3003、M3010。形制、大小基本相似,敞口,浅鼓腹,圜底。河北满城汉墓M1、M2各出土2件有鋬短柄釜,其中M1所出2件带盖。年代集中于西汉中期至西汉晚期。

（11）钵

1件。出土于河北满城汉墓M2。直口,浅腹,圜底。年代约为西汉中期。

（12）缶

5件。其中2件出土于河北怀来北辛堡M1,2件出土于湖北荆州包山M2,1件出土于湖北襄阳陈坡M10。形制、大小不同,但器身均为分段锻打后铸接而成。年代从战国早期至战国晚期。

（13）斗

3件。其中1件出土于河南平顶山应国墓地M10，见刻纹，年代约为春秋晚期。2件出土于湖北襄阳陈坡M10，素面，年代约为战国晚期。

（14）匕

3件。其中2件出土于河南陕县后川M2124和M2144，见刻纹，年代约为战国早期。1件出土于湖北襄阳陈坡M10，素面，年代约为战国晚期。

（15）勺

3件。分别出土于河南淅川徐家岭墓地M11、江苏高庄战国墓M7和湖北荆州包山楚墓M4。河南淅川徐家岭墓地M11标本仅存勺身，年代约为战国早期。江苏高庄战国墓M7标本未报道形制，年代约为战国早中期。湖北荆州包山楚墓M4标本的柄为热锻而成，勺身为铸造而成，年代约为战国晚期早段。

（16）盉

1件。出土于广东广州小谷围墓地港尾岗M8，仅底部为热锻而成。年代约为西汉晚期至东汉早期。

2. 护具武备

热锻薄壁青铜护具武备以盾钖、铠甲片等为主，另见箭箙和剑鞘等。

（1）盾钖

出土较多，明确数量的有35件。出土地点包括：河南三门峡虢国墓地M2001，河南平顶山应国墓地M232，湖北枣阳郭家庙M21、M3，河南南阳夏响铺M6，湖北随州文峰塔M1等。多呈浅圆盘状、圆泡状，多素面，部分见锤印纹。除湖北随州文峰塔M1年代为春秋晚期外，其他出土盾钖的墓葬的年代大多集中在西周晚期至春秋早期。

（2）铠甲片

出土较多,根据用途又可分为盔甲、颈甲、臂甲、腿甲和用于拼合成胸甲的各类甲片,其中小甲片和臂甲出土较多。

盔甲　4件。其中,2件出土于云南昆明羊甫头M19,1件出土于云南昆明羊甫头M113,1件出土于云南江川李家山M3。形制不同,保存较好的是云南昆明羊甫头标本M113∶224,似帽形扇面。

颈甲　2件。分别出土于云南昆明羊甫头M19和云南江川李家山M24,前者年代约为战国中期,后者不详。形制基本相同,由整片极薄的铜片弯曲定形为圆筒状,重合处见用于缀连的穿孔。

臂甲　58件。臂甲是出土数量较多的一类铠甲片。出土地点包括:云南楚雄万家坝墓地、贵州威宁银子坛墓地、云南江川李家山墓地、云南昆明羊甫头墓地、云南晋宁石寨山墓地等。形制基本相同,由整片极薄的铜片弯曲定形为圆筒状,重合处见用于缀连的穿孔。直径多在10厘米左右,长20厘米左右。年代从战国中期至西汉中期。

腿甲　17件。1件出土于陕西宝鸡石鼓山,3件出土于云南昆明羊甫头墓地,13件出土于云南江川李家山墓地。形制基本相同,由整片极薄的铜片弯曲定形为圆筒状,重合处见用于缀连的穿孔。直径多在10厘米左右,长30厘米左右。年代从西周时期至西汉时期。

护手甲　20件。均出土于云南江川李家山墓地第二次发掘的墓葬中。略呈心形的平片,上端中部略作倒梯形突出,上沿内弧。年代约为武帝置郡后西汉中期至晚期。

甲片　出土量极大,具体数量难计。出土地点包括:陕西宝鸡石鼓山、陕西韩城梁带村芮国墓地、河南三门峡虢国墓地、云南昆明羊甫头墓地、贵州威宁银子坛墓地、云南江川李家山墓地等。

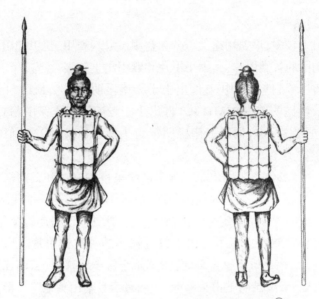

图7-1　陕西梁带村M28出土铠甲复原示意图[1]

年代从西周时期至西汉时期。不同年代、地域的甲片形制各异。不过大多是用于编缀胸甲的小甲片,如图7-1所示。

（3）箭箙

出土较多,明确数量的有26件。出土地点包括: 云南江川李家山墓地、云南昆明羊甫头M113、云南晋宁石寨山M71等。形制有所不同,由薄铜片锻打后拼接或焊接而成,多呈筒状,由铜片锻打焊接而成,素面或刻划有纹饰。多为箭箙底,另见附着在漆木箭箙背面的薄铜片。出土地点集中在西南地区,年代从战国早期至东汉初年。

---

① 陕西省考古研究院、渭南市文物保护考古研究所、韩城市景区管理委员会:《梁带村芮国墓地——二〇〇七年度发掘报告》,北京:文物出版社,2010年,第132页。

（4）剑鞘

1件。出土于云南晋宁石寨山M71。薄片状，外围有穿孔，表面由众多蛇纹组成镂孔，年代约为西汉早期。

3. 车马器具

热锻薄壁青铜车马器具可分为马甲胄、马当卢、马颈甲、舆饰、锤、二枝形器。

（1）马甲胄

出土较多，明确数量的有44件。出土地点包括：陕西韩城梁带村M502、M586、M28，河南三门峡虢国墓地M2118，河南平顶山应国墓地M8，湖北枣阳郭家庙M3，山西上马墓地M4078等。多成对出现，薄铜片制作而成，平面多呈"R"或"3"字形。表面常见锤印的平行线、勾云纹、回字纹等纹饰，还有形制不一的镂空和小穿孔。年代大多集中在西周晚期至春秋早期。

（2）马当卢

2件。1件出土于云南昆明羊甫头M113，由整片极薄的铜片弯曲成弧形，另1件出土于云南晋宁石寨山M71，圆片状。年代约为西汉早期。

（3）马颈甲

1件。出土于云南昆明羊甫头M19。为条形弯曲长片，因器形较大，推测为马颈甲。年代约为战国早期。

（4）舆饰

3组6件。出土于河南平顶山应国墓地M86。每组皆由两个对称的薄铜片拼合而成，犹如一面组合型兽面纹铜面具，见锤印纹饰。按拼合铜片的形制可分为长方形和平行四边形。这3组舆饰的年代约为西周早期。

（5）圆盘形器

10件。出土于河南安阳殷墟花园庄东地M54和大司空

M303。用薄铜片制成，呈圆形薄片状。花园庄东地M54出土的7件圆盘形器表面錾刻有纹饰，而大司空M303出土的3件为素面。在大司空M303中，因与铜箍形器同出，发掘者推测两者可能相配使用，为车马器。花园庄东地M54的年代约为殷墟二期，大司空M303的年代约为殷墟四期。

（6）锔

锔的器壁厚度一般较薄，但绝大多数为圆筒状，应为铸造而成。故热锻而成的锔出土较少。仅出土于湖北荆州包山M2中，共44件。截面为C形，两端各钻两个小圆孔。年代约为战国中期。

（7）二枝形器

4件。见于河南洛阳西郊M4。年代约为战国中期。

4. 丧葬器具

热锻薄壁青铜丧葬器具主要为翣以及类似翣的器物。

翣出土较多，明确数量的有35件，另见27件翣角。出土地点包括：河南平顶山应国墓地M1，陕西韩城梁带村M502、M586、M28、M17、M35、M18、M51，河南三门峡虢国墓地M2001、M2119，甘肃礼县圆顶山M1等。翣或翣角多以4件共出，也见2件和8件共出的报道，少见单数共出的报道。均为薄铜片制成，按翣的结构可分为连体翣和分体翣两大类。分体翣即翣体与翣角拼合而成，较连体翣数量更多，且多呈"山"字形，中部戴圭呈玉圭形，两侧角形态各异，见大刀形、圭形、鸟形等，部分无翣首部，部分翣首部呈横长方形，由两块方形薄铜片拼合而成。表面常见各类锤印、镂空纹饰，并见缀连之用的小穿孔。连体翣即翣体与翣角为同一薄铜片制成，均呈"山"字形。表面常见各类镂空纹饰。翣以及类似器物的年代集中于西周晚期至春秋早期。

5. 杂用器具

热锻薄壁青铜杂用器具以饰件为主,种类各异。

（1）铜泡

25件。出土于青海贵南尕马台墓地。年代约为齐家文化晚期。

（2）铜箔饰件

出土较多,数量不详。出土地点包括:四川广汉三星堆祭祀坑K2和四川成都金沙遗址。种类有鱼形、璋形、叶脉纹、兽面形、兽形、鸟形等。这些箔饰均用铜箔锤印而成,厚度为0.1—0.2毫米,上面錾凿纹饰,有的绘黑漆。年代约为殷墟二期至殷墟三、四期之间。

（3）挂饰

17件。出土于云南江川李家山M47。呈圆片状。年代约为武帝置郡后西汉中期至晚期。

（4）管饰

出土较多,数量不详。出土地点包括:云南曲靖八塔台墓地、内蒙古林西井沟子墓地、贵州赫章可乐墓地、云南楚雄万家坝墓地。形制基本相同,由整片极薄的铜片弯曲定形为圆筒状,接口处平叠。主要分布在西南地区。

（5）帽饰

1件。出土于云南弥渡合家山青铜器窖藏。圆形,上有乳钉形钮。年代约为春秋晚期至战国中期。

（6）伞盖

2件。分别出土于云南江川李家山M51和M68。由3或4块薄铜片拼合成圆锥形斗笠状,每片铜片边沿凿有缀连之用的小孔。年代约为武帝置郡后西汉中期至晚期。

（7）天平盘

12件。出土于湖南常德沅水下游楚墓。形制基本相同,大小各异。均作圈底浅盘状,胎薄,口部见穿绳的小圆孔。年代约为战国中期至战国晚期。

第二节　先秦两汉时期热锻薄壁 青铜器的性质

对于不同时空内的热锻薄壁青铜器的用途与性质，主要根据其器类、功能等方面进行考察。

1. 西周时期及更早的热锻薄壁青铜器的性质

西周时期及更早的热锻薄壁青铜器，从器类上看，以铠甲片、盾钖、马甲胄、翣及各种饰件为主，日用容器仅见甘肃崇信于家湾墓地出土的20件盆和河南三门峡虢国墓地M2012出土的1件盒。

在这些器类中，翣和一些饰件被认为用于丧葬或祭祀仪式。关于翣的性质研究是近年来学术界讨论较多的问题，多数学者认为翣为一种周代丧葬器具，即《周礼·夏官·御仆》记载"大丧，持翣"中的翣。通俗来讲，翣是一种用于遮障棺柩的装饰品。它与周代礼制有关，如《礼记·礼器》载"天子崩，七月而葬，五重八翣；诸侯五月而葬，三重六翣；大夫三月而葬，再重四翣"[①]。也有学者持不同观点，如：许子滨认为这些"山"字形薄铜片的形制与文献中的翣不符[②]，胡健等人则认为其为类似古埃及作为王权象征的半圆形木座礼仪羽扇[③]。这些观点虽然在是否命名为"翣"的

---

① 　a. 林巳奈夫：《中国先秦时代的旗》，《史林》第49卷第2号。

b. 孙华：《中山王墓铜器四题》，《文物春秋》2003年第1期。

c. 王龙正、倪爱武、张方涛：《周代丧葬礼器铜翣考》，《考古》2006年第9期。

d. 李学勤主编：《十三经注疏·周礼注疏》，北京：北京大学出版社，1999年。

e. 李学勤主编：《十三经注疏·礼记正义》，北京：北京大学出版社，1999年。

② 　许子滨：《〈左转〉所记齐庄公葬礼考释》，《汉学研究》第28卷第3期。

③ 　胡健、王米佳：《周代丧葬礼器"翣"的再探讨——关于"山"字形薄铜片的考证》，《中原文化研究》2015年第5期。

问题上存在争议,但都认为"山"字形薄铜片是一种具有礼仪功能与性质的丧葬器具。出土罍的西周时期的墓葬级别一般较高,且这种现象一直延续至春秋时期。西周时期及更早墓葬中出土的热锻薄壁饰件形制多样,但主要可分为三大类:(1)类似罍的饰件,应与罍有相同的用途与性质。(2)与祭祀仪式有关的饰件。如四川广汉三星堆祭祀坑K2和四川成都金沙遗址出土的璋形、板形、鱼形、叶脉形、兽形、鸟形等铜箔饰件及眼睛形器。这些铜箔饰件出土地点为遗址的祭祀区,其与祭祀仪式的关系不言而喻。施劲松将三星堆遗址和金沙遗址出土的祭祀遗物按表现对象或功能分为三类,由这些铜箔饰件构成的神树以及眼睛形器被归为第一类,即祭祀对象[1]。(3)舆饰。河南平顶山应国墓地M86出土的组合型兽面纹舆饰,器型较大且较精美,应为高级别贵族出行的车马仪仗装饰之用。

热锻薄壁铠甲片和盾钖多发现于一些高级别的西周时期墓葬,这种现象一直延续至春秋时期。可见春秋时期及以前,铠甲片和盾钖除了作为护具武备具有一定的实用功能外,可能还有作为仪卫装备的用途。此外,有学者注意到,考古出土的马甲胄只见于一些高级别的墓葬,并认为马甲在先秦时期主要是用于战车及马的保护,因此推测先秦时期马甲胄的使用可能局限于上层贵族的戎车及一部分战车[2]。

热锻薄壁日用容器在西周时期及更早的墓葬中发现较少,但大多数出土日用容器的墓葬级别较高。以甘肃崇信于家湾墓地为例,出土热锻薄壁青铜盆的墓葬共9座,其中4座为大型墓葬,5座

---

[1]　a.施劲松:《三星堆器物坑的再审视》,《考古学报》2004年第2期。

　　b.施劲松:《金沙遗址祭祀区出土遗物研究》,《考古学报》2011年第2期。

[2]　张卫星:《先秦至两汉出土甲胄研究》,郑州:郑州大学博士学位论文,2005年,第109页。

为中型墓葬。其中,出土5件热锻薄壁青铜盆的M104,为一棺一椁的中型墓,其中2件盆内装满了当时象征财富的海贝,表明墓主生前的富有。而且,发掘者发现这种热锻薄壁青铜盆盆沿上均有等距离的三组用于系绳的穿孔,每组两孔,据此认为其可能为用于称量海贝等的量器,并认为具有特殊礼器的性质[1]。

由此可见,西周时期及更早的热锻薄壁青铜器按用途与性质可分为两大类:(1)以礼器性质为主,直接用于丧葬或祭祀仪式,如翣和一些饰件。(2)具备实用功能,也兼具礼器性质,如铠甲片、盾钖、马甲胄及日用容器。

2. 东周时期热锻薄壁青铜器的性质

东周时期热锻薄壁青铜器较此前在器类上有显著变化,即日用容器所占比例明显增加,且种类丰富。在春秋早期,铠甲片、盾钖、马甲胄和翣等热锻薄壁青铜器还常发现于一些高级别的墓葬,这些器类延续了西周时期同类器物的用途与性质。春秋中期开始,出土热锻薄壁青铜容器的墓葬逐渐增多,目前所见年代较早的地点是湖北襄阳余岗墓地,其年代约为春秋中期。到战国时期,在包括中原地区及长江中下游区域的大部分地区内,发现的热锻薄壁青铜器以日用容器为主,而铠甲片等热锻薄壁青铜护具武备仅在西南地区有所发现。

因此,关于东周时期热锻青铜器性质的讨论主要以日用容器为对象。以往研究涉及此问题的相关研究,主要集中于东周时期刻纹青铜器性质的讨论。相关观点有:(1)许雅惠认为东周时期刻纹青铜器除部分为礼仪用器外,更多的是玩赏弄器[2]。(2)吴小

---

[1]　甘肃省文物考古研究所:《崇信于家湾周墓》,北京:文物出版社,2009年,第142—143页。

[2]　许雅惠:《东周时期图像纹铜器与刻纹铜器》,《故宫学术季刊》22卷第2期。

平认为东周时期刻纹青铜器是东周一般贵族用于欣赏陈列的贵重物品,并非礼器,也非实用器[①]。如上文所述,东周时期刻纹青铜器大多采用热锻工艺加工而成,且器类多属于日用容器范畴,故这些观点对本课题研究是有所启发的。但需要注意的是,东周时期热锻薄壁青铜器的范畴较刻纹青铜器更广,对其用途与性质的探讨需要基于更多的实物资料。

　　经整理发现,在一些东周时期的墓葬中,热锻薄壁日用容器可能以某种组合形式共出。由表7-1可知,在器类上,这种组合以匜(注水器)为核心,配以盘、洗、鉴等承水器。在数量上,这种组合一般由1件注水器(匜)和1件承水器(或盘或洗或鉴)构成。在出土多件热锻薄壁青铜容器的江苏高庄战国墓M7和湖北襄阳陈坡M10中,这种组合关系也是存在的。而且,这种组合既包括刻纹器物,又包含素面器物。在两周时期,铸造而成的匜、盘、洗、鉴等器物作为礼器中的沃盥器具已是学术界普遍接受的观点。如《礼记·内则》载"进盥,少者奉盘,长者奉水,请沃盥,盥卒授巾"[②],又如《左传·僖公二十三年》载"奉匜沃盥"[③]。从器类、功能等方面看,以匜为核心的热锻薄壁日用容器组合,与这种沃盥器具组合关系基本是相符的。当然,这两种组合关系并不能完全等同视之。首先,在两周时期礼器的主要载体中,除沃盥器具外,采用热锻工艺加工而成的礼器的报道很少,特别是鼎这类两周时期礼器组合中的核心器物。考虑到青铜礼器的生产不同于一般的日用器具,而具有一定的传承性、封闭性,因此采用范铸工艺以外的其他成型工艺的可能性并不大。其次,热锻薄壁青铜器与共出的铸造青铜

---

① 吴小平、蒋璐:《汉代刻纹铜器考古研究》,杭州:浙江大学出版社,2015年,第121—122页。

② 李学勤主编:《十三经注疏·礼记正义》,北京:北京大学出版社,1999年。

③ 杨伯峻:《春秋左传注(修订本)》,北京:中华书局,1990年。

礼器在造型风格上不符,将它们视为同一礼器组合,实际上破坏了
礼器组合在造型风格上的单一性。再次,有研究者认为匜盘组合
的沃盥器具在西周中期进入礼器组合,在春秋中晚期发展到高峰,
春秋晚期以后出现了匜缶、匜鉴、匜洗组合,说明礼器中的沃盥器
具组合变得不规范。但在长江中游地区,直至战国时期这类沃盥
器具仍比较流行①。据此可认为,以沃盥器具组合出现的热锻薄壁
青铜日用容器,保留了早期相关礼器的组合关系,但在功能上已属
于实用器,其中的一些刻纹器物或许还具备玩赏弄器的性质。此
外,贵州赫章可乐墓地出土的铜洗多置于死者身体各部,推测具备
丧葬器具的用途。

表7-1　东周时期热锻薄壁日用容器组合共出情况表

出　土　地　点	年　　代	出土热锻薄壁日用容器 (单位:件)
河南平顶山应国墓地M10	春秋晚期	匜1、盘1、铜1、斗1
山西定襄中霍M1	战国早期	匜1、盘1
江苏高庄战国墓M7	战国早中期	匜7、盘7、盆1、算形器4、勺1
河南陕县后川M2144	战国早期及稍晚	匜1、匕1
辽宁建昌东大杖子M11	战国早期或稍晚	匜1、洗1
辽宁建昌东大杖子M45	战国早期或稍晚	匜1、洗1
山西长治分水岭M84	战国早中期之际	匜1、鉴1
湖北荆州左冢M1	战国中期晚段	匜1、盘2、盒1
湖北荆州左冢M3	战国中期晚段	匜1、盘1
湖北荆州包山M5	战国晚期早段	匜1、盘1
湖北襄阳陈坡M10	战国晚期	匜2、盘2、盒6、缶1、斗2、匕1

① 　阴玲玲:《两周青铜匜研究》,西安:陕西师范大学硕士学位论文,2008年。

（续表）

出　土　地　点	年　　　代	出土热锻薄壁日用容器 （单位：件）
河南淅川郭庄 M2	战国晚期	匜1、盘1
河南淅川郭庄 M7	战国晚期	匜1、盘1
湖北郧县乔家院 M39	战国晚期	匜1、盘1

铠甲片等热锻薄壁青铜护具武备仅在西南地区的墓葬中有所发现，与早期出土于中原地区的铠甲片和盾钖相似，除了作为护具武备具有一定的实用功能外，可能还有作为仪卫装备的用途。

由此可见，东周时期热锻薄壁青铜器按用途与性质可分为三大类，前两类与早期的热锻薄壁青铜器相似，出现了第三类器物，即以沃盥器具组合形式出现的热锻薄壁青铜日用容器，其已属于实用器，礼器性质不明显，但保留了早期相关礼器的组合关系。

3. 秦汉时期热锻薄壁青铜器的性质

秦汉时期热锻薄壁青铜器在器类上有明显的地域性特征，西南地区的热锻薄壁青铜器以铠甲片、箭箙、剑鞘、饰件及各种杂用器具为主，其他地区的热锻薄壁青铜器以日用容器为主。

在西南地区，铠甲片、箭箙、剑鞘、饰件及各种杂用器具发现于不同等级的墓葬中，除铠甲片作为护具武备具有一定的实用功能外，其他器物多具有装饰的用途，如箭箙、剑鞘等虽为武备，实际是用于装饰的铜薄片。在高级别的墓葬中，铠甲片等器物可能还有作为仪卫装备的用途。

在西南以外的地区，各种热锻薄壁日用容器出土于不同等级的墓葬中，具体器类仍以盘、匜、鍴（舟）、盆、铞、洗、鉴等水器为主，新见甑釜、釜等炊器。与东周时期不同的是，目前尚未见以匜为核心的沃盥器具组合的报道。在低等级的墓葬，一个墓葬大多只出土一件热锻薄壁青铜容器,无法构成组合关系。在中高等级墓葬中,虽有多件热锻薄壁青铜容器共出,但也未见明显的组合关系。而且,在广东广州西汉南越王墓中,甚至出土了带有修补痕迹的2件铜和1件盆,这进一步说明秦汉时期的热锻薄壁青铜日用容器属于实用器。

由此可见,秦汉时期大多数热锻薄壁青铜器的实用器功能得到强化,与礼器已无直接关联。当然,也不能排除一些器物还兼具礼器的用途,如在西南地区的一些高等级墓葬中出土的铠甲片。

第三节　先秦两汉时期热锻薄壁青铜器的使用者

在先秦两汉时期热锻薄壁青铜器中,能够反映使用者身份的铭文目前仅见于河北满城汉墓M1出土的1套甗,由釜、甑和盆三部分组成,分别刻铭"御铜金雍甗一……"、"御铜金雍甗甑一具……"和"御铜金雍甗盆……",且盆还书铭"御铜金雍甗盆……"[1],这些铭文冠以"御"字表明了墓主身份尊贵。遗憾的是,类似可以反映使用者身份的铭文在热锻薄壁青铜器上极为少见,因此关于它们使用者的考察只能根据墓葬及其他随葬品所反映的等级信息。经整理发现,不同类型的热锻薄壁青铜器的使用者在身份、等级等方面有明显差异,这种差异还受到不同时空的影响。

先看罍、盾饬和马甲胄等类型的热锻薄壁青铜器,它们常出

---

① 中国社会科学院考古研究所、河北省文物管理处:《满城汉墓发掘报告》,北京:文物出版社,1980年,第52页。

土于高等级墓葬。表7-2是出土热锻薄壁翼的墓葬信息表，11
座墓葬皆属于大夫级别或以上，至少2座为国君级别。而且，除
年代较晚的甘肃礼县圆顶山秦国墓地M1的墓主为女性外，大
多可确定为成年男性。表7-3是中原地区出土热锻薄壁盾钖的
墓葬信息表，6座墓葬虽多被盗，但共出铜器的铭文有明确的墓
主信息，其中5座属于国君级别，1座属于大夫级别，性别皆为男
性。表7-4是出土热锻薄壁马甲胄的墓葬信息表，7座墓葬中3
座属于国君级别，3座属于大夫级别，1座属于士级别，除1座不
详外，其余性别皆为男性。可见翼、盾钖、马甲胄这三类热锻薄
壁青铜器的使用者多为大夫及以上级别的男性贵族。需要注意
的是，它们的出现年代多为西周时期至春秋时期，尤其集中于两
周之际。

表7-2　出土热锻薄壁翼的墓葬信息表

出　土　地　点	年代	墓主身份	性别	出土热锻薄壁翼（单位：件）	出土列鼎（单位：件）	备　注
陕西韩城梁带村芮国墓地M586	西周晚期	略高于大夫级别	男	4	鼎3簋2	一椁两棺
陕西韩城梁带村芮国墓地M502	西周晚期	芮国国君级别或略低	男	4，翼片多件	鼎3簋2	"甲"字形大墓，一椁两棺
河南平顶山应国墓地M1	西周末期	下大夫级别	男	8	鼎5簋6	一椁一棺
河南三门峡虢国墓地M2001	西周晚期	虢文公（国君级别）	男	残片6	鼎7簋6	大型车马坑，一椁两棺
河南三门峡虢国墓地M2119	西周晚期	大夫级别	男	3，残片6	未知	一椁一棺，被盗

（续表）

出土地点	年代	墓主身份	性别	出土热锻薄壁婴（单位:件）	出土列鼎（单位:件）	备 注
陕西韩城梁带村芮国墓地M28	春秋早期	芮国国君级别	男	4,婴角8,残片5	鼎5簋4	"甲"字形大墓,一椁两棺
陕西韩城梁带村芮国墓地M17	春秋早期	大夫级别	男	4,婴角4	无	一椁一棺
陕西韩城梁带村芮国墓地M35	春秋早期	大夫级别	不详	1,婴角4	无	一椁两棺
陕西韩城梁带村芮国墓地M51	春秋早期	大夫级别	男	4,婴角3	无	一椁一棺
陕西韩城梁带村芮国墓地M18	春秋早期	略高于大夫级别	男	4,婴角8	鼎1	一椁两棺
甘肃礼县圆顶山秦国墓地M1	春秋中晚期	大夫级别	女	2	鼎5簋2（不全）	一椁一棺,殉人3,殉狗1只,被盗

表7-3　出土热锻薄壁盾钖的墓葬信息表

出土地点	年代	墓主身份	性别	出土热锻薄壁盾钖（单位:件）	出土列鼎（单位:件）	备 注
河南平顶山应国墓地M232	西周早期	应国国君级别	男	1	未知	"甲"字形大墓,积石,一椁一棺,被盗
河南三门峡虢国墓地M2001	西周晚期	虢文公（国君级别）	男	21	鼎7簋6	大型车马坑,一椁两棺

（续表）

出 土 地 点	年代	墓主身份	性别	出土热锻薄壁盾钖（单位：件）	出土列鼎（单位：件）	备　注
湖北枣阳郭家庙曾国墓地M21	西周晚期	曾白陭（国君级别）	男	8	未知	设墓道，一椁重棺，被盗
湖北枣阳郭家庙曾国墓地M3	春秋早期	曾国大夫级别	男	1	未知	一椁一棺，被盗
河南南阳夏响铺鄂国墓地M6	两周之际	鄂侯（国君级别）	男	4	鼎1簋1（不全）	一椁一棺
湖北随州文峰塔M1	春秋晚期	曾侯與（国君级别）	男	数件	未知	设墓道，积石，被盗

表7-4　出土热锻薄壁马甲胄的墓葬信息表

出 土 地 点	年代	墓主身份	性别	出土热锻薄壁马甲胄（单位：件）	出土列鼎（单位：件）	备　注
陕西韩城梁带村芮国墓地M586	西周晚期	略高于大夫级别	男	8	鼎3簋2	一椁两棺
陕西韩城梁带村芮国墓地M502	西周晚期	芮国国君级别或略低	男	若干	鼎3簋2	"甲"字形大墓，一椁两棺
河南三门峡虢国墓地M2118	西周晚期	上大夫级别	男	8	未知	一椁一棺，被盗
湖北枣阳郭家庙曾国墓地M3	春秋早期	曾国大夫级别	男	3	未知	一椁一棺，被盗
河南平顶山应国墓地M8	春秋早期	应国国君级别	男	5	鼎5簋4	设墓道，一椁一棺

（续表）

出 土 地 点	年代	墓主身份	性别	出土热锻薄壁马甲胄（单位：件）	出土列鼎（单位：件）	备 注
陕西韩城梁带村芮国墓地M28	春秋早期	芮国国君级别	男	20	鼎5簋4	"甲"字形大墓，一椁两棺
山西上马M4078	春秋早期	士级别	不详	2	鼎3簋2	一椁一棺

　　再看铠甲片这类热锻薄壁青铜器，主要出现于西周早期至春秋早期的中原地区和战国早期至西汉早期的西南地区。在中原地区，出土热锻薄壁铠甲片的5座墓葬中至少有2座属于国君级，其他墓葬的等级也较高，详见表7-5。可见这些铠甲片的使用者多为高等级的男性贵族，其身份所反映的等级较单一。在西南地区，出土热锻薄壁铠甲片的墓葬更多，有40余座，从墓葬规模及随葬品看，墓葬等级差别明显，级别较高的墓葬，如云南晋宁石寨山M71推测为一代滇王的墓葬，而级别较低的墓葬，仅出土1件铠甲片。为便于更直观的对比，现以云南昆明羊甫头墓地出土热锻薄壁铠甲片的墓葬为对象进行考察。该墓地中有25座墓葬出土了热锻薄壁铠甲片，除M410为汉式墓葬外，其余24座均为滇文化墓葬。原报告将滇文化墓葬分为大、中、小三型[①]，大型墓6座，墓口面积18平方米以上，其中M19出土了数千件铠甲片，M113也出土了一定数量的铠甲片；中型墓27座，墓口面积6—18平方米，仅M101出土了一定数量的铠甲片；小型墓777座，

――――――

　　[①]　云南省文物考古研究所、昆明市博物馆、官渡区博物馆：《昆明羊甫头墓地》，北京：科学出版社，2005年，第16页。

墓口面积6平方米以下,其中21座出土了热锻薄壁铠甲片,每座墓一般出土1—2件铠甲片。可见,在云南昆明羊甫头墓地,热锻薄壁铠甲片的使用者至少包括三个等级:(1)高等级者,如M19和M113的墓主,拥有数以千计的铠甲片,及其他种类丰富、数量较多的随葬品[①];(2)中等级者,如M101的墓主,拥有一定数量的铠甲片,及一定数量的其他随葬品[②];(3)低等级者,如小型墓的墓主,仅拥有1—2件铠甲片,其他随葬品的数量也较少[③]。此外,从出土热锻薄壁铠甲片的墓葬所占同类型墓葬的比例看,大型墓(33.3%)远高于中型墓(3.7%)和小型墓(2.7%),这些或许暗示了在当时的滇文化体系中,高级别者更可能拥有热锻薄壁青铜器,且拥有的数量也更多。从形制、用途看,不同时空内的热锻薄壁铠甲片并无太大差别,而其使用者的情况却存在明显的差异。造成这种差异的原因可能是时间、空间和文化等因素的综合叠加。

表7-5　中原地区出土热锻薄壁甲片的墓葬信息表

出土地点	年代	墓主身份	性别	出土热锻薄壁甲片(单位:件)	出土列鼎(单位:件)	备注
陕西宝鸡石鼓山M1	西周早期	高级别贵族	不详	3	鼎1簋1	被破坏
陕西韩城梁带村芮国墓地M502	西周晚期	芮国国君级别或略低	男	若干	鼎3簋2	"甲"字形大墓,一椁两棺

①　以M19为例,除铠甲片外,还出土了铜器:剑26、矛37、戈34、啄10、戚6、钺3、镦12、斧17、箭镞33、削30、凿4、锛4、锄2、锸2、锤1、釜3、鼎1、储贝器1、鼓1、腰扣12、扣3、镯4;陶器22;玉石器:玛瑙扣4、绿松石扣1、玛瑙珠若干、玉管若干、玉镯11件、玉玦6等(单位:件)。

②　以M101为例,除铠甲片外,还出土了铜器:剑8、矛7、戈9、啄3、戚1、斧1、削2、锛1、锄1、釜1、鼎1、腰扣2;陶器8;玉石器:玛瑙扣4、玉管4等(单位为件)。

③　以M299为例,除铠甲片外,还出土了铜器:剑2、戈1、矛1、斧1、凿1、手镯1。

（续表）

出土地点	年代	墓主身份	性别	出土热锻薄壁甲片（单位：件）	出土列鼎（单位：件）	备 注
河南三门峡虢国墓地 M2118	西周晚期	上大夫级别	男	4	未知	一椁一棺，被盗
陕西韩城梁带村芮国墓地 M27	春秋早期	芮桓公（国君级别）	男	1	鼎7簋6	"中"字形大墓，一椁两棺
陕西韩城梁带村芮国墓地 M28	春秋早期	芮国国君级别	男	140余	鼎5簋4	"甲"字形大墓，一椁两棺

　　最后看热锻薄壁青铜容器，这类器物自西周早期就已经出现，春秋晚期开始比较普遍的出现，在战国时期发展到巅峰，并一直延续至东汉。西周时期，热锻薄壁青铜容器的使用虽然十分有限，但出土这些器物的甘肃崇信于家湾墓地的诸墓和河南三门峡虢国墓地 M2012 级别较高，使用者多为高等级贵族。东周时期，热锻薄壁青铜日用容器多出土于中、低等级墓葬中。使用者的身份范围扩展至大夫级或士级的中、低等级贵族。目前尚未见东周列国国君级别的墓葬出土热锻薄壁青铜日用容器的报道。秦汉时期，出土热锻薄壁青铜容器的墓葬等级呈现多样性。较高等级的使用者，如河北满城汉墓、广东广州西汉南越王墓的墓主，属于诸侯王一级。较低等级的使用者，如安徽天长三角圩 M1 的墓主，为广陵国时期的谒者属官，属于广陵国王刘胥身边的近臣，具有一定的社会地位。需要注意的是，使用者的身份等级范围虽有所扩展，但仍限于具有一定社会地位或相当财富实力的人群，普通平民在当时可能还无法普遍使用这些器物。

　　由此可见,先秦两汉时期热锻薄壁青铜器的使用者呈现以下特点:(1)使用者整体的人群构成较单一,且身份等级较高。(2)使用者的人群构成随时代变化呈扩大化的趋势。(3)不同类型的热锻薄壁青铜器有其相对固定的使用者人群,具体表现在人群构成、身份等级和性别等方面,同时也受到地域因素的影响。

　　总体而言,器物类型、用途性质及使用者等方面的考察均反映出先秦两汉时期热锻薄壁青铜器的使用不同于铸造青铜器。在先秦两汉时期,器物类型有限且多集中出现于某一特定时空内的热锻薄壁青铜器,虽然偏重于实用功能,但其使用者的身份等级较高,形成了这一时期热锻薄壁青铜器别具一格的使用风格,是值得关注的一个现象。

第八章

先秦两汉时期热锻薄壁
青铜器的时空分布及其背景

第一节　先秦两汉时期热锻薄壁
青铜器的空间分布

1. 西周及更早时期热锻薄壁青铜器的空间分布

图8-1是西周及更早时期热锻薄壁青铜器的空间分布示意图,从图中可知在这一时期,热锻薄壁青铜器较集中地分布于西北地区和中原地区,并在四川盆地也有分布,长江流域及其以南地区尚未见热锻薄壁青铜器分布的报道。

从文化区域看,热锻薄壁青铜器较早出现于齐家文化分布的区域,然后出现于商文化(殷墟时期)的核心区域,但由于器物风格与典型商文化殷墟时期青铜器不符,被认为可能为舶来品。与此同时,还出现于三星堆文化的核心区域,并与同出器物风格一致。西周时期,多出现于典型的周文化墓葬中。

2. 东周时期热锻薄壁青铜器的空间分布

图8-2是东周时期热锻薄壁青铜器的空间分布示意图,从图中可知在这一时期,热锻薄壁青铜器较集中地分布于长江中游地

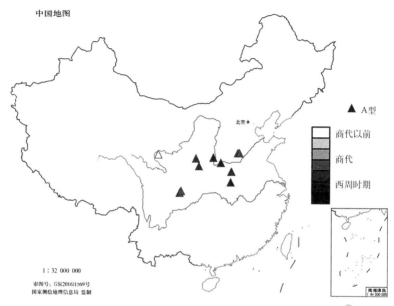

图8-1　西周及更早时期热锻薄壁青铜器的空间分布示意图[①]

区、中原地区和西南地区,其次在长江下游地区和北方地区也有一定数量的分布,此外在西北地区、胶东半岛和四川盆地也有零星分布。东周时期的分布范围较西周及更早时期在以下三个方面呈现显著的变化:(1)分布范围扩大;(2)集中分布区域从中原地区南移至长江中游地区;(3)相对独立的西南地区作为一个新增的集中分布区域。

　　从文化区域看,热锻薄壁青铜器在东周列国的分布是不平衡的。在三晋两周文化区,热锻薄壁青铜器的分布有一定规模,

---

　　① 中国地图底图来源自国家测绘地理信息局官方网站: http://bzdt.nasg.gov.cn/jsp/browseMap.jsp?picId="4028b0625501ad13015501ad2bfc0012"。

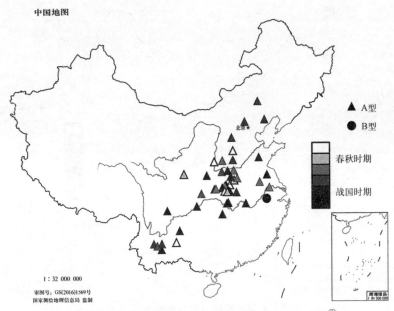

图 8-2　东周时期热锻薄壁青铜器的空间分布示意图①

但在对该文化区其他几处重要的春秋时期墓葬和遗址出土的青铜器经检测后却未发现热锻薄壁青铜器,包括河南辉县琉璃阁甲乙墓②、河南新郑郑国祭祀遗址③、山西晋国赵卿墓④、山西夏县崔家河墓地等⑤。这或许暗示三晋两周文化区对于热锻薄壁青

①　中国地图底图来源自国家测绘地理信息局官方网站:http://bzdt.nasg.gov.cn/jsp/browseMap.jsp?picId="4028b0625501ad13015501ad2bfc0012"。

②　陈坤龙、梅建军:《辉县琉璃阁甲乙墓出土铜器的科学分析研究》,《中原文物》2011年第6期。

③　黄晓娟、李秀辉:《郑国祭祀遗址青铜的分析鉴定报告》,见河南省文物考古研究所:《新郑郑国祭祀遗址》中册,郑州:大象出版社,2006年,第1001—1037页。

④　孙淑云:《太原晋国赵卿墓青铜器的分析鉴定》,见山西省考古研究所:《太原晋国赵卿墓》,北京:文物出版社,1996年,第253—268页。

⑤　柴建国:《崔家河墓地出土青铜器分析》,太原:山西大学硕士学位论文,2007年。

铜器的使用具有选择性。楚文化区的分布情况比较复杂，随着楚国的发展，楚文化区的区域范围一直处于变化之中。例如，南阳夏响铺鄂国贵族墓地所处的南阳盆地，在两周之际并不完全属于楚文化影响的范围，所出土的热锻薄壁青铜器仍然属于典型三晋两周文化。目前在楚文化区发现的热锻薄壁青铜器最早可至春秋中期，即湖北襄阳余岗墓地，均为典型的楚系墓葬。战国时期开始，楚文化区内热锻薄壁青铜容器开始普及，并形成了以匜为核心的沃盥器具组合的使用体系，在这一时期，楚文化区是热锻薄壁青铜器分布最为集中的区域。滇文化区是东周时期热锻薄壁青铜器较集中分布的一个新兴区域。滇文化区内常见热锻薄壁青铜护甲，而在容器、铜鼓和贮贝器等器类中少见薄壁青铜器。此外，滇文化区中薄壁青铜器还与热锻青铜兵器以及热锻红铜器共出，如，云南曲靖八塔台墓地[①]，这是其他区域少见的现象。一般认为，古滇地区的青铜文化在早期受到北方甘青地区和南方泰国班清文化的影响，西周至春秋时期南方濮人进入该地区，在春战之际形成了新的青铜文化，战国时期"庄蹻王滇"又为该地区带来了楚文化的影响，战国中晚期来自西北的氐羌进入云南，该地区的青铜文化又出现了新的变化[②]。在上述各种外来文化中，目前已知甘青地区、泰国班清文化、楚文化都掌握制作热锻薄壁青铜器的技术，滇文化区的热锻薄壁青铜器传统形成和发展过程中受到哪些外来文化的影响，或者是否存在一套相对独立的薄壁青铜器技术传统起源是值得继续深入研究的，限于本书篇幅，暂不讨论。吴越文化区也是热锻薄壁青铜

　　① 赵凤杰、李晓岑、刘成武等：《云南曲靖八塔台墓地铜器分析》，《中原文物》2013年第1期。

　　② 李晓岑、韩汝玢：《古滇国金属技术研究》，北京：科学出版社，2011年，第151—152页。

器分布较集中的区域之一。该地区使用的热锻薄壁青铜器较特别,器物表面多见刻纹装饰,其他地区的刻纹热锻薄壁青铜器也被认为来源于此地。另见安徽南陵出土1件越式鼎[①],它也是目前东周时期唯一的B型热锻薄壁青铜器。这件越式鼎的出现并非偶然,吴越文化区是东周时期目前已知唯一掌握高锡青铜热锻后淬火处理工艺的地区。遗憾的是,暂未在该地区发现更多的实例。田建花在对7件春秋时期吴国容器检测后,发现其均为铸造而成[②]。这或许暗示在春秋时期,吴越文化区可能还未普遍使用热锻薄壁青铜容器。此外,巴蜀文化区和齐鲁文化区内热锻薄壁青铜器的分布较有限。姚智辉在对多处巴文化晚期(战国时期-西汉时期)墓葬和遗址出土的132件青铜器进行检测后,仅发现2件盆为热锻而成的热锻薄壁青铜器[③]。而在齐鲁文化影响的区域,山东新泰周家庄墓地出土的青铜礼器大多很薄,最薄的礼器壁厚仅约0.3毫米,而在壁厚0.5毫米左右的青铜鼎上布满了精美的纹饰,李延祥等人对该墓地出土的2件匜、8件舟和7件盘进行科学检测后发现大部分器物为铸造而成,仅有1件盘为热锻而成[④]。

　　3. 秦汉时期热锻薄壁青铜器的空间分布

　　图8-3是秦汉时期热锻薄壁青铜器的空间分布示意图,从图中可知在这一时期,热锻薄壁青铜器较集中地分布于西

　　① 贾莹、刘平生、黄允兰:《安徽南陵出土部分青铜器研究》,《文物保护与考古科学》2012年第1期。
　　② 田建花、王金潮、孙淑云:《吴国青铜容器的合金成分和金相研究》,《江汉考古》2014年第2期。
　　③ 姚智辉:《晚期巴蜀青铜器技术研究及兵器斑纹工艺探讨》,北京:科学出版社,2006年。
　　④ 李延祥、李建西、李秀辉等:《金属器分析》,见山东省文物考古研究所、新泰市博物馆:《新泰周家庄东周墓地》,北京:文物出版社,2014年,第490—513页。

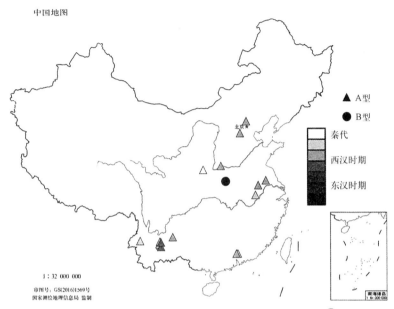

图8-3　秦汉时期热锻薄壁青铜器的空间分布示意图①

南地区、长江下游地区和中原地区,并在岭南地区、华北地区
有零星分布。秦汉时期的分布范围较东周时期在以下三个方
面呈现显著的变化:(1)仅西南地区继续保持较集中的分布
态势;(2)岭南地区开始有所分布;(3)长江中游地区暂未见
分布报道。

　　从文化分区看,汉文化的核心区域分布有一些热锻薄壁青铜
器,但更多的热锻薄壁青铜器分布于边疆地区。当然,这或许与汉
代青铜器的科学检测数据相对较少有关。

---

　　①　中国地图底图来源自国家测绘地理信息局官方网站:http://bzdt.nasg.gov.cn/
jsp/browseMap.jsp?picId="4028b0625501ad13015501ad2bfc0012"。

第二节　先秦两汉时期热锻薄壁
青铜器的发展历程

纵观先秦两汉时期热锻薄壁青铜器的发展历史,可知其发展进程大致经历了四个阶段:

第一阶段:西周中期及更早的一段时期,为热锻薄壁青铜器出现和热锻薄壁青铜工艺初步发展的阶段。在这一阶段之初,热锻薄壁青铜器开始出现于西北地区,为造型简单的铜泡,其制作工艺水平较原始。商代晚期,热锻薄壁青铜器又出现于中原地区和四川盆地,器物类型扩展到车马器和各种饰件。西周早期至中期,热锻薄壁青铜器较集中地出现于西北地区和中原地区,器物类型从饰件、车马器进一步扩展到护具和容器。这一阶段,热锻薄壁青铜器在造型和纹饰上常独具一格,与共出的器物差异明显。其性质以礼器为主,部分器物兼具实用功能。在工艺上,以采用低锡青铜配比的青铜原料为主,但也见采用高锡青铜配比而未经过淬火处理的器物,这说明热锻薄壁青铜工艺在这一阶段还处于初步发展水平。

第二阶段:西周晚期至春秋早期,为热锻薄壁青铜器的第一个使用高峰期和一元(低锡)热锻薄壁青铜工艺技术传统形成的阶段。在这一阶段,以铠甲片、盾钖、马甲胄、翠等为代表的热锻薄壁青铜器集中出现于中原地区的高等级男性贵族墓葬中。在造型和纹饰上,这些器物相互之间相似度颇高,而且与共出器物的差异不明显,均属于典型的周文化风格。在用途和性质上,既具备实用功能,也兼具礼器性质。可见在这一时期,热锻薄壁青铜器的使用已趋于规范化,且数量上明显增多,这些标志着热锻薄壁青铜器的第一个使用高峰期出现。在工艺上,全部采用低锡青铜配比的青铜原料,一些还装饰有复杂的锤印纹饰,反映工艺水平趋于成熟,至此热锻薄壁青铜技术传统一元(低锡)体系形成。

第三阶段:春秋中期至战国晚期,为热锻薄壁青铜器的流行期和二元(低锡和高锡)热锻薄壁青铜工艺技术传统初步形成的阶段。在这一阶段,热锻薄壁青铜器使用区域范围扩大,中心从中原地区南移至长江中游地区,另一个新兴的使用区域位于西南地区,此外北方地区也开始出现。在器物类型上,日用容器的使用占据了主流,并形成了以匜为核心的沃盥器具组合,这些组合保留了早期相关礼器的组合关系,但在功能上更趋向于实用器。铠甲片则多出现于西南地区。从使用者的身份等级看,这一阶段的使用者以中、低等级贵族为主,未涉及东周列国国君级的高等级贵族,性别差异亦不明显。数量上的"井喷式"发展标志着热锻薄壁青铜器的第二次使用高峰期出现,其流行程度在器物类型、分布区域、使用者等方面都远胜于第一次高峰期。在工艺上,除采用低锡青铜配比的青铜原料外,还新出现了采用高锡青铜配比并经过淬火处理的标本,反映出热锻薄壁青铜技术传统正从一元(低锡)体系向二元(低锡和高锡)体系转变。

第四阶段:秦汉时期,为热锻薄壁青铜器的进一步普及期和热锻薄壁青铜二元(低锡和高锡)技术传统体系稳定发展的阶段。在这一阶段,热锻薄壁青铜器的使用区域发生变化,中心位于西南地区和长江下游地区,并扩展至岭南地区。西南地区使用的器物类型扩展至甲片、箭箙、剑鞘、饰件及各种杂用器具,使用者包括大、中、小型墓的墓主。其他地区使用的器物类型以日用容器为主,越来越多新种类的日用容器出现,使用者扩展至诸侯王一级的高等级贵族。这些反映出,这一阶段的热锻薄壁青铜器虽然在数量上不及前一个阶段,但具有更高的普及化程度。在工艺上,热锻薄壁青铜二元(低锡和高锡)技术传统体系延续并稳定发展。

上述先秦两汉时期热锻薄壁青铜器的发展历程,既是热锻薄壁青铜器从有限使用到流行进而普及化的历史进程,也是热锻薄壁青铜工艺从一元(低锡)技术传统到二元(低锡和高锡)技术传统的转变过程。这个过程主要发生的东周至西汉时期,还是中国古代青铜技术传统向铁器技术传统转变过程发生的重要时期[①]。由此可见,热锻薄壁青铜器是铁器技术传统产生后一种新的青铜工艺产品,其工艺渊源虽可追溯至商代甚至更早,但仍应被视为新的青铜技术发展动向。

第三节　先秦两汉时期热锻薄壁青铜器发展动因初探

先秦两汉时期热锻薄壁青铜器的前后四个发展阶段一脉相承,可见其出现与发展都不是偶然发生的。由于西周中期以前的热锻薄壁青铜器使用十分有限,现有资料尚不足以开展对热锻薄壁青铜器起源及其动因的系统研究[②]。因此,本书探讨的重点为西周晚期至汉代的热锻薄壁青铜器的发展动因。

首先,需要考察西周晚期至汉代社会各方面所发生的重大变革对热锻薄壁青铜器及其工艺发展产生的影响,归纳为以下三方面:

(1)铁器及其冶铁术的发展。众所周知,东周时期中国开始进入铁器时代,作为"新"技术传统的代表,它的出现不但动摇了旧

---

① 　a. 华觉明:《中国古代金属技术——铜和铁造就的文明》,郑州:大象出版社,1999年,第294—389页。

　　b. 白云翔:《先秦两汉铁器的考古学研究》,北京:科学出版社,2005年,第47页。

　　c. 谭德睿、孙淑云:《中国传统工艺全集——金属技术》,郑州:大象出版社,2007年,第15页。

② 　关于热锻薄壁青铜器在中国的起源问题,将在第九章中进行个别探讨。

时代的物质基础,而且改变了整个社会面貌。巧合的是,这一时期内,热锻薄壁青铜工艺技术呈现显著的发展态势。从社会生产关系的角度看,包括热锻薄壁青铜工艺技术在内的新的青铜技术发展可能源自当时冶铁术对社会生产力的刺激。类似的现象在印度Vidarbha地区也被发现,Park J. S.等人认为其与当时该地区铁器开始取代青铜器的情况有关,推测古人为了适应铜器角色的转变而使用热锻打工艺制作薄壁高锡青铜器(即本书中的B型器物)[1]。

(2)青铜器地位的转变。西周晚期至汉代包括了青铜器分期中“颓废期”(西周中晚期至春秋中期)、“中兴期”(春秋中期至战国末期)、“衰落期”(战国末期至汉代)[2]。在这一时期中,青铜器的礼器地位逐渐消失,商品化势头加强,器物变得轻便而实用。一方面,采用热锻薄壁青铜器的造型风格正是如此,且多属于实用器或日用器;另一方面,采用热锻、冷加工、淬火处理等工艺提高了力学性能从而增强了实用性,并使用修补工艺延续器物使用寿命。可见热锻薄壁青铜器及其工艺的发展可能很好地适应了青铜器地位的转变。

(3)青铜原料有效利用的需求。从器物的壁厚和重量看,热锻薄壁青铜器显然比铸造青铜器更节省原料。而高锡热锻薄壁青铜器甚至与铁器相比也具有更低的耗损量,在《天工开物》中有明确记载,这类器物“经锤折耗,铁损其十者,铜只去其一”[3]。从经

---

[1]　Park, J. S., Shinde V.. “Bronze technology of the ancient megalithic co unities in the Vidarbha region of India”. *Journal of Archaeological Science*, 2013, 40.

[2]　a. 郭沫若:《两周金文辞大系图录》“彝器形象学初探”,东京:文求堂书店,1934年.

b. 郭沫若:《青铜时代》“青铜器时代”,重庆:群益出版社,1946年。

c. 陈梦家:《海外中国铜器图录》,北京:中华书局,2017年。

[3]　(明)宋应星:《天工开物》“锤锻第十”,上海:中华书局据崇祯十年初刻本影印版,1959年。

济的角度看,热锻薄壁青铜器更节省原料,使其在与铸造青铜器甚至铁器的竞争中具有一定优势。

上述三方面似乎都与热锻薄壁青铜器及其工艺的发展存在显而易见的关联。然而,它们都是青铜技术传统以外的因素,即外因。这些外因无法促使热锻薄壁青铜器在工艺技术上的创新和器物使用上的创新性应用。促成热锻薄壁青铜器及其工艺在铁器技术传统产生后仍然不断创新并持续发展的关键因素,必然源自其技术传统本身,即内因。

关于技术传统定义如下:

技术传统的最直接含义是一个技术能够存在的最小单位,由一个操作规则系统、一套工艺学知识所构成,同时还要有稳定的可传习性。技术传统构成着我们人类的生存方式。在我们生存方式的构成中技术传统不仅是一个技能共同体,而且还是生存共同体,它所完成的是文明的伦理功能,是支撑德性社会的世俗基础。[①]

在以往研究中,出于对工艺技术的关注,强调技术传统中技能共同体的一面多于其生存共同体的一面。因此,本书将从技能共同体和生存共同体这两个方面,对热锻薄壁青铜器及其工艺发展内因进行探讨:

(1)从技能共同体的角度看,热锻薄壁青铜器及其工艺主要是此前相关工艺技术传统的延续。一方面,对于A型热锻薄壁青铜器而言,西周晚期以后的工艺技术水平与此前器物基本一致,其使用器类与分布区域与此前器物也比较接近,可认为是对早期技术传统的继承和延续;另一方面,对于B型热锻薄壁青铜器而言,虽然目前发现最早的标本年代为东周时期,但其采用的技术被应

---

① 吴跃平:《技术传统与技术哲学视界》,《自然辩证法研究》2005年第3期。

用于同时期其他类别青铜器的制作之中。因此,B型热锻薄壁青铜工艺的产生与发展符合同时期青铜器工艺技术水平。

（2）从生存共同体的角度看,相对独立的热锻薄壁青铜工艺技术传统的传承与传播和青铜工匠密切相关。以分段热锻然后以铸焊方式连接而成的缶为例,这类器物出现于不同时空、不同文化的墓葬中。其形制和大小各异,显然不是同批次生产,但其复杂的制作工艺思想却高度相似,甚至超越了时空与文化的限制。究其原因,这种工艺思想的传承与传播实际上是一代又一代的青铜工匠以生存共同体的方式完成的。此外,热锻薄壁青铜器的长期存在和发展,必须依赖于不断生产新的产品,以及新的工艺发展动向。前者的创新体现在应用的多样化与普及化,后者的创新则体现在工艺的规范化。这两方面创新的主体仍然是青铜工匠。

由此可见,青铜工匠这一青铜技术传统背后的特定人群所掌握的技能和生存的需求或许才是热锻薄壁青铜器及其工艺在铁器技术传统产生后仍不断发展并持续创新的根本所在。

第九章

余 论

第一节　早期热锻薄壁青铜器的起源
及其与周边地区的文化交流

　　技术起源和文化交流均是十分复杂的学术问题,客观地讲,现
有资料尚不足以支撑全面、系统的研究,只能从个别线索出发尝试
探讨其中的一些问题。

　　目前所见早期热锻薄壁青铜器多发现于西北地区和北方地
区,此外在四川盆地也有发现。由于四川广汉三星堆和成都金沙
遗址出土的热锻薄壁青铜器的年代和文化面貌有待进一步深入研
究,且位于四川盆地这样一个相对独立的地理单位,目前暂不具备
讨论相关问题的条件。因此,本书仅就西北地区和中原地区的资
料进行探讨。西北地区出土的年代较早的热锻薄壁青铜器的地点
有青海贵南尕马台墓地[①]、甘肃崇信于家湾墓地[②]、陕西宝鸡石鼓

----

　　① 徐建炜、梅建军、孙淑云等:《青海贵南尕马台墓地出土铜器的初步科学分
析》,见青海省文物考古研究所、北京大学考古文博学院:《贵南尕马台》,北京:科学出
版社,2016年,第178—186页。
　　② 张冶国、马清林:《崇信于家湾周墓出土青铜器分析研究》,见甘肃省文物考
古研究所:《崇信于家湾周墓》,北京:文物出版社,2009年,第180—195页。

山M1[①]，北方地区出土的年代较早的热锻薄壁青铜器的地点有河南安阳殷墟花园庄东地M54[②]和大司空M303[③]、河南平顶山应国墓地[④]。迄今年代最早的热锻薄壁青铜器出土于青海贵南尕马台墓地，发掘者认为其年代约为齐家文化晚期[⑤]，也有研究者提出尕马台遗存略晚于齐家文化[⑥]，虽然尚未达成共识，但其年代不太可能晚于河南安阳殷墟出土的年代约为殷墟二期至四期的热锻薄壁青铜器，至少与之大体相当。值得注意的是，早期热锻薄壁青铜器常与多角星纹饰存在某些直接联系。如在青海贵南尕马台M25中热锻薄壁青铜泡饰件与七角星纹镜共出[⑦]；河南安阳殷墟花园庄东地M54出土了2件錾刻有六角星纹的热锻薄壁青铜圆盘形器[⑧]；河南安阳殷墟大司空M303出土的3件类似的薄壁青铜圆盘形器虽为素面，但共出有八角星纹弓形器[⑨]，如图9-1所示。这或许可以证明早期热锻薄壁青铜器相互之间存在着较为密切的联系，可能

① 陈坤龙、梅建军、邵安定：《陕西宝鸡石鼓山新出西周铜甲的初步科学分析》，《文物》2015年第4期。

② 刘煜、贾莹、成小林等：《M54出土青铜器的金相分析》，见中国社会科学院考古研究所：《安阳殷墟花园庄东地商代墓葬》，北京：科学出版社，2007年，第297—301页。

③ 中国社会科学院考古研究所安阳工作队：《殷墟大司空M303发掘报告》，《考古学报》2008年第3期。

④ 河南省文物考古研究所、平顶山市文物管理局：《平顶山应国墓地Ⅰ》，郑州：大象出版社，2012年，第85页。

⑤ 青海省文物考古研究所、北京大学考古文博学院：《贵南尕马台》，北京：科学出版社，第131—132页。

⑥ 陈小三：《河西走廊及其邻近地区早期青铜时代遗存研究——以齐家、四坝文化为中心》，长春：吉林大学博士学位论文，2012年，第101—102页。

⑦ 青海省文物考古研究所、北京大学考古文博学院：《贵南尕马台》，北京：科学出版社，第131—132页。

⑧ 刘煜、贾莹、成小林等：《M54出土青铜器的金相分析》，见中国社会科学院考古研究所：《安阳殷墟花园庄东地商代墓葬》，北京：科学出版社，2007年，第297—301页。

⑨ 中国社会科学院考古研究所安阳工作队：《殷墟大司空M303发掘报告》，《考古学报》2008年第3期。

图9-1　与早期热锻薄壁青铜器相关的多角星纹饰器物

1. 尕马台出土七星纹铜镜；2. 花园庄东地M54出土六星纹圆盘形器；
3. 大司空M303出土八星纹弓形器

属于同一工艺技术传统。

从器形和工艺看，迄今所知的早期热锻薄壁青铜器所采用的制作工艺较为成熟，其工艺技术传统渊源是可以追溯的，并涉及中国早期冶铜术的起源问题。学术界关于中国早期冶铜术起源的观点很多，各有立论，并都存在漏洞，仍是一个世界性学术难题。但多数研究者基本接受了"半独立起源说"，即起源可能受到由西至东传播的影响，但冶铜术在传入中原地区后迅速被改良，发展出了一条不同于中亚及西亚的冶铜技术道路，如青铜范铸等，并迅速处于世界领先水平[①]。从考古资料看，采用锻打工艺的中国早期铜器

---

① 北京钢铁学院冶金史组：《中国早期铜器的初步研究》，《考古学报》1981年第3期。

并不少见,兵器或工具的刃部常采用锻打工艺[①]。不同研究者对热锻工艺在中国早期铜器起源和发展过程中的作用和地位达成了基本共识。如白云翔认为中国早期铜器在其起源和发展阶段是铸制和锻制并举,到成熟阶段,即商周时期,铜器加工以范铸工艺为主,锻制工艺在中原地区的应用十分有限[②]。贝格立认为齐家文化中出土的一些铜质工具和仿金属器的陶器,反映了锻制工艺的深刻影响,而发展到二里头文化第三期时,锻制工艺已被遗弃[③]。从空间上看,早期热锻薄壁青铜器较集中出现的西北地区和北方地区,既是中国早期铜器起源和发展的重要区域,也是铜器锻制工艺应用较为广泛的区域。从时间上看,早期热锻薄壁青铜器出现前存在比较成熟的锻制工艺,如齐家文化时期的锻制工艺已发展成为热锻工艺。贝格立甚至认为一件齐家文化陶盉是根据一件手工锤锻铜器的样式仿制而成,如图9-2所示[④]。对于热

图9-2　一件疑似仿制锤锻铜器的齐家文化陶盉[⑤]

---

① a.北京钢铁学院冶金史组:《中国早期铜器的初步研究》,《考古学报》1981年第3期。

b.黄克映:《谈谈中国早期铜器的锻造、铸造技术》,《中原文物》1992年第2期。

c.白云翔:《中国的早期铜器与青铜器的起源》,《东南文化》2002年第7期。

② 白云翔:《中国的早期铜器与青铜器的起源》,《东南文化》2002年第7期。

③ 贝格立著、奚国胜译、彭劲松校:《商时期青铜铸造业的起源和发展》,《南方文物》2009年第1期。

④ 贝格立著、奚国胜译、彭劲松校:《商时期青铜铸造业的起源和发展》,《南方文物》2009年第1期。另注:从本书整理和研究的材料看,造型如此复杂的热锻薄壁青铜容器出现年代已至东周时期。西周时期以前,甚至尚未见热锻薄壁青铜容器的报道。

⑤ 贝格立著、奚国胜译、彭劲松校:《商时期青铜铸造业的起源和发展》,《南方文物》2009年第1期。

锻薄壁青铜器而言,目前所见早期器物出现的时空范围符合中国早期铜器起源及发展的历史背景。当然,也不排除有更早年代的热锻薄壁青铜器被发现,毕竟中国早期铜器起源及发展过程也尚未形成定论。

早期热锻薄壁青铜器的产地及其与周边文化交流等问题也是研究者关心的问题。如:河南安阳殷墟花园庄东地M54的发掘者就根据器形和工艺,认为该墓葬出土的7件圆盘形器与共出的铸造青铜器风格迥异,推测可能为舶来品[1]。由于缺乏早期热锻薄壁青铜器的铅同位数据,无法直接分析其产地。但从早期热锻薄壁青铜器常与多角星纹饰存在某些直接联系的现象看,这批器物属于同一工艺技术传统的可能性是存在的。而且当时的西北地区和北方地区也具备生产这类器物的工艺水平和条件,即便个别器物不是当地生产,其生产地点也应在临近区域。虽然器物本身不太可能是完全意义上的"舶来品",但不能否认早期热锻薄壁青铜器的形制在同时期的北方地区不多见,加之制作工艺也非同时期北方地区流行的范铸工艺,其受到外来文化影响是不言而喻的。广义的文化影响和交流包括审美层面、物质层面和技术层面。研究者选取的研究视角和手段方法不同,获得的结论也呈现多样性。如陈坤龙等人对陕西宝鸡石鼓山M1出土西周铜甲的研究,认为石鼓山铜甲所采用的热锻、冲压、刻纹等工艺受到了欧洲中、东部的瓮棺文化技术传统的影响,并在继承中原地区皮甲的传统形制和装饰特点的基础进行了新的创造[2]。菲兹杰拉德·胡博认为多

---

① 刘煜、贾莹、成小林等:《M54出土青铜器的金相分析》,见中国社会科学院考古研究所编:《安阳殷墟花园庄东地商代墓葬》,北京:科学出版社,2007年,第297—301页。

② 陈坤龙、梅建军、邵安定:《陕西宝鸡石鼓山新出西周铜甲的初步科学分析》,《文物》2015年第4期。

角星纹饰与中亚地区巴克特里亚的星形纹类似，推测巴克特里亚的冶铜术通过齐家文化影响二里头青铜文明[①]。这些观点虽然立论有所不同，但都倾向于中国早期铜器与周边地区存在密切的文化交流，而且热锻薄壁青铜器这类特殊的器物正是可供考察和研究的线索之一。

第二节　汉代以后热锻薄壁青铜器的发展

从目前发现的资料看，热锻薄壁青铜器在中国古代使用的年代跨度很长，先秦两汉时期只是其发展历程的一个阶段。汉代以后的热锻薄壁青铜器的考古发现有：辽宁北票冯素弗墓出土的1件钵[②]；江苏江都大桥南朝窖藏出土的7件容器[③]；湖北安陆唐墓出土的2件容器[④]；江苏徐州雪山寺北宋窖藏出土的1件钹、1件磬和1件锣[⑤]；江西省博物馆馆藏的1件宋代钹[⑥]等。此外，外国学者

---

①　转引自李水城：《西北与中原早期冶铜业的区域特征及交互作用》，《考古学报》2005年第3期。

②　a. 韩汝玢、孙淑云、李秀辉等：《中国古代铜器的显微组织》，《北京科技大学学报》2002年第2期。

　　b. 孙淑云、韩汝玢、李秀辉：《中国古代金属材料显微组织图谱》，北京：科学出版社，2011年。

③　王金潮、田建花、孙淑云等：《江都大桥镇出土的南朝窖藏青铜器工艺研究》，见《中国文物保护技术协会第四次学术年会论文集》，北京：科学出版社，2007年，第26—32页。

④　Yang Li, Taotao Wu, Lingmin Liao, Chengwei Liao, Lang Zhang, Guantao Chen, Chunxu Pan. "Techniques employed in making ancient thin-walled bronze vessels unearthed in Hubei Province, China". *Applied Physics A-Materials Science & Processing*, 2013, 111.

⑤　何堂坤、李德银、李恒贤：《宋代锣钹磬的科学分析》，《考古》2009年第7期。

⑥　何堂坤、李德银、李恒贤：《宋代锣钹磬的科学分析》，《考古》2009年第7期。

Darcet[①]、Champion P.[②]、Goodway M.[③] 等人早年还对中国的铜锣、铜钹等响铜器进行过研究。经科学检测可知，这些器物均为高锡青铜热锻后经淬火或退火等热处理工艺制作而成，即前文所述的B型热锻薄壁青铜器。

　　从其使用类型看，汉代以后B型热锻薄壁青铜器以容器和乐器为主。其中，容器在性质用途、工艺特点等方面上与此前发现的B型热锻薄壁青铜容器差别并不大。汉代以后热锻薄壁高锡青铜（B型）工艺用于制作铜钹、铜锣、铜磬等响乐器则是一个值得注意的变化。先秦两汉时期，青铜乐器多为铸造而成，如钟、铙、铃等。云南晋宁石寨山墓地[④]、广西贵县罗泊湾木椁墓[⑤]、海南琼中县乌石农场瓮棺墓[⑥] 出土的铜锣是迄今发现较早的实物资料，但均未进行科学检测，相关的古代文献记载也甚少。因此汉代至唐代期间，锣、钹、磬这类响器到底是铸造而成的还是热锻而成的，目前尚无确切的实物资料或文献记载为凭。何堂坤等人研究表明，江苏徐州雪山寺北宋窖藏出土的1件铜钹、1件铜锣、1件铜磬和江西省博物馆馆藏的1件宋代铜钹均属于高锡青铜器，均经过了热锻加工，其中3件经过了淬火处理，1件铜锣则经过了

---

　　① 　a. Biot J. B.. *Traité de physique expérimentale et mathématique*. Paris, 1816, p515.

　　　b. Darcet. "Observations de M. Darcet sur la Note précédente". *Annates de Chimie et de Physique*, 1933, 54, pp. 331−335.

　　② 　Champion P.. in: Julien S., *Industries Anciennes et Modernes de l''Empire Chinois*. Paris, 1869, pp. 66−74.

　　③ 　Goodway M.. "High-tin bronze Gong making". *JOM*, 1988, 40(4).

　　④ 　转引自何堂坤、李德银、李恒贤：《宋代锣钹磬的科学分析》，《考古》2009年第7期。

　　⑤ 　广西壮族自治区博物馆：《广西贵县罗泊湾汉墓》，北京：文物出版社，1988年。

　　⑥ 　海南省文物保护管理委员会：《海南省的考古发现与文物保护》，见文物编辑委员会：《文物考古工作十年》，北京：文物出版社，1990年，第249页。

退火处理①。这说明至迟于北宋,B型热锻薄壁青铜响乐器已经出现,这是先秦两汉时期热锻薄壁青铜器从未涉及的器类。更难能可贵的是,B型热锻薄壁青铜响乐器的技术传统一直得以传承,不但明代文献《天工开物》中有专门记载,孙淑云②、何堂坤③、段岭南④、关雪敏⑤等人对广西、北京、湖北、山西等地现代中国传统响铜器制作工艺的考察也证实其一直延续至今。

　　此外,从目前的考古发现看,在汉代以后,A型热锻薄壁青铜器似乎有逐渐式微的趋势,但考虑到汉代以后除铜镜类和钱币类以外的青铜器经科学检测的标本总量很少,不能排除A型热锻薄壁青铜器存在的可能。但B型热锻薄壁青铜器在汉代以后,在数量方面均远超过先秦两汉时期,并应用于响乐器等新的领域,这是不容忽视的事实。如果认为宋代以后,铜钹、铜锣、铜磬等响乐器主要为热锻而成,那么B型热锻薄壁青铜器的数量就将是一个惊人的数字。从工艺复杂程度和产品力学性能的角度,热锻薄壁高锡青铜(B型)工艺代表了较热锻薄壁低锡青铜(A型)工艺更先进的技术水平,两者在汉代以后发生此消彼长的变化并不足为奇。

第三节　相关研究理论的探讨

　　本书研究的课题涉及考古学、冶金考古学、科技史学和技术哲

　　① 何堂坤、李德银、李恒贤:《宋代锣钹磬的科学分析》,《考古》2009年第7期。

　　② 孙淑云、罗坤馨、王克智:《中国传统响铜器的制作工艺》,《中国科技史料》1991年第4期。

　　③ 何堂坤、李德银、李恒贤:《宋代锣钹磬的科学分析》,《考古》2009年第7期。

　　④ 段岭南:《长子县西南呈村响铜乐器制作技艺与传承》,广州:中山大学硕士学位论文,2011年。

　　⑤ 关雪敏:《广西博白响铜器制作工艺研究》,南宁:广西民族大学硕士学位论文,2014年。

学等多个学科,是一个交叉研究的课题。以往研究中可供参考的研究理论和方法并不多,在实际研究中逐步摸索获得一些经验和教训,期望能起到抛砖引玉之效果:

(1)应重视数据的二次整理与研究。以往学术界尤其是从事科技考古的研究者,比较重视"一手"资料的收集与检测,大量的科技考古研究成果以科学检测报告的形式公开报道,为学术界提供了珍贵的"一手"资料。在学科发展初期,这种数据的原始积累至关重要。本书涉及的青铜器科技考古研究经过最近十几年的高速发展,已公开报道的数据数以万计,这些数据完全能够支撑研究者从事相关领域的系统整理与研究工作。已有研究者开展了相关工作,这是很好的研究趋势,也是本学科发展走向成熟的标志。

(2)应重视新的理论和方法,而非单纯增加研究对象数量。以本课题为例,第一次系统收集资料完成于2014年2月,第二次系统收集资料,即本书写作完成于2017年5月,期间相隔3年有余,第二次收集资料涉及的器物数量较第一次增加了约40%,但获得基本结论是一致。也就是说,当研究对象数量积累到一定程度时,新的考古发现和科学检测数据在数量上的持续增加,并不一定能够对研究结论产生与之成正比的影响。研究水平从量变到质变的关键,依赖于理论和方法的突破。

(3)考古学和科技考古学的结合仍有诸多可改进之处。在以往科技考古学研究资料中,尤其是早期的研究资料中,一些科学检测标本的考古学信息或缺失,或有误,不但造成了整理和研究不便,更影响了科技考古数据的研究价值,当引以为戒。而且,一些基本的测量数据在考古报告和简报中也经常缺失,例如,本书所关注的青铜器器壁厚度。此外,考古学研究应重视科技考古学所获得的结论,例如,在个别考古报告和简报中,一些标本经过了科学检测,确定为热锻工艺或铸造工艺,但在其类型学研究中,整理者仍将两种完全不同制作工艺的器物混合在一起进行类型学分析,甚至将其归为同一型式。这种分类标准的科学性是有待检讨的。

(4)科技考古测试数据的标准化。不同研究者使用不同仪器设备所获得的数据具有可比性,是"二手"资料整理的基础。虽然,对于热锻薄壁青铜器而言,根据金相组织就可以获得较为准确的结论,但在个别科学检测报告中也出现了金相组织与合金成分不相符合的现象,影响了引用数据的可信度。

总体而言,本书对先秦两汉时期热锻薄壁青铜器的研究是在相关研究理论和方法尚不成熟的条件下开展的,又限于本人学术积累和相关材料,不足之处尚多。先秦两汉时期热锻薄壁青铜器的生产者、生产组织、生产方式、生产规模等课题的讨论尚无法开展,这些遗憾将在今后工作中逐一改进和完善。

经科学检测的先秦两汉时期热锻薄壁青铜器信息表

序号	器物名称	出土地点	原编号	年代	壁厚（毫米）	合金成分（wt%）①				合金类型	制作工艺	参考文献
						Cu	Sn	Pb	其他			
1	铜泡	青海贵南尕马台	M27:4	齐家文化晚期	薄②	94.1	5.9			Cu-Sn	热锻	《贵南尕马台》
2	圆盘形器	花园庄东地	M54:599	殷墟二期	有些部位不足0.3	未报道				Cu-Sn(?)③	热锻	《安阳殷墟花园庄东地商代墓葬》
3	铜片	四川成都金沙	Jst-1	商代晚期	0.12	76307.5	22.5370	0.2261	Fe0.3707 As0.3323 Cr0.0541 Ni0.0140 S0.1582	Cu-Sn	热锻后冷加工	《有色金属》2007年第1期。

① 该栏目下空格处表示器物不含此种元素。

② 因为一些报告未标明具体壁厚，但有描述性语言，从尊重原文的角度出发，将这些描述性语言置于表格之中。

③ "?"表示存疑。

（续表）

序号	器物名称	出土地点	原编号	年代	壁厚（毫米）	合金成分（wt%）				合金类型	制作工艺	参考文献
						Cu	Sn	Pb	其他			
4	铜片	四川成都金沙	Jst-2	商代晚期	0.09	76.9649	22.1271	0.1340	Fe0.3980 As0.0762 Cr0.0571 Ni0.0106 S0.1610 Zn0.0711	Cu-Sn	热锻后冷加工	同上
5	圆角长方形板	四川成都金沙	2001CQJ:691	商代晚期—春秋早期	0.3—0.4	79.3	15.8	4.7	Fe 0.2	Cu-Sn-Pb	热锻	《文物》2004年第4期
6	残片	四川成都金沙	2001CQJ:905	商代晚期—春秋早期	0.2—0.25	84.7	15.2		Fe 0.1	Cu-Sn	热锻	同上
7	残片	四川成都金沙	2001CQJ:标本2	商代晚期—春秋早期	0.6—0.7	72.8	13.0	14.2	Fe 0.1	Cu-Sn-Pb	热锻	同上
8	残片	四川成都金沙	2001CQJ:标本3	商代晚期—春秋早期	0.32	83.6	11.9	4.4	Fe 0.1	Cu-Sn-Pb	热锻	同上
9	眼形器	四川成都金沙	2001CQJ:标本4	商代晚期—春秋早期	0.19	86.9	11.3	1.6	Fe 0.2	Cu-Sn	热锻	同上

（续表）

序号	器物名称	出土地点	原编号	年代	壁厚（毫米）	合金成分（wt%）				合金类型	制作工艺	参考文献
						Cu	Sn	Pb	其他			
10	残片	四川成都金沙	2001CQJ:标本5	商代晚期—春秋早期	0.23	84.1	12.0	3.9		Cu-Sn-Pb	热锻	同上
11	残片	四川成都金沙	2001CQJ:标本6	商代晚期—春秋早期	0.2	83.0	12.2	4.7	Fe 0.1	Cu-Sn-Pb	热锻	同上
12	残片	四川成都金沙	2001CQJ:标本7	商代晚期—春秋早期	0.24	83.4	12.3	4.2	Fe 0.1	Cu-Sn-Pb	热锻	《文物》2004年第4期
13	残片	四川成都金沙	2001CQJ:标本8	商代晚期—春秋早期	0.3—0.4	85.0	12.2	2.7	Fe 0.1	Cu-Sn-Pb	热锻	同上
14	眼形器	四川成都金沙	2001CQJ:标本9	商代晚期—春秋早期	0.2—0.3	73.8	18.6	7.2	Fe 0.3	Cu-Sn-Pb	热锻	同上
15	残片	四川成都金沙	2001CQJ:标本10	商代晚期—春秋早期	0.25—0.3	82.1	14.9	3.0		Cu-Sn-Pb	热锻	同上
16	盆	甘肃崇信于家湾	M144:1	西周早期	0.75	81.6	12.2	5.8	Cl 0.5	Cu-Sn-Pb	热锻	《崇信于家湾周墓》

（续表）

序号	器物名称	出土地点	原编号	年代	壁厚（毫米）	合金成分（wt%）				合金类型	制作工艺	参考文献
						Cu	Sn	Pb	其他			
17	盆	甘肃崇信于家湾	M140：1	不详	0.51	80.4	14.5	5.0		Cu-Sn-Pb	热锻	同上
18	盆	甘肃崇信于家湾	M154：18	西周早期	0.67	84.4	15.6			Cu-Sn	热锻后冷加工	同上
19	盆	甘肃崇信于家湾	M136：⑤	不详	1.26	81.2	16.4	2.4		Cu-Sn-Pb	热锻后冷加工	《崇信于家湾周墓》
20	甲片	陕西宝鸡石鼓山ⅡM1	TJ01	西周早期	0.6~0.8	85.2	14.8			Cu-Sn	热锻	《文物》2015年第4期
21	甲片	陕西宝鸡石鼓山ⅡM1	TJ02	西周早期	0.4~0.5	86.8	13.2			Cu-Sn	热锻	同上
22	甲片	陕西渭南梁带村	M27：385	春秋早期	很薄	79.49	11.96	8.55		Cu-Sn-Pb	热锻	《考古与文物》2009年第9期
23	棺饰片	甘肃礼县圆顶山M2	1734	春秋早期	未报道	80.2	16.0	3.2	Fe 0.05 S 0.34 Cl 0.44	Cu-Sn-Pb	热锻后冷加工	《文物》2015年第10期
24	棺饰片	甘肃礼县圆顶山M2	1735	春秋早期	未报道	81.5	14.5	3.2	Fe 0.12 S 0.54 Cl 0.18	Cu-Sn-Pb	热锻后冷加工	同上

（续表）

序号	器物名称	出土地点	原编号	年代	壁厚（毫米）	合金成分（wt%）				合金类型	制作工艺	参考文献
						Cu	Sn	Pb	其他			
25	残片	甘肃礼县圆顶山K1	1745	春秋早期	未报道	基体锈蚀严重				定性Cu-Sn-Pb	热锻	同上
26	残片	甘肃礼县圆顶山ⅡM1	GS2	春秋早期	未报道	83.90	14.10	1.47	S 0.43	Cu-Sn	热锻	《考古与文物》2002年先秦增刊
27	残片	甘肃礼县圆顶山ⅡM1	GS3	春秋早期	未报道	82.20	12.90	3.82	S 0.38	Cu-Sn	热锻	同上
28	饰片	河南南阳夏响铺	NYXXP-1（M6:1）	两周之际	0.15—0.2	87.19	12.81			Cu-Sn	热锻后冷加工	自测，暂未发表
29	兽首形盾饰	河南南阳夏响铺	NYXXP-2（M6:12）	两周之际	0.2	91.37	8.63			Cu-Sn	热锻后冷加工	同上
30	半月形盾饰	河南南阳夏响铺	NYXXP-3（M6:15）	两周之际	0.2	92.24	7.76			Cu-Sn	热锻后冷加工	同上
31	圆形饰盾饰	河南南阳夏响铺	NYXXP-4（M6:28）	两周之际	0.2—0.4	87.76	12.24			Cu-Sn	热锻后冷加工	同上
32	长方形盾饰	河南南阳夏响铺	NYXXP-5（M6:64）	两周之际	0.2	88.45	11.55			Cu-Sn	热锻后冷加工	同上

（续表）

序号	器物名称	出土地点	原编号	年代	壁厚（毫米）	合金成分（wt%）				合金类型	制作工艺	参考文献
						Cu	Sn	Pb	其他			
33	饰片	河南南阳夏响铺	NYXXP-6（M1：未编号）	春秋早期	0.2	89.73	10.63			Cu-Sn	热锻后冷加工	自测，暂未发表
34	饰件	云南曲靖八台塔	M280：1	春秋早期	未报道	基体锈蚀严重				定性 Cu-Sn	热锻	《中原文物》2013年第1期
35	薄片泡饰	云南曲靖八台塔	M203：9	春秋中晚期	未报道	基体锈蚀严重				定性 Cu-Sn	热锻	同上
36	管饰	云南曲靖八台塔	M203：8	春秋中晚期	未报道	基体锈蚀严重				定性 Cu-Sn-As	热锻	同上
37	残片	云南曲靖八台塔	M225：1	春秋中晚期	未报道	89.0	11.0			Cu-Sn	热锻	《曲靖八塔台与横大路》
38	钏	湖北襄阳余岗	M241：5	春秋中期	0.75	85.09	11.00	1.68		Cu-Sn	热锻	《文物》2015年第7期
39	盒	湖北襄阳余岗	M289	战国早期	0.8	74.39	20.25			Cu-Sn	热锻	同上
40	匜	安徽蚌埠双墩	M1：282	春秋晚期	0.85	84.58	12.54	0.85	Mn 0.87 Fe 0.56 Zn 0.59	Cu-Sn	热锻	同上

（续表）

序号	器物名称	出土地点	原编号	年代	壁厚（毫米）	合金成分（wt%）				合金类型	制作工艺	参考文献
						Cu	Sn	Pb	其他			
41	盘	湖北郧县乔家院	M5:14	春秋晚期	0.7~0.8	82.17	14.92	2.91		Cu-Sn-Pb	热锻	《文物》2015年第7期
42	匜	湖北郧县乔家院	M5:15	春秋晚期	0.6~0.7	81.87	13.07	5.06		Cu-Sn-Pb	热锻	同上
43	盘	湖北郧县乔家院	M6:12	春秋晚期	0.85	80.32	14.86	4.32		Cu-Sn-Pb	热锻	同上
44	饰件	湖北随州文峰塔	WFM1-13-1	春秋晚期	0.2~0.3	86.46	13.54			Cu-Sn	热锻后冷加工	《江汉考古》2014年第4期
45	饰件	湖北随州文峰塔	WFM1-14-1	春秋晚期	0.2~0.3	85.72	14.28			Cu-Sn	热锻后冷加工	同上
46	底扬（铜合金盒铜捆器）	湖北随州文峰塔	WFM1-15-1	春秋晚期	0.3	基本锈蚀严重				定性Cu-Sn	热锻后冷加工	同上
47	饰件	湖北随州文峰塔	WFM2-1-1	战国早期	0.3~0.4	90.41	9.59			Cu-Sn	热锻后冷加工	同上
48	勺	河南淅川徐家岭	XCXJL-1（M11:未编号）	战国早期	0.3~0.4	85.73	14.27			Cu-Sn	热锻	自测，暂未发表

（续表）

序号	器物名称	出土地点	原编号	年代	壁厚（毫米）	合金成分（wt%）				合金类型	制作工艺	参考文献
						Cu	Sn	Pb	其他			
49	残片	郑韩故城热电厂	M673:4	春秋时期	未报道	77.8	14.8	7.4		Cu-Sn-Pb	热锻	《中国文物科学研究》2014年第1期
50	残片	郑韩故城热电厂	M667:6	春秋时期	未报道	81.9	11.9	6.2		Cu-Sn-Pb	热锻	同上
51	残片	郑韩故城热电厂	M688:12	春秋时期	未报道	78.8	16.9	4.4		Cu-Sn-Pb	热锻	同上
52	鉴	四川宣汉罗家坝	M33:25	春战之际	较薄	基体锈蚀严重				未报道	热锻后冷加工	《四川文物》2010年第6期
53	釜	四川宣汉罗家坝	M64:45	战国中期	较薄	78.8	13.8	7.4		Cu-Sn-Pb	热锻后冷加工	同上
54	盆	四川宣汉罗家坝	M44:1	战国中期	较薄	86.4	13.7			Cu-Sn	热锻后冷加工	同上
55	盆	四川宣汉罗家坝	M28:11	战国中期	较薄	86.7	13.3			Cu-Sn	热锻后冷加工	同上

（续表）

序号	器物名称	出土地点	原编号	年代	壁厚（毫米）	合金成分（wt%）				合金类型	制作工艺	参考文献
						Cu	Sn	Pb	其他			
56	盆	四川宣汉罗家坝	M46:22	战国中期	较薄	75.7	12.5	11.8		Cu-Sn-Pb	热锻	《四川文物》2010年第6期
57	鉴	四川宣汉罗家坝	M61-1:10	战国中期	较薄	87.4	12.6			Cu-Sn	热锻	同上
58	盘	四川宣汉罗家坝	M53:8	战国晚期	较薄	88.6	11.4			Cu-Sn	热锻后冷加工	同上
59	片饰	内蒙古林西井沟子	M22:13-1	春战之际	薄	87.34	12.66			Cu-Sn	热锻	《林西井沟子》
60	管饰	内蒙古林西井沟子	M25:10-24	春战之际	薄	86.32	10.61	3.07		Cu-Sn-Pb	热锻	同上
61	帽饰边沿	云南弥渡合家山	HM36 197-51	春秋晚期至战国中期	未报道	87.8	10.6	0.5	Sb 0.9	Cu-Sn	热锻	《文物》2000年第11期
62	肩甲	云南楚雄万家坝	M23:221	战国早期	0.5	87.9	11.9		S 0.2	Cu-Sn	热锻后冷加工	《文物》2008年第9期
63	盾饰	云南楚雄万家坝	M23:219	战国早期	未报道	未报道				未报道	热锻	同上

（续表）

序号	器物名称	出土地点	原编号	年代	壁厚（毫米）	合金成分（wt%）				合金类型	制作工艺	参考文献
						Cu	Sn	Pb	其他			
64	盾饰（"鎏金"表）面铜箔	云南楚雄万家坝	M25：未编号	战国早期	0.02—0.05	90.4	9.6			Cu-Sn	热锻后冷加工	《文物》2008年第9期
65	"鎏金"盾饰表面铜箔	云南楚雄万家坝	M25：25	战国早期	0.02—0.05	87.9	12.0			Cu-Sn	热锻后冷加工	同上
66	铜片（牌）	云南楚雄万家坝	M21：1	战国早期	0.45	89.9	10.1			Cu-Sn	热锻后冷加工	同上
67	匜	山西定襄中霍	M1：14	战国早期	未报道	口沿80.27；腹部84.29	口沿10.53；腹部12.47	口沿6.98；腹部3.23		Cu-Sn-Pb	热锻后冷加工	《文物保护与考古科学》2016年第1期
68	盘	山西定襄中霍	M1：5	战国早期	未报道	口沿80.44；腹部85.69	口沿14.4；腹部12.7	口沿3.02；腹部1.61		Cu-Sn-Pb	热锻后冷加工	同上
69	盘	山西定襄中霍	M2：5	战国早期	未报道	耳部80.93；腹部84.67	耳部14.96；腹部13.98	耳部4.12；腹部1.35		Cu-Sn-Pb	热锻后冷加工	同上

（续表）

序号	器物名称	出土地点	原编号	年代	壁厚（毫米）	合金成分（wt%）				合金类型	制作工艺	参考文献
						Cu	Sn	Pb	其他			
70	鉴	山西定襄中霍	采集	战国早期	未报道	耳部69.00;腹部83.14;底部85.16	耳部7.68;腹部11.96;底部12.48	耳部23.33;腹部4.89;底部2.36		Cu-Sn-Pb	热锻	《文物保护与考古科学》2016年第1期
71	残片	山西定襄中霍	采集	战国早期	未报道	87.71	11.31	0.98		Cu-Sn	热锻	同上
72	素面匜	江苏淮阴高庄	M7:278	战国早中期	0.334—0.440	底部77.9;口沿80.0	底部15.3;口沿15.8	底部6.6;口沿4.2		Cu-Sn-Pb	热锻后冷加工	《淮阴高庄图鉴》
73	刻纹匜	江苏淮阴高庄	M7:279-2	战国早中期	0.234—0.425	残片77.0;底部79.6;腹部75.3;口沿72.0	残片16.9;底部15.6;腹部13.9;口沿13.8	残片6.1;底部4.9;腹部10.4;口沿14.2	残片S0.1	Cu-Sn-Pb	热锻后冷加工	同上
74	刻纹匜	江苏淮阴高庄	M7:279-4	战国早中期	0.582—0.601	腹部77.1;口沿76.9	腹部13.8;口沿15.2	腹部9.1;口沿7.8	口沿S0.1	Cu-Sn-Pb	热锻后冷加工	同上
75	刻纹盘	江苏淮阴高庄	M7:281-2	战国早中期	0.615—0.948	底部79.1;腹部80.3;口沿83.5	底部14.0;腹部13.5;口沿12.7	底部6.9;腹部6.2;口沿3.7		Cu-Sn-Pb	热锻后冷加工	同上

（续表）

序号	器物名称	出土地点	原编号	年代	壁厚（毫米）	合金成分（wt%）				合金类型	制作工艺	参考文献
						Cu	Sn	Pb	其他			
76	刻纹盘（底部）	江苏淮阴高庄	M7:281-3	战国早中期	0.466—0.723	80.7	15.7	3.7		Cu-Sn-Pb	热锻后冷加工	《淮阴高庄战国墓》
77	罍形器	江苏淮阴高庄	M7:282-2	战国早中期	1.08—1.10	80.7	13.7	5.6		Cu-Sn-Pb	热锻后冷加工	同上
78	勺	江苏淮阴高庄	M7:284-1	战国早中期	0.618—0.620	80.7	16.4			Cu-Sn	热锻后冷加工	同上
79	盘	河南陕县后川	M2040:76	战国早期	小于1①	86.50	13.50			Cu-Sn	热锻	《陕县东周秦汉墓》
80	匜	河南陕县后川	M2042:8	战国早期	小于1②	85.19	12.77	2.04		Cu-Sn-Pb	热锻	同上
81	镅	湖北荆州包山	M2:315	战国中期晚段	较薄	89.600	8.852	1.546		Cu-Sn	热锻	《包山楚墓》

① 原报告描述为"小于1"。
② 原报告描述为"小于1"。

（续表）

序号	器物名称	出土地点	原编号	年代	壁厚（毫米）	合金成分（wt%）				合金类型	制作工艺	参考文献
						Cu	Sn	Pb	其他			
82	平顶盒	湖北荆州包山	M4:25	战国晚期	0.4	90.609	9.194	0.195		Cu-Sn	热锻	《包山楚墓》
83	勺柄	湖北荆州包山	M4:19	战国晚期	较薄	83.388	15.733	0.469		Cu-Sn	热锻	同上
84	甲片	云南昆明羊甫头	M19:未编号	战国中期	薄	82.2	12.9	0.2	Fe 0.1 S 4.7	Cu-Sn	热锻	《昆明羊甫头墓地》
85	甲片	云南昆明羊甫头	M19:181	战国中期	薄	84.1	14.5	1.4		Cu-Sn	热锻	同上
86	甲片	云南昆明羊甫头	M101:51	战国中期	薄	82.5	16.8	0.8		Cu-Sn	热锻后冷加工	同上
87	洗	贵州赫章可乐	KL36HKM298:1	战国早中期	0.5	82	15.9	0.6		Cu-Sn	热锻	《赫章可乐》
88	匜	贵州赫章可乐	KL37HKM330:1	战国晚期	0.5	75.1	19	5.2		Cu-Sn-Pb	热锻	同上
89	洗	贵州赫章可乐	KL31HKM273:2	战国末期至西汉早期	1	77	15.4	7.3		Cu-Sn-Pb	热锻	同上

（续表）

序号	器物名称	出土地点	原编号	年代	壁厚（毫米）	合金成分（wt%）				合金类型	制作工艺	参考文献
						Cu	Sn	Pb	其他			
90	洗	贵州赫章可乐	KL32HKM273：3	战国末期至西汉早期	0.5	79.4	17.9	1.7		Cu-Sn	热锻	《赫章可乐》
91	洗	贵州赫章可乐	KL33HKM273：4	战国末期至西汉早期	0.5—1	79.7	15	4.8		Cu-Sn-Pb	热锻	同上
92	洗	贵州赫章可乐	KL35HKM274：6	战国末期至西汉早期	0.6—0.8	75.8	14.3	8.6		Cu-Sn-Pb	热锻	同上
93	二枝形器	洛阳东郊王城四号墓	M4：6	战国中期	薄	75.8	15.5	8.7		Cu-Sn-Pb	热锻后冷加工	《文物》2011年第8期
94	刻纹匜	辽宁建昌东大杖子	M11：2	战国早期	0.81	82.00	14.11	3.89		Cu-Sn-Pb	热锻后冷加工	《边疆考古研究》2015年第2期
95	洗	辽宁建昌东大杖子	M11：3	战国早期	0.65—1.64	口沿82.19；底87.97	口沿14.41；底12.03	口沿3.40		Cu-Sn-Pb	热锻后冷加工	同上
96	刻纹洗	辽宁建昌东大杖子	M45：13	战国早期	0.67—2.27	口沿77.99；底72.35	口沿10.92；底15.59	口沿8.73；底12.06		Cu-Sn-Pb	热锻后冷加工	同上

（续表）

序号	器物名称	出土地点	原编号	年代	壁厚（毫米）	合金成分（wt%）				合金类型	制作工艺	参考文献
						Cu	Sn	Pb	其他			
97	刻纹匜	辽宁建昌东大杖子	M45:40	战国早期	0.51—1.26	口沿76.80;底80.38	口沿12.87;底13.44	口沿8.33;底6.18		Cu-Sn-Pb	热锻后冷加工	《边疆考古研究》2015年第2期
98	盘	湖北荆州左冢	M1N:3	战国中期	0.6—0.7	74.24	21.61	4.14		Cu-Sn-Pb	热锻	《荆门左冢楚墓》
99	盘	湖北荆州左冢	M2:7	战国中期	0.6—0.7	76.77	19.04	2.60		Cu-Sn-Pb	热锻	同上
100	盘	湖北荆州左冢	M3:1	战国中期	0.5	75.79	17.05	5.81		Cu-Sn-Pb	热锻	同上
101	匜	湖北荆州左冢	M3:9	战国中期	0.6	66.72	25.02	7.12		Cu-Sn-Pb	热锻后冷加工	同上
102	盘	山东新泰周家庄	M32:1	战国中期	薄	85.05	13.95			Cu-Sn	热锻	《新泰周家庄东周墓地》
103	饰片	山东新泰周家庄	M1:未编号	战国中期	0.1	86	14			Cu-Sn	热锻	同上
104	天平盘	湖南常德沅水下游楚墓	M303:25	战国晚期	薄	80.81	17.12	2.07		Cu-Sn-Pb	热锻	《沅水下游楚墓》

（续表）

序号	器物名称	出土地点	原编号	年代	壁厚（毫米）	合金成分（wt%）				合金类型	制作工艺	参考文献
						Cu	Sn	Pb	其他			
105	铜壶盖	湖北丹江口吉家院	JM2	战国中晚期	未报道	80.94	12.33	0.93		Cu-Sn	热锻后冷加工	《咸阳师范学院学报》2013年第5期
106	豆底座	湖北丹江口吉家院	JM5	战国中晚期	未报道	80.25	13.86	4.06		Cu-Sn-Pb	热锻后冷加工	同上
107	盘	湖北丹江口吉家院	JM7	战国中晚期	未报道	78.85	12.82	2.88		Cu-Sn-Pb	热锻后冷加工	同上
108	盘	湖北丹江口吉家院	JM9	战国中晚期	未报道	79.42	14.34	1.04		Cu-Sn	热锻后冷加工	同上
109	盘	湖北丹江口吉家院	JM11	战国中晚期	未报道	83.73	17.96	1.49		Cu-Sn	热锻后冷加工	同上
110	盘	湖北丹江口吉家院	JM13	战国中晚期	未报道	79.26	10.90	0.93		Cu-Sn	热锻后冷加工	同上
111	匜	湖北丹江口吉家院	JM14	战国中晚期	未报道	77.16	13.41	2.35		Cu-Sn-Pb	热锻	同上

（续表）

序号	器物名称	出土地点	原编号	年代	壁厚（毫米）	合金成分（wt%）				合金类型	制作工艺	参考文献
						Cu	Sn	Pb	其他			
112	盘	湖北丹江口吉家院	JM15	战国中晚期	未报道	76.95	15.62	2.07		Cu-Sn-Pb	热锻	《咸阳师范学院学报》2013年第5期
113	镶壶	湖北丹江口吉家院	JM21	战国中晚期	未报道	68.92	17.41	3.59		Cu-Sn-Pb	热锻退火（？）	同上
114	容器残片	湖北襄阳陈坡	M10:临3	战国晚期	未报道	84.8	15.2			Cu-Sn	热锻	《襄阳陈坡》
115	容器残片	湖北襄阳陈坡	M10:未编号	战国晚期	未报道	83.2	16.8			Cu-Sn	热锻后冷加工	同上
116	盒	湖北襄阳陈坡	M10E:35	战国晚期	未报道	87.2	12.8			Cu-Sn	热锻后冷加工	同上
117	盆	重庆涪陵小田溪	SX99（M20:7）	战国中晚期	未报道	未报道	10.2	1.5		Cu-Sn	热锻	《晚期巴蜀青铜器技术研究及兵器斑纹工艺探讨》
118	盆	重庆涪陵小田溪	SX97（M10:31）	战国中晚期	未报道	未报道				未报道	热锻后冷加工	同上

（续表）

序号	器物名称	出土地点	原编号	年代	壁厚（毫米）	合金成分（wt%）				合金类型	制作工艺	参考文献
						Cu	Sn	Pb	其他			
119	盘	湖北枣阳九连墩	M1：283	战国中晚期	0.7	81.36	13.58	1.88		Cu-Sn	热锻后冷加工	《文物》2015年第7期
120	盘	西安北郊秦墓98交校Ⅱ区	M24：3	战国晚期	1	75.8	14.2	10.0		Cu-Sn-Pb	热锻	《西安北郊秦墓》
121	盒	湖北襄阳博物馆馆藏	XY-2	战国晚期	0.3~0.6	77.55	10.68	11.78		Cu-Pb-Sn	热锻后冷加工	自测，暂未发表
122	盒	湖北襄阳博物馆馆藏	XY-3	战国晚期	0.2	76.22	11.16	12.61		Cu-Pb-Sn	热锻后冷加工	同上
123	铜	湖北襄阳擂鼓岗	XY-4	战国晚期	0.3	78.29	14.40	7.31		Cu-Sn-Pb	热锻后冷加工	同上
124	盘	河南淅川郭庄	XCGZ-2（M2：69）	战国晚期	0.5~0.6	76.79	11.97	11.24		Cu-Sn-Pb	热锻后冷加工	同上
125	匜	河南淅川郭庄	XCGZ-1（M2：68）	战国晚期	0.4~0.6	82.08	12.12	5.80		Cu-Sn-Pb	热锻后冷加工	同上

（续表）

序号	器物名称	出土地点	原编号	年代	壁厚（毫米）	合金成分（wt%）				合金类型	制作工艺	参考文献
						Cu	Sn	Pb	其他			
126	盘	河南淅川郭庄	XCGZ-4（M7：1）	战国晚期	0.2—0.3	87.41	12.59			Cu-Sn	热锻后冷加工	自测，暂未发表
127	匜	河南淅川郭庄	XCGZ-5（M7：2）	战国晚期	0.2	86.93	13.07			Cu-Sn	热锻后冷加工	同上
128	盆	河南淅川申明铺	XCSMP-1（M32：未编号）	战国晚期	0.5	74.18	8.90	16.91		Cu-Pb-Sn	热锻后冷加工	同上
129	盘	湖北郧县乔家院	M39：10	战国时期	未报道	75.81	17.84	3.74		Cu-Sn-Pb	热锻后冷加工	《文物保护与考古科学》2013年第2期
130	匜	湖北郧县乔家院	M39：9	战国时期	未报道	84.71	11.18	4.11		Cu-Sn-Pb	热锻	同上
131	洗	湖北郧县乔家院	M40：4	战国时期	未报道	82.16	13.49	4.23	Fe 0.12	Cu-Sn-Pb	热锻	同上
132	越式鼎	安徽南陵	未报道	春秋战国时期	未报道	76.06	23.76		Al 0.81	Cu-Sn	热锻后淬火	《文物保护与考古科学》2012年第1期

（续表）

序号	器物名称	出土地点	原编号	年代	壁厚（毫米）	合金成分（wt%）				合金类型	制作工艺	参考文献
						Cu	Sn	Pb	其他			
133	盆	湖北黄冈黄州区博物馆	009	战国时期	腹0.76；底0.12	腹79.94；底79.58	腹14.50；底14.82	腹5.56；底5.60		Cu-Sn-Pb	热锻后冷加工	《湖北黄冈黄州区博物馆藏青铜的科学分析与工艺研究》，待出版
134	洗	湖北黄冈黄州区博物馆	020	战国时期	沿0.84；腹0.29	沿78.94；腹81.28	沿13.44；腹14.06	沿7.62；腹4.66		Cu-Sn-Pb	热锻后冷加工	同上
135	洗	湖北黄冈黄州区博物馆	029	战国时期	沿1 0.91；沿2 0.54	沿1 79.88；沿2 79.51	沿1 14.52；沿2 15.43	沿1 5.60；沿2 5.06		Cu-Sn-Pb	热锻后冷加工	同上
136	洗	湖北黄冈黄州区博物馆	303	战国时期	沿0.83；腹0.36	沿78.32；腹76.56	沿16.53；腹16.94	沿5.15；腹6.50		Cu-Sn-Pb	热锻后冷加工	同上
137	容器残片	湖北黄冈黄州区博物馆	305	战国时期	0.62	83.22	15.64	1.14		Cu-Sn	热锻后冷加工	同上
138	盆	西安北郊秦墓01中财	M77:4	秦代	2—4	75.0	15.1	9.9		Cu-Sn-Pb	热锻	《西安北郊秦墓》

（续表）

序号	器物名称	出土地点	原编号	年代	壁厚（毫米）	合金成分（wt%）				合金类型	制作工艺	参考文献
						Cu	Sn	Pb	其他			
139	饰件	云南曲靖八塔台	M178:24	战国至西汉早期	未报道	86.0	14.0			Cu-Sn	热锻	《曲靖八塔台与横大路》
140	泡饰	云南曲靖八塔台	M154:1	战国至西汉早期	未报道	基体锈蚀严重				定性Cu-Sn	热锻	《中原文物》2013年第1期
141	泡饰	云南曲靖八塔台	M158:2	战国至汉代（?）	未报道	89.6	10.4			Cu-Sn	热锻	同上
142	泡钉	云南曲靖八塔台	M194:1	战国至汉代（?）	未报道	基体锈蚀严重				定性Cu-Sn	热锻	同上
143	臂甲	贵州威宁银子坛	79梨M43:1	战国晚期到西汉初期	未报道	85.7	14.3			Cu-Sn	热锻	《中国文物科学研究》2013年第2期
144	盆	广东广州西汉南越王墓	G77	西汉早期	未报道	66.6（基体锈蚀严重）	12.6	1.4	Fe1.06	Cu-Sn	热锻	《西汉南越王墓》
145	铜	广东广州西汉南越王墓	C94	西汉早期	0.6	82.7	8.7	6.57		Cu-Sn-Pb	热锻	同上

（续表）

序号	器物名称	出土地点	原编号	年代	壁厚（毫米）	合金成分（wt%）				合金类型	制作工艺	参考文献
						Cu	Sn	Pb	其他			
146	铜	广东广州西汉南越王墓	C94	西汉早期	未报道	基体锈蚀严重				定性 Cu-Sn-Pb	热锻	《西汉南越王墓》
147	臂甲	江川李家山（第一次发掘）	D1	战国末期至西汉早期	1.2	92.951	7.048			Cu-Sn	热锻	《考古》1985年第4期
148	臂甲	江川李家山（第一次发掘）	D2	战国末期至西汉早期	1.2	89.88	10.12			Cu-Sn	热锻	同上
149	甲片	江川李家山（第二次发掘）	M68:38	西汉中期至晚期	未报道	82.7	17.3			Cu-Sn	热锻	《考古》2008年第8期
150	洗	安徽潜山彭岭	M16:2	西汉早期	0.6—1	82.79	16.94	0.27		Cu-Sn	热锻	《文物》2015年第7期
151	镳壶	安徽潜山彭岭	M16:36—1	西汉早期	0.8	76.02	18.72	5.26		Cu-Sn-Pb	热锻	同上
152	臂甲	云南晋宁石寨山	M71:155	西汉早中期	薄	84.7	15.3			Cu-Sn	热锻	《晋宁石寨山——第五次发掘报告》

（续表）

序号	器物名称	出土地点	原编号	年代	壁厚（毫米）	合金成分（wt%）				合金类型	制作工艺	参考文献
						Cu	Sn	Pb	其他			
153	剑鞘	云南晋宁石寨山	M71:46②	西汉早中期	薄	94.5	5.5			Cu-Sn	热锻	《晋宁石寨山——第五次发掘报告》
154	盆	安徽天长三角圩	M1:118	西汉晚期	未报道	94.07	5.93			Cu-Sn	热锻	《天长三角圩墓地》
155	洗	安徽天长三角圩	M10:59	西汉晚期	2	88.70	6.21	5.09		Cu-Sn-Pb	热锻	同上
156	匜	安徽天长三角圩	M12:7	西汉晚期	2	85.15	5.58	9.27		Cu-Pb-Sn	热锻	同上
157	盉	广东广州小谷围基地港尾岗	M8:未编号	西汉晚期至东汉早期	未报道	未报道				Cu-Sn-Pb	热锻	《广西民族大学学报（自然科学版）》2015年第4期
158	盆	安徽肥东	M7:13-3	西汉时期	0.6	79.94	18.17	1.89		Cu-Sn	热锻后冷加工	《文物》2015年第7期
159	舟	河南南阳卧龙乡	YN1	汉代	0.6—0.9	79.00	18.73		Fe 0.88 Si 0.71 Al 0.68	Cu-Sn	热锻后淬火	《中原文物》2010年第4期
160	盆	北京延庆西屯	M151:1	汉代	未报道	83.13	10.94	5.94		Cu-Sn-Pb	热锻	《中国文物科学研究》2012年第3期

后　　记

　　我对"热锻薄壁青铜器"研究始于博士阶段一次歪打正着的取样经历。2010年底在博士导师潘春旭教授的带领下，我们来到湖北省安陆市博物馆对馆藏青铜器及其腐蚀产物进行取样。当时有两件唐代的薄壁青铜器因保存较好且腐蚀状况较轻，引起了我们的注意，潘老师提出这两件器物之所以具有较好的耐腐蚀性可能与其特殊的制作工艺有关。后经科学检测与分析方知，这两件器物采用高锡青铜配方，经热锻和淬火工艺加工而成，表面还进行过镀锡处理，由此引起了我对这类青铜器的研究兴趣。

　　2012年，我博士毕业后留校从事博士后研究工作，期间在合作导师王然教授的建议下，以这类青铜器的制作工艺为研究对象开展工作。当时虽然已有研究者开始关注这类青铜器，但学术界尚未对它们进行统一的命名，这是本研究面临的首要困难。为了便于研究，我将其称为"薄壁青铜器"（现在看来，称其为"热锻薄壁青铜器"更恰当，但也有不足之处），勉强解决了研究对象概念不清的问题。更深层次的困难在于，学术界对于这类器物研究的意义和价值并未达成共识，在我两次申请国家自然科学基金青年项目的初评意见中，数位匿名专家直言这项研究没有太大的学术意义。但在更多的鼓励和支持下，我开始比较系统地收集这类青铜器标本，以及其他研究者的科学检测数据。在此基础上，发现中国古代可能存在低锡和高锡两套不同的制作工艺传统，并比较幸运地获得中国博士后科学基金第五十三批一等资助和第七批特别资助。与此同时，也认识到在没有模拟实验的支持下，对于热锻薄壁青铜器具体工艺细节和技术参数的研究无法深入，而我所在的实验室并不具备开展大规模系统模拟实验的条件。因此，我意识到对于热锻薄壁青铜器的继续研究可能需要与考古研究进行更紧密地结合。

2016年，在与张昌平教授的偶然聊天中谈及这些困扰，他建议我以经科学检测的热锻薄壁青铜器为线索，先回归到考古发掘报告和简报中，再将这些考古信息与科学检测数据相结合进行研究。后来证明，这样操作除获取了检测标本更全面的考古学信息外，又发现了一批新的研究对象。更重要的是，我对中国古代热锻薄壁青铜器的研究从制作工艺转向综合研究，并且更重视多学科交叉与融合。在整理过程中，不难发现先秦两汉时期热锻薄壁青铜器数量较多，在制作工艺、主要类型、性质用途、使用者身份、时空分布等方面也显示出一些特征，再考虑到先秦两汉时期在中国古代社会发展历程中的重要性，最终选择以先秦两汉时期热锻薄壁青铜器为研究对象开展系统整理与写作。经过一年多的努力，终于在2017年完成书稿。

最后想提及的是，本书的出版离不开各位师长、同仁及家人的帮助与支持。潘春旭教授、王然教授和张昌平教授对本书所起的关键作用远远超过了前文所叙。李英华教授主持的武汉大学人文社会科学青年学者学术团队建设计划"史前至秦汉汉水流域人类文化的跨学科研究"和本人主持的中国博士后科学基金第七批特别资助"中国古代薄壁青铜器的综合研究"对本书的出版给予了经费资助。与美国芝加哥菲尔德博物馆联合研究员王炎溪博士和湖北省博物馆文物保护中心江旭东博士的讨论与交流令我受益良多。责任编辑张亚莉女士认真负责。家人对我学术事业与生活起居的关怀无微不至。在此要郑重地向你们道一声感谢！

李洋于新疆塔里木

2017年9月6日

图书在版编目（CIP）数据

炉捶之间：先秦两汉时期热锻薄壁青铜器研究 / 李
洋著. —上海：上海古籍出版社，2017.10
ISBN 978-7-5325-8580-9

Ⅰ.①炉…　Ⅱ.①李…　Ⅲ.①青铜器（考古）—研究—
中国—先秦时代 ②青铜器（考古）—研究—中国—汉代
Ⅳ.①K876.414

中国版本图书馆CIP数据核字（2017）第199601号

炉捶之间
——先秦两汉时期热锻薄壁青铜器研究
李 洋 著
上海古籍出版社出版发行
（上海瑞金二路 272 号　邮政编码 200020）
（1）网址：www.guji.com.cn
（2）E-mail：gujil@guji.com.cn
（3）易文网网址：www.ewen.co
启东市人民印刷有限公司印刷
开本 890×1240　1/32　印张 8.125　插页 2　字数 196,000
2017 年 11 月第 1 版　2017 年 11 月第 1 次印刷
印数：1—1,800
ISBN 978-7-5325-8580-9
K·2368　定价：58.00 元
如有质量问题，请与承印公司联系